토픽 모델링과 언어 네트워크 분석을 활용한
한국어교육 연구 동향

소통

토픽 모델링과 언어 네트워크 분석을 활용한
한국어교육 연구 동향

발행일	2020년 05월 02일
저 자	신명선, 장경완, 이안용, Liu Yanyan, Liu Yang
편 집	곽승훈
디자인	김현지
펴낸이	최도욱
펴낸곳	소통
주 소	서울시 구로구 공원로 47 두산베어스타워 604호
전 화	070-8843-1172
팩 스	0505-828-1177
이메일	sotongpub@gmail.com
블로그	http://blog.daum.net/dwchoi
가 격	19,000원
ISBN	979-11-86453-88-9 93710

이 도서의 국립중앙도서관 출판예정도서목록(CIP)은 서지정보유통지원시스템 홈페이지(http://seoji.nl.go.kr)와 국가자료공동목록시스템 (http://www.nl.go.kr/kolisnet)에서 이용하실 수 있습니다.(CIP제어번호:CIP2020014712)

이 책의 내용은 저작권법에 따라 보호받고 있습니다.
이 책은 인하대학교의 지원에 의해 연구되었습니다.

한국어교육 학술총서

토픽 모델링과 언어 네트워크 분석을 활용한
Analysis of Study Trends in Korean Education Using Topic Modeling and Network Analysis

한국어교육 연구 동향

신명선, 장경완, 이안용, Liu Yanyan, Liu Yang

소통

머리말

바야흐로 '빅데이터(big data)' 시대이다. 빅데이터는 이제 일상생활에서 흔히 들을 수 있는 생활 용어처럼 우리 삶의 한 자리를 차지하게 되었다. '지식·정보화 사회'라는 캐치프레이즈가 우리 삶을 변화시킬 핵심 요인이 무엇인지 깨닫게 해 주었다면 빅데이터는 지식과 정보라는 핵심 요인이 어떻게 작동하여 미래를 견인할지를 예측하게 해 준다. 빅데이터 처리와 분석은 현재의 상태를 해석하고 이해하는 기반이 될 뿐만 아니라 미래 사회를 전망하고 준비하는 기반이 된다.

문제는 빅데이터를 처리하고 분석할 수 있는 준거와 도구이다. 언어 교육을 연구하는 필자의 입장에서 수많은 언어 데이터들을 어떤 방식으로 처리할까는 늘 큰 고민이었다. 박사 논문 준비 때에는 말뭉치 언어학을 공부했었다. 말뭉치 언어학은 모어 화자의 직감을 보다 과학적으로 검증하고 보완할 수 있게 해 줌으로써 언어의 특성에 대한 보다 타당한 설명력을 확보할 수 있게 해 준다. 어떤 측면에서 빅데이터 분석과 말뭉치 언어학은 실제 의사소통 자료를 기반으로 연구 문제를 해결하려고 한다는 점에서 자료 기반적이고 분석적인 연구 태도를 공통적으로 견지한다.

빅데이터 분석 방법으로서, 특히 광범위한 언어 자료의 처리 방법으로서 최근 큰 주목을 받고 있는 것이 '언어 네트워크 분석 방법'이다. 어휘에 주목하여 어휘들 간의 네트워크를 파악함으로써 해당 자료가 갖는 특성을 여러 가지 측면에서 해석할 수 있게 해 준다. 언어 교육적 입장에서 주목되는 또 하나의 방법은 토픽 모델링 기법이다. 토픽 모델링 기법은 해당 자료의 '토픽'을 기계학습을 통해 자동적으로 추출하게 해 주는 기법이다.

필자는 2019년 새해에 개인적으로 '연구 방법론'을 1년 동안의 연구 주제로 삼고 1년 동안 여러 가지 연구 방법론을 정리해야겠다고 결심했었다. 공부를 하다 보니 자연스럽게 두 가지 연구 방법론에 큰 관심을 갖게 되었는데 하나는 '네트워크 분석 방법론'이었고 다른 하나는 '질적 연구 방법론'이었다. 필자는 대학원 수업에서 학생들과 함께 이 두 연구 방법론을 정리하면서 관련 논문을 읽고 각 방법론의 장단점을 토의하였다. 1년이 지난 지금도, 여전히 두 연구 방법론을 깊이 있게 알지는 못하지만, 1년 동안의 집중적 공부는 필자에게 연구 방법론이 갖는 의의와 중요성을 더욱 절실히 체감하는 기회가 되었다.

이 책은 2019년에 대학원에서 학생들과 함께 네트워크 분석 방법론을 공부한 결과를 정리한 책이다. 필자는 (주)사이람에서 개발한 넷마이너(Netminer 4.0)를 2018년에 접했었는데, 이 프로그램은 네트워크 분석 방법을 실제 연구 주제에 좀더 쉽게 활용할 수 있게 하였다. 필자는 (주)사이람의 강사를 대학원에 초청하여 대학원생들이 넷마이너 프로그램 활용 방법을 익히도록 하였다. 대학원에서 학생들은 이 프로그램을 활용하여 여러 가지 개인적 연구 주제를 해결하는 연습을 하였다.

이 책은 2019년에 대학원 수업에 참여했던 몇몇 학생들과 함께 한국어교육의 연구 동향을 화법, 읽기, 작문, 어휘, 통합, 문화 영역으로 나누어 분석한 책이다. 문법 영역은 다루지 못했는데, 한국어 문법 교육 연구 동향은 음운, 형태, 통사, 화용 등으로 나누어 세밀하게 살펴야 하므로 이 책에서 하나의 영역으로 다루기에는 부적절하다고 판단했기 때문이다.

한국어교육이 비약적으로 발전하면서 이제 한국어교육 관련 논저의 수가 엄청나다. 수많은 논문들을 한 개인이 모두 검토하는 것은 불가능하다. 이렇게 광범위한 언어 자료를 과학적으로 처리하기 위해서는 과학적 준거와 타당한 분석 도구가 필요하다. 언어 네트워크 분석과 토픽 모델링 기법은 이와 같은 자료 처리에 유용하다. 우리는 이 책에서 한국어교육 관련 논저들에 드러난 어휘를 바탕으로 어휘들 간의 네트워크를 파악하고 주요 토픽을 추출함으로써 한국어교육의 연구 동향을 과학적으로 분석하고자 하였다.

이 책이 한국어교육 연구자들에게 작지만 큰 도움이 되기를 진심으로 바란다. 그간의 한국어교육 연구 동향을 종합적으로 파악하는 것은 한국어교육 연구자들이 반드시 한 번은 거쳐야 할 기반 작업일 것이다. 한국어교육 연구 흐름을 파악하고 앞으로의 연구 방향을 설정하는 데 이 책이 큰 도움이 되기를 희망한다.

장경안, 이안용, 류엔엔, 유양 네 학생에게 진심으로 감사한다. 열심히 공부하여 연구 방법론을 완전히 소화했을 뿐만 아니라 책을 내는 힘든 작업을 하면서도 모두 성실하게 끝까지 작업에 임해 주었다. 네 학생은 모두 한국어교육학을 전공하고 있는데 이들의 학운이 날로 번창할 것이라 믿는다.

이 책을 출판해 주신 소통 출판사 최도욱 사장님과 책 출판 작업을 온전히 담당해 주신 곽승훈 편집자님께 진심으로 감사드린다. 그림이 많아 일이 복잡했을 텐데 섬세하고 꼼꼼하게 묵묵히 일을 처리해 주신 곽승훈 편집자님께 특히 감사드린다.

May Second
사랑하는 큰딸의 생일에
신명선

목차

한국어교육 연구 동향 분석 방법 ……………………………………… 8

Ⅰ. 화법 교육

1. 도입 ……………………………………………………………… 15

2. 연구 방법 ………………………………………………………… 16

3. 연구 결과 ………………………………………………………… 20

4. 논의 ……………………………………………………………… 68

Ⅱ. 읽기 교육

1. 도입 ……………………………………………………………… 74

2. 연구 방법 ………………………………………………………… 76

3. 연구 결과 ………………………………………………………… 78

4. 논의 ……………………………………………………………… 106

Ⅲ. 쓰기 교육

1. 도입 ……………………………………………………………… 109

2. 연구 방법 ………………………………………………………… 110

3. 연구 결과 ………………………………………………………… 111

4. 논의 ……………………………………………………………… 134

IV. 어휘 교육

1. 도입 ··· 137

2. 연구 방법 ·· 138

3. 연구 결과 ·· 140

4. 논의 ··· 202

V. 문화 교육

1. 도입 ··· 205

2. 연구 방법 ·· 207

3. 연구 결과 ·· 211

4. 논의 ··· 252

VI. 통합 교육

1. 도입 ··· 260

2. 연구 방법 ·· 261

3. 연구 결과 ·· 263

4. 논의 ··· 285

참고 문헌 ·· 288

한국어교육 연구 동향 분석 방법

　이 책은 한국어교육의 연구 동향을 화법 교육, 읽기 교육, 작문 교육, 어휘 교육, 문화 교육, 통합 교육으로 나누어 분석한 것이다. 연구 방법론으로는 언어 네트워크 분석과 토픽 모델링을 이용하였으며 모두 (주)사이람에서 개발한 넷마이너(Netminer 4.0) 프로그램을 활용하였다.
　언어 네트워크 분석(Language Network Analysis)은 언어 텍스트를 네트워크 분석 대상으로 하여 텍스트를 구성하는 요소들의 관계적 특성을 분석하는 방법이다. 텍스트의 특성을 드러내는 개념들은 어휘로 표현되므로 주요 키워드를 추출하여 키워드들 간의 관계를 네트워크로 구성한 뒤 네트워크 지표들을 활용하여 텍스트의 내용을 분석한다. 언어 네트워크는 키워드 네트워크(Keyword Network), 의미 네트워크(Semantic Network), 개념 네트워크(Concept Network)라고도 부른다.[1]
　언어 네트워크 분석은 내용 분석 방법이다. 동시 출현 단어들을 통해 개념 간의 관계를 파악함으로써 추상적인 개념 구조를 구체화하고 시각화한다. 중심 단어와 주변 단어들 사이의 관계나 중심 단어들 사이의 관계 파악 등을 통해 중심 개념과 주변 개념 간의 관계, 중심 개념들 간의 관계 시각화도 가능하다. 키워드들 간의 연결 여부, 연결 강도, 연결 횟수, 연결 방식 등을 주로 분석한다. 이러한 점에서 언어 네트워크 분석은 텍스트의 의미 지도(Semantic Map)를 그리는 작업에 비유될 수 있다.

---

[1] 네트워크 텍스트 분석(Network Text Analysis), 단어 네트워크(Networks of Words), 의미론적 그물(Semantic Nets), 텍스트 네트워크 분석(Text Network Analysis), 의미론적 네트워크(Semantic Networks), 단어 중심 네트워크(Networks of Centering Words)와 같은 표현들도 사용된다.

토픽 모델링은 비구조화된 문서들에 나타난 단어들을 통해 잠재된 토픽을 확률에 근거하여 탐색하는 방법이다. 텍스트 내 단어들을 바탕으로 문서의 토픽을 파악하고 문서 간 공통 키워드를 바탕으로 문서들 간 유사성을 판단하는 방법이라고 볼 수 있다. 토픽 모델링 기법으로는 LSA, pLSA, LDA 등이 있는데 최근에는 확률적 타당도가 높은 LDA가 많이 사용되고 있으며 넷마이너(Netminer 4.0)도 LDA를 기반으로 하고 있다.

LDA(Latent Dirichlet Allocation)는 텍스트 내 단어들로 숨은 토픽을 추정한 후 추정한 잠재 토픽 내 단어들로 다시 잠재 토픽을 생성하는 방식을 반복하여 텍스트의 토픽을 확률적으로 계산하는 방식으로서 생성 확률 모델(Generative Probabilistic Model)에 근거한다. 즉 문서에 숨겨져 있는 토픽을 변수로 보고 확률적으로 계산하여 해당 문서의 토픽을 추정한 뒤 확률 결과가 만족스럽게 나올 때까지 반복적으로 토픽의 적절성을 계산하는 방식으로서 기계학습(Machine Learning)을 이용한다. 이 책에 있는 모든 한국어교육 연구 동향 분석은 넷마이너 프로그램을 이용하였으므로 LDA 기법을 사용하였는데 확률을 높이기 위해 이 과정을 1000번 반복적으로 수행하였다.

한국어 화법 교육, 읽기 교육, 작문 교육, 어휘 교육, 문화 교육, 통합 교육 등 각 영역마다 다소 차이가 있지만 모두 기본적으로 다음과 같은 연구 절차를 거쳤다. 첫째, 넷마이너 프로그램의 Biblio Data Collector 기능을 활용하여 각 연구 영역에 해당하는 모든 소논문과 학위논문을 2019년까지 추출하였다. 분석 대상은 제목, 국문 초록, 키워드로 제한하였다.

그림 1 Biblio Data Collector 기능 활용1(예시: 화법 교육의 경우)

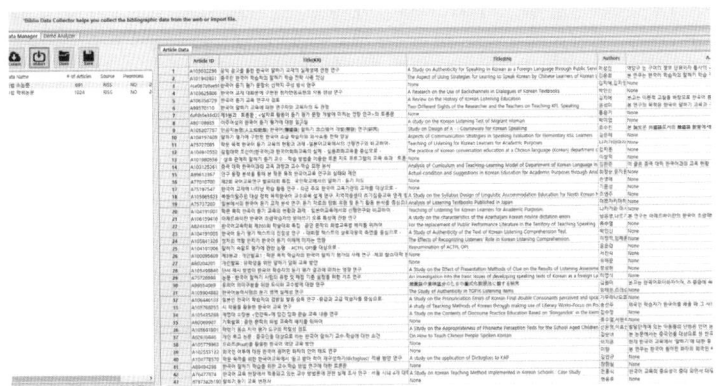

그림 2 Biblio Data Collector 기능 활용2(예시: 통합 교육의 경우)

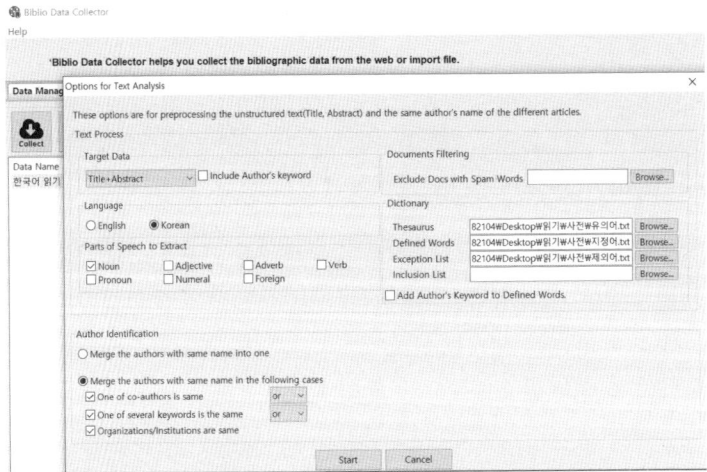

둘째, 수집된 자료를 바탕으로 어휘 목록 정제화 작업을 진행하였다. 한국어 명사만을 대상으로 하였으며 유의어 사전, 지정어 사전, 제외어 사전 등을 활용하여 각 연구 영역에 맞게 어휘 목록을 정리하였다.

그림 3 사전 활용을 통한 어휘 목록 정제 작업(예시: 읽기 교육의 경우)

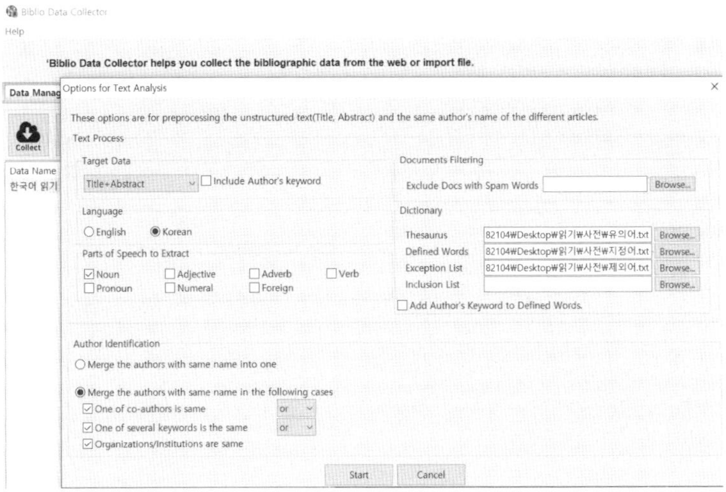

셋째, 엑셀과 넷마이너 프로그램을 활용하여 연구 논문 수 추이를 분석하였다.

넷째, 최상위 빈도 수 단어를 추출하고 이를 워드 클라우드를 활용하여 시각화하였다. 워드 클라우드는 빈도수가 높은 단어를 크기별로 시각화해 주는 기법이다.

다섯째, 동시 출현 단어 목록을 만들어 단어 간 동시 출현 네트워크(Words Co-occurrence Network)를 파악하고 핵심 연구 주제를 추출하였다. 이 때 두 가지 작업을 병행하였다. 하나는 모든 논문들, 학위논문, 소논문 등 세 개로 나누어 각각의 연구 동향을 파악하는 것이며 다른 하나는 시기별로 나누어 연구 동향의 흐름을 파악하는 것이다. 한국어교육 관련 연구들은 대개 2000년 이후에야 활발하게 연구되기 시작하였으므로 2000년 이전 연구를 하나의 그룹으로 묶고 2000년 이후 논문들은 5년 단위(2000-2004년, 2005-2009년, 2010-2014년, 2015-2019년)로 나누어 분석하였다.

그림 4 언어 네트워크 분석 화면(예시: 어휘 교육의 경우)

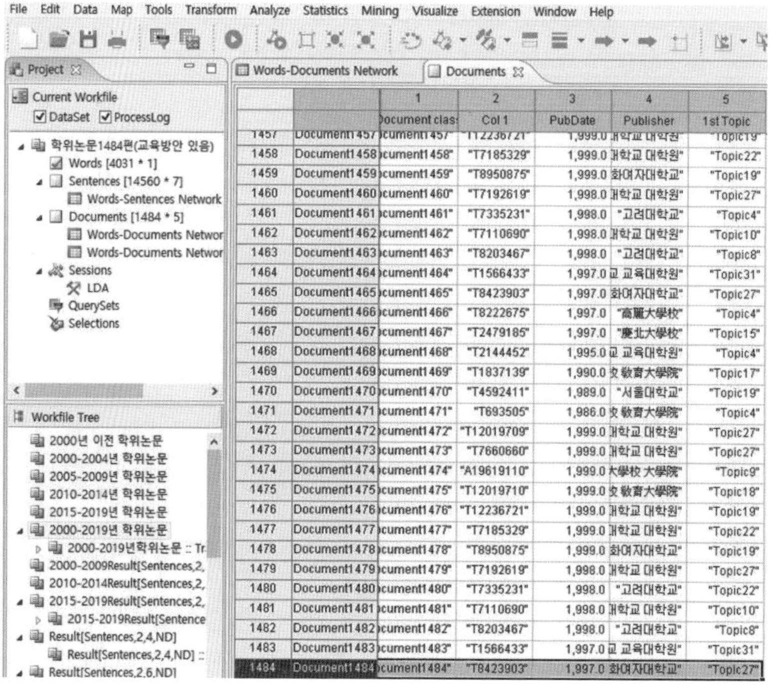

단어 동시출현 빈도에 근거하여 언어 네트워크를 생성한 후 연결 강도(Degree)와 중심성(Centrality) 분석을 실시하였다. 중심성은 노드의 상대적 중요성을 나타내는 척도로서 연결 정도 중심성(Degree Centrality), 근접 중심성(Closeness Centrality), 매개 중심성(Betweenness Centrality), 위세 중심성(Prestige Centrality) 등이 있다(다음 <표 1>을 참조). 이 책에서는 연결 정도 중심성을 가장 많이 활용하였다.

표 1 중심성의 종류와 개념(이수상, 2012:255-282)

중심성 종류	개념
연결 정도 중심성 (Degree Centrality)	네트워크에서 노드(node)들이 얼마나 많은 노드(node)와 연결되어 있는지를 측정. 노드와 노드 사이는 링크(link)들이 연결되어 네트워크를 형성함.

근접 중심성 (Closeness Centrality)	한 노드(node)가 다른 노드(node)에 얼마만큼 근접하게 연결되어 있는지의 거리를 측정. 전체 노드를 측정하여 거리가 짧을수록 중심성이 높음.
매개 중심성 (Betweenness Centrality)	한 노드(node)가 네트워크 내의 다른 노드(node)와 중개자 역할을 얼마나 잘 수행하느냐를 측정.
위세 중심성 (Prestige Centrality)	한 노드(node)의 영향력 또는 중요도를 측정하는 척도가 된다. 연결된 노드(node)의 중심성이 높으면 연결한 노드에 가중치 부여.

여섯째, 토픽 모델링을 통하여 핵심 연구 주제를 추출하였다. 이 작업 역시 동시 출현 단어 목록처럼 두 가지로 나누어 실시하였다. 즉 모든 논문들, 학위논문, 소논문 등으로 나누어 논문별 동향을 파악하고 시기별로도 나누어 분석하였다.

단어 간 네트워크 결과와 토픽 모델링 분석 결과는 모두 시각화하였다. 필요한 경우 지속적으로 원 논문 자료를 참조하여 분석의 정밀성을 높이고자 노력하였는데 이때에는 넷마이너의 오리지널 텍스트 참조 기능을 활용하였다(다음 <그림 5>를 참조).

그림 5 Tools-Words in the Original text 활용(예시: 문화 교육의 경우)

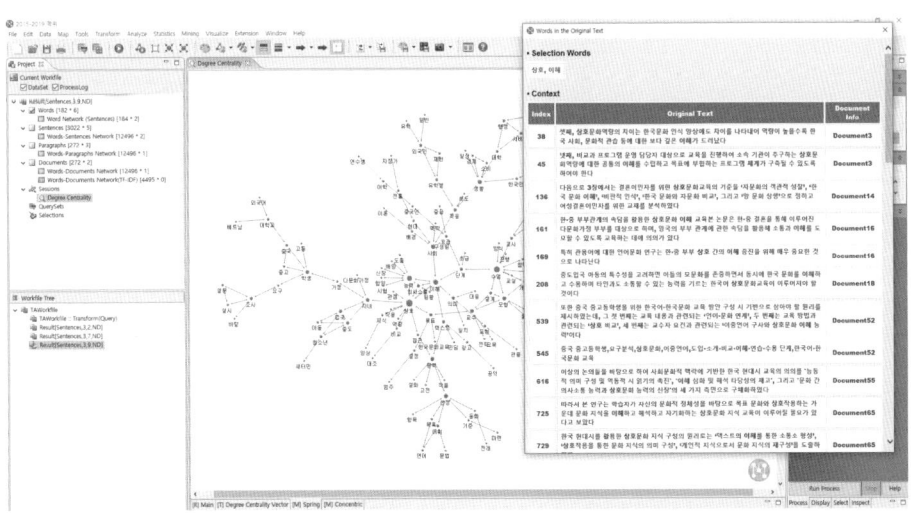

영역에 따라서는 언어권별(중국어권, 일본어권, 베트남어권 등), 수준별(초급, 중급, 고급 등), 대상별(이주노동자, 여성결혼이민자 등)로 나누어 연구 경향을 분석하기도 하였다.

일곱째, 한국어교육의 연구 동향을 전체적으로 정리하고 각 연구 영역의 특징과 전망을 기술하였다.

언어 네트워크 분석과 토픽 모델링은 언어 텍스트 내 단어들에 기반하여 텍스트의 특성을 과학적으로 분석할 수 있는 방법이다. 정량적 자료를 기반으로 하되 정성적 분석이 요구되므로 단순 양적 분석과는 다르다. 그러나 단어 간 네트워크를 통해 읽어낼 수 있는 텍스트적 특성은 토픽이나 개념 간의 관계 등에 한정되기 쉽고 이러한 개념 구조나 네트워크를 어떻게 해석해야 현상을 제대로 포착한 것인지 명시적으로 말하기 어렵다.

한국어교육이 2000년 이후 비약적으로 발전해 왔다고 볼 때에 올해는 정확하게 연구 20년이 되는 해이다. 우리는 가능한 풍부한 자료를 제공하여 현재의 연구 상황을 점검할 수 있도록 하는 데에 초점을 두었다. 우리의 연구 동향 해석이 미약할 수 있으나 현재의 연구 상황을 이해하는 기초 자료로서의 역할은 충분히 담당할 수 있을 것이다.

I. 화법 교육

1. 도입

한국어 화법 교육 연구는 언제부터 시작되었을까? 학술연구정보서비스(RISS)에서 한국어 화법 교육 연구를 검색해 보면 다음 논문들이 최초이다.

> 유기환(1986), 외국어로서의 한국어 교재론: 듣기 교재를 중심으로, 연세대 석사 논문.
> 이훈숙(1987), 말하기 교육 방법론: 외국어로서의 한국어의 말하기 연습 유형을 중심으로, 연세대 석사논문.
> 김상대(1977), 한국어 화법 연구: 그 보문자와 활용을 중심으로, 국어교육 31, 한국국어교육연구회.

한국어 듣기 교육에 대한 최초의 관심은 '교재'였으며 한국어 말하기 교육의 경우 '교육 방법론'이었다. 모두 연세대 대학원에서 나왔으며 각각 1986년, 1987년에 나와 1980년대 후반에서야 한국어 화법 교육 연구가 시작되었음을 알 수 있다. 소논문의 경우 이보다 앞서 1977년에 한국어 화법 지식의 활용에 초점을 둔 논문이 나왔다. 한국어 화법 교육 연구 시점을 1977년부터 잡는다면 연구가 시작된 지 42년째이다.

한국어 화법 교육 분야의 연구 동향 분석은 아직 활발하지 않다. 가장 최근의 연구로는 이선진(2017)을 들 수 있다. 이 연구에서는 2010년 이후의 연구 348편을 대상으로 연구 주제, 연구 방법, 연구 대상 등을 분석하여 세부 항목에 대한 논문 수 추이 현황을 제시하였다. 한국어 듣기 교육에서는 정선화(2014)가 173편을 대상으로 연구 주제별 분석을 하였고, 조윤정 외(2016)는 1986년부터의 한국어 듣기 교육 연구의 주제별 동향을 분석하였다. 이 연구는 박사학위논문 6편과 소논문 66편만을 대상으로 하였다.

우리는 여기에서 1977년부터 시작된 한국어 화법 교육 분야에 대한 학위논문과 소논문의 연구 동향을 분석하고자 한다. 연구 주제를 정리하면 다음과 같다.

- 한국어 화법 교육의 논문 수 추이는 어떻게 되는가? 언제부터 활발하게 논의되기 시작했는가?
- 한국어 화법 교육의 핵심 연구 키워드는 무엇이며 이들 키워드들은 서로 어떤 관련성을 맺고 있는가? 시기별로 핵심 연구 키워드들은 어떻게 변화해 왔는가?
- 한국어 화법 교육의 주요 연구 주제는 무엇이며 이들 주제들은 시기별로 어떻게 변화해 왔는가?
- 학습자 등급별(초·중·고급·학문 목적)로 주요 연구 주제와 핵심어는 어떻게 다를까?

2. 연구 방법

2.1. 자료 수집 및 분석 방법

연구 대상과 연관된 논문을 수집하기 위해 학술연구정보서비스(RISS)에서 우선 '한국어교육'을 키워드로 넣고 이어 '말하기'와 '듣기', 그리고 '화법'을 키워드로 하여 모든 학위논문과 소논문을 검색하였다. 학위논문은 1986년부터 2019년까지 총 1,024편, 소논문은 1977년부터 2019년까지 총 691편이 수집되었다. 등급별로는 초급 107편, 중급 79편, 고급 80편이 학문 목적은 116편이 수집되었다.

표 Ⅰ-1 자료 선정 과정

검색 키워드	유형	논문 수	등급별	논문 수
한국어교육 말하기	학위논문	1,024	초급	107
한국어교육 듣기			중급	79
한국어교육 말하기+듣기			고급	80
한국어교육 화법	소논문	691	학문 목적	116

중복되는 논문이나 읽기, 쓰기, 어휘, 문화, 문학, 문법, 영어 교육과 관련된 연구는 자료 수집 대상에서 제외하였다. 학습자의 등급별 분석 논문의 경우 핵심어에 초급, 중급, 고급, 학문 목적과 같은 키워드가 명시된 논문들만 수집 및 선정하였다.

같은 의미의 단어이지만 저자들마다 다르게 표현한 단어들은 유의어 사전 기능을 사용하여 교정하고, 무의미한 단어들은 제거하였다. 동시에 저자가 사용한 키워드들은 있는 그대로 추출하도록 지정어 기능을 설정하였다.

표 Ⅰ-2 유의어 및 제외어 사전을 사용한 어휘 정제 작업

구분	사전	노드 설정	교정 어휘
교정	유의어	화법	한국어화법, 한국어 화법, 화법
		말하기	한국어말하기, 한국어 말하기, 말하기
		듣기	한국어듣기, 한국어 듣기, 듣기
		듣기교재	한국어 듣기 교재, 한국어듣기교재
		말하기교재	한국어 말하기 교재, 한국어말하기 교재
		말하기평가	한국어 말하기 평가, 한국어말하기평가, 말하기평가, 말하기 평가
		토픽	한국어 능력 시험, 한국어능력 시험, 한국어능력시험, TOPIK
		발음	한국어 발음, 한국어발음, 발음
		학습자	한국어 학습자, 한국어학습자

제거	제외어	연구, 분석, 결과, 영향, 이용, 관련, 경우, 방법, 적용, 활용, 필요, 확인, 문제, 대상, 최근, 가능, 제시, 수행, 고려, 방안, 도출, 요인, 파악, 요소, 대부분, 한국어, 내용, 중심, 학습, 교육, 한국어교육, 한국어교육, 목적, 사용, 효과, 본고, 과정, 측면, 중요, 구성, 기존, 구매, 다양, 실태, 차원, 제공, 체계, 언어, 실제, 제안, 문화, 이후, 사후, 논문, 다음, 평가, 향상, 자료, 방향

 유의미한 핵심어 추출을 위해 한 글자 명사는 제외시키고, 1편의 논문에서만 등장하는 단어들은 중요도가 낮기 때문에 2편 이상의 논문에서 등장하는 단어들만 분석하였다. 수집 자료의 전처리 과정(Preprocess) 후에 워드 네트워크(Word Network) 설정에서 윈도우 사이즈(Window Size)는 3(Value>=3), 동시출현 빈도(Link Frequency Threshold)는 2회 이상일 경우(Value>=2)만 링크(link)를 부여한 결과 1-mode Network(Article)가 생성되었다. 학위논문 1,024편에서는 2,343개 단어 수와 18,173개의 언어 네트워크(Word Network)가 생성되었고, 소논문 691편에서는 1,351개의 단어 수와 3,673개의 언어 네트워크(Word Network)가 생성되어 연구 분석을 위한 기초 데이터 셋(Data Set)을 완성하였다.

2.2. 연구 주제 분류 기준

 조윤정 외(2016)에서는 한국어교육 연구 및 듣기 교육 연구 동향을 다룬 선행 연구들을 검토한 뒤 한국어 듣기 교육 연구 주제를 분류할 다섯 가지 분류 기준을 설정한 바 있다.[2] 교사는 무엇을(내용), 어떻게(교수법, 교육 자료) 가르칠 것인가(교수·학습) 그리고 그것을 어떻게 평가할 것인지(평가)에 교육 과정을 추가하여 총 여섯 가지의 연구 주제 분류 기준을 제시하였다. 이선진(2017)에서는 한국어 말하기 교육 연구를 중심으로 기능별 연구 동향을 파악한 선행 연구의 공통적인 주제 분류 기준을 일반, 교수·학습, 교재 및 과제, 평가, 영향 요인,

---

2 조윤정 외(2016)에서는 한국어교육 연구의 동향을 다룬 강승혜(2003), 강현화(2010), 최정순, 윤지원(2011), 심상민(2014)의 연구와, 한국어 듣기 교육 연구 동향을 다룬 박인애(2011), 정선화(2014) 등에 대한 연구 분류 기준을 일반, 내용, 교수법, 교육 자료, 평가 등 다섯 가지로 정리하고 교육 과정 항목을 추가하였다.

다른 기능 학습 및 분석을 위한 도구 등 여섯 가지 항목으로 정리 및 설정한 바 있다.[3] 우리는 듣기 교육 연구의 조윤정 외 3인(2016)과 말하기 교육 연구의 이선진(2017)의 주제 분류 기준을 반영하여 다음 <표 I-3>와 같이 주제 분류 기준을 설정하였다.

표 I-3 연구 주제별 분류 기준 및 연구 대상

연구 주제별		등급별
분류	세부 분류	
일반	이론 요구 분석 연구 동향 양상 연구	초급 중급 고급 학문 목적
교수·학습	교육 방안 매체, 기법 활용 통합 교육 기타	
교육 자료	교재 및 과제 개발 교재 및 과제 분석	
평가	성취도 및 숙달도 평가	
교육 내용	말하기·듣기 전략 의사소통 전략 교수학습 전략	

한국어 화법 교육 연구 유형별 학위논문 1,024편과 소논문 691편 총 1,715편을 대상으로 연도별, 시기별 추이와 언어 네트워크 분석을 사용하여 빈도수와 중심성이 높은 핵심 키워드들을 분석하고 시기별로 중심성이 높은 핵심어의 변화율을

---

3 이선진(2017)에는 기능별 선행 연구의 공통된 기준을 고려하여 분류 기준을 설정하였다. 말하기의 경우 이민경(2010), 이효정(2017), 듣기의 경우 박인애(2011), 정선화(2014), 조윤정 외(2016), 읽기의 경우 권혜경(2010a,b), 장현묵(2016), 강승혜(2014), 김중섭(2015), 통합 기능의 경우 김중섭(2015) 등을 기준으로 여섯 가지 항목으로 분류하였다. 연구 방법 분석의 경우에는 '문헌, 실험, 조사, 분석, 사례 연구' 등으로 세부 항목을 분류하고, 연구 대상은 학습 배경별, 숙달도별, 언어권별로 각각 분류한 뒤 이를 다시 세부 항목으로 나누어 체계적으로 분석하였다. 그러나 연구 시기별, 유형별로 논문 수의 추이와 그 비율을 분석하는 데 그쳤다는 것이 아쉽다.

분석하였다. 또한 토픽 모델링의 LDA 기법으로 추출된 20개의 주요 주제별 키워드들과 함께 그동안 어떤 연구 주제들이 다루어졌는지를 분석하고, 선행 연구의 공통된 주제 분류 기준을 적용하여 소주제와 대주제로 분류하여 백분율로 나타내었다. 또한 등급별 학습자를 대상으로 초급 107편, 중급 79편, 고급 80편과 학문 목적 학습자 대상의 논문 116편을 선정하여 중심성을 분석하고, 단어와 단어 사이에 연결 강도가 높은 단어쌍을 등급별로 분석함으로서 핵심어를 파악하고자 하였다.

3. 연구 결과

3.1. 논문 수 추이

소논문의 경우 1977년에 1편으로 연구가 시작되었으나 관련 연구가 없다가 1991년에 3편이 나오면서 이후 점차 서서히 증가하기 시작했다. 학위논문은 1986년에 1편으로 시작되어 1997년 3편이 나와 이후 서서히 증가하기 시작했다. 소논문과 학위논문 모두 시기별로는 2005년부터서야 꾸준히 증가하기 시작하다가 2010년부터 폭발적으로 증가하였다. 연도별로는 소논문의 경우 2016년에 82편으로 가장 많았고, 2017년에도 69편으로 적지 않은 논문이 나왔다. 학위논문의 경우는 2019년 103편으로 가장 많았고, 다음으로는 2018년 92편, 2018년 88편으로 나타났다. 다음 그림에서 드러나듯 한국어교육에서 화법 교육에 대한 연구자들의 관심은 점점 높아져 왔다.

그림 I-1 　한국어 화법 교육 연구의 시기별 추이

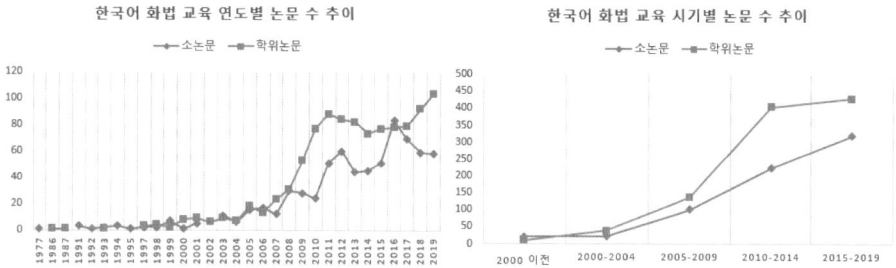

학위논문 배출 대학원은 경희대학교 교육대학원이 가장 많으며 그 다음은 중앙대학교 대학원, 연세대학교 교육대학원, 이화여자대학교 교육대학원 순이다. 소논문 배출 학회는 국제한국어교육학회가 가장 많고 다음으로 한국어교육학회, 한국화법학회 순이다.

그림 I-2 　한국어 화법 교육 연구 배출 기관

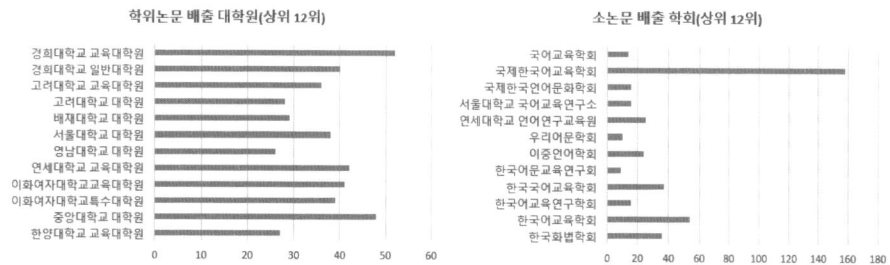

3.2. 언어 네트워크 분석 결과

3.2.1. 학위논문

1) 빈도수 분석 결과

한국어 화법 교육 연구에서 가장 자주 출현한 키워드는 무엇일까? 상위 빈도수 분석 결과를 제시하면 〈표 I-4〉와 같다.

표 I-4 한국어 화법 교육 학위논문 빈도수 분석 결과 상위 키워드

차례	키워드	빈도	차례	키워드	빈도
1	학습자	2904	29	선정	466
2	수업	1132	30	읽기	447
3	교재	1104	31	발화	447
4	말하기	1021	32	화자	444
5	듣기	855	33	진행	439
6	교사	809	34	비교	432
7	실험	721	35	쓰기	413
8	표현	712	36	중국	409
9	단계	697	37	이론	397
10	조사	687	38	목표	392
11	기능	659	39	대학	387
12	능력	651	40	대화	385
13	교수	647	41	사회	368
14	활동	646	42	의미	366
15	유형	638	43	수준	358
16	발음	633	44	요구	348
17	집단	628	45	중급	318
18	의사소통	613	46	말하기	316
19	상황	585	47	교육 방안	316
20	전략	543	48	논의	309
21	과제	522	49	주제	308
22	어휘	518	50	여성결혼이민자	308
23	개발	507	51	관계	290
24	학생	484	52	중국인	282
25	이해	481	53	의사소통	280

26	차이	480	54	도움	276
27	오류	478	55	지식	267
28	문법	477	56	인식	266

빈도수 분석 결과를 살펴보면 첫째, '학습자'가 압도적으로 높은 빈도를 나타내었다. 이어 '수업', '교재' 등이 뒤따랐다. 둘째, 연구 방법론적으로는 '실험 연구'가 가장 많았음을 알 수 있다. '수업'이 상위 빈도에 올라와 있음을 함께 고려하면 교수 학습 이론을 실제 수업에 적용한 실험 연구들이 많았음을 알 수 있다. 셋째, '교재'에 대한 관심도 높았다. 학습자를 고려한 교재 개발에 대한 연구가 많았음을 알 수 있다. 넷째, 학습자 오류 유형을 조사하는 연구와 함께 실제적인 과제 활동을 통해 교사와 학생의 상호작용을 증진시키는 교수 방안에 대한 연구가 진행되었음을 알 수 있다. 다섯째, 화법 능력 신장을 위한 어휘와 문법 연구도 상위에 등장하였으며, 화법 능력과 더불어 통합 기능 신장 관련 연구들도 많았다. 여섯째, 대상별로는 '중국', '중국인'이 상위에 링크되어 중국인 대상 한국어교육 연구가 많았음을 알 수 있다. 일곱째, '단계', '집단' 등의 단어가 상위에 링크되었고 '중급'이 등장한 것으로 보아 학습자의 수준별, 단계별 교육에 대한 연구가 많았으며 중급 학습자 대상 연구도 꽤 진행된 것을 알 수 있다.

위 빈도수 분석 결과를 워드 클라우드로 제시하면 다음과 같다.

그림 I-3 한국어 화법 교육 학위논문 빈도수 상위 300개의 워드 클라우드

2) 중심성 분석 결과

빈도수 분석과 함께 그동안 한국어 화법 교육 학위논문의 연구자들에게 가장 관심을 가진 키워드는 무엇인지에 대한 핵심어를 추출하기 위해 연결 중심성과 매개 중심성 그리고 가장 많은 논문에서 출현한 등장 논문 수의 세 가지 기준으로 분석한 결과는 다음 〈표 I-5〉와 같다.

표 I-5 한국어 화법 교육 학위논문 언어 네트워크 중심성 분석 결과 상위 키워드

순위	연결 중심성	비율	매개 중심성	비율	등장 논문 수	빈도
1	학습자	0.285	학습자	0.189	학습자	501
2	수업	0.124	수업	0.043	말하기	414
3	교재	0.120	교재	0.041	듣기	332
4	말하기	0.118	교사	0.039	수업	273
5	교사	0.111	말하기	0.033	조사	268

6	듣기	0.099	표현	0.027	선행	250
7	기능	0.098	발음	0.027	진행	249
8	활동	0.094	활동	0.027	교수	245
9	표현	0.094	유형	0.024	의사소통	244
10	유형	0.092	단계	0.023	상황	243
11	단계	0.091	기능	0.023	기능	238
12	발음	0.084	발화	0.021	교재	232
13	의사소통	0.083	상황	0.020	능력	222
14	집단	0.080	듣기	0.020	이론	221
15	상황	0.076	어휘	0.018	이해	220
16	발화	0.076	조사	0.018	선정	218
17	조사	0.076	집단	0.018	비교	217
18	능력	0.076	사회	0.018	단계	217
19	학생	0.074	의사소통	0.018	개발	212
20	어휘	0.071	학생	0.017	목표	211
21	이해	0.071	관계	0.017	방안	208
22	전략	0.070	개발	0.017	교사	204
23	실험	0.067	전략	0.016	활동	198
24	문법	0.067	대화	0.014	표현	198
25	교수	0.066	능력	0.014	특징	190
26	대화	0.065	오류	0.014	읽기	189
27	과제	0.065	실험	0.013	유형	186
28	비교	0.064	과제	0.013	도움	185
29	개발	0.064	특성	0.013	쓰기	184
30	수준	0.057	이해	0.013	설문	181

'연결 중심성'과 '매개 중심성' 그리고 논문에서 등장하는 횟수가 가장 높은 단어의 '등장 논문 수'를 분석한 결과 세 가지 기준에서 대부분이 일치하였다. '학습자, 수업, 교재, 교사, 기능, 표현, 활동' 등이 연결 중심성과 매개 중심성 모두에서 높은 순위를 차지하였다. '수업'과 '교재'를 중심으로 '학습자와 교사의 상호작용'을 살피면서, '표현 활동'과 '기능 신장 활동'에 관한 연구가 활발하게 이루어졌음을 알 수 있다. '단계, 유형, 집단' 등과 같은 단어도 상위에 링크되어 학습자의 수준별, 집단별, 유형별 특징을 분석하고 학습자 중심의 화법 교육을 구현하려는 노력이 많았음을 알 수 있다. '의사소통, 전략, 능력' 등과 같은 단어도 상위에 링크되었는데 이는 한국어 화법 교육 연구의 핵심 목표 중의 하나가 학습자의 의사소통 능력 신장에 놓여 있기 때문일 것이다. '조사, 실험, 과제, 비교, 개발' 등과 같은 단어들은 주 연구 방법이 조사 연구, 실험 연구, 학습자 (오류 등) 비교 등이었음을 보여 주며, 과제 설계와 구현, 프로그램이나 교수 학습 등의 개발이 주요한 연구 과제였음을 암시한다.

주요 핵심어들과 함께 한국어 화법 교육 학위논문에서 단어와 단어 간의 연결도가 높은 단어쌍 상위 20개를 비교하여 보았다. 또한 학위논문 전체에 생성된 언어 네트워크를 시각화하였다.

표 I-6 한국어 화법 교육 학위논문 언어 네트워크 중심성과 단어쌍 분석 결과

순위	주요 키워드		주요 단어쌍		
	중심성 (In-Degree)	비율	단어 (Source)	단어 (Target)	연결 강도 (Weight)
1	학습자	0.285	설문	조사	270
2	수업	0.124	듣기	말하기	229
3	교재	0.120	모어	화자	196
4	말하기	0.118	듣기	읽기	179
5	교사	0.111	교사	학습자	169
6	듣기	0.099	쓰기	읽기	164

7	기능	0.098	문법	어휘	155
8	활동	0.094	실험	집단	137
9	표현	0.094	배경	이론	133
10	유형	0.092	말하기	쓰기	122
11	단계	0.091	말하기	읽기	117
12	발음	0.084	중급	학습자	108
13	의사소통	0.083	집단	통제	108
14	조사	0.076	외국인	학습자	106
15	능력	0.076	수업	진행	99
16	이해	0.071	듣기	쓰기	95
17	교수	0.065	수업	학습자	91
18	개발	0.064	요구	학습자	82
19	과제	0.065	다문화가정	자녀	76
20	실험	0.067	학습자	활동	74

'학습자'가 0.285로 중심성이 확연히 높은데 '설문'과 '조사'의 언어 네트워크 역시 최고 빈도로 나타나 학습자에 대한 설문조사 연구가 활발히 이루어졌음을 추론해 볼 수 있다. '수업'의 중심성은 2위로 0.124인데 언어 네트워크에서 '듣기'와 '말하기' 관련쌍이 매우 높게 나타났으므로, 수업 중 이루어지는 언어적 상호작용 즉 수업 중 이루어지는 '말하기·듣기 활동'에 대한 연구도 상당히 이루어졌음을 예측해 볼 수 있다. '교재'는 중심성이 0.120으로 3위인데, '모어', '화자'의 네트워크 역시 강하므로 교재에 대한 연구가 주로 학습자의 모어 고려에 초점이 주어졌을 것으로 예상해 볼 수 있다. 예컨대 중국인 한국어 학습자들을 위한 교재와 베트남 한국어 학습자들을 위한 교재는 학습자의 모어가 다르므로 서로 다르게 개발되어야 할 것이다. 학습자의 모어를 고려한 교재 개발의 중요성과 특징, 방향, 개발 방법 등이 주 관심사가 되었을 수 있다.

4위와 6위에 제시된 '말하기'와 '듣기'의 연결 중심성 역시 높은데, 관련 언어 네트워크가 '듣기, 읽기', '쓰기, 읽기' 등으로 나타나고 있음도 주목된다. 이는 화법 교육 연구가 '읽기'나 '쓰기' 등과 연계하여 통합적으로 수행되었음을 보여 준다. 관련하여 7위에 제시된 '기능'의 관련 단어쌍에 '문법'과 '어휘'가 제시되고 있음도 함께 살펴볼 필요가 있다. 한국어 화법 교육 연구가 '읽기', '쓰기', '어휘', '문법' 등 제 기능들을 고려하면서 통합적으로 수행되어 왔음을 확인할 수 있다. 12위에 '발음'이 제시되어 있는데, 언어 네트워크 쌍은 '중급', '학습자'로 제시되어 있음도 주의 깊게 볼 필요가 있다. '발음'은 한국어 학습 초기에 매우 두드러지는 항목이라는 점에서 한국어 학습 초기의 발음 교육에 관한 연구들도 물론 존재할 터인데, '중급 학습자'가 높게 링크되어 중급 학습자 대상 발음 교육에 관한 연구도 활발했음을 알 수 있다.
　다음 〈그림 Ⅰ-4〉는 언어 네트워크 중심성의 시각화 결과이다.

그림 Ⅰ-4 한국어 화법 교육 관련 학위논문의 언어 네트워크 중심성 시각화

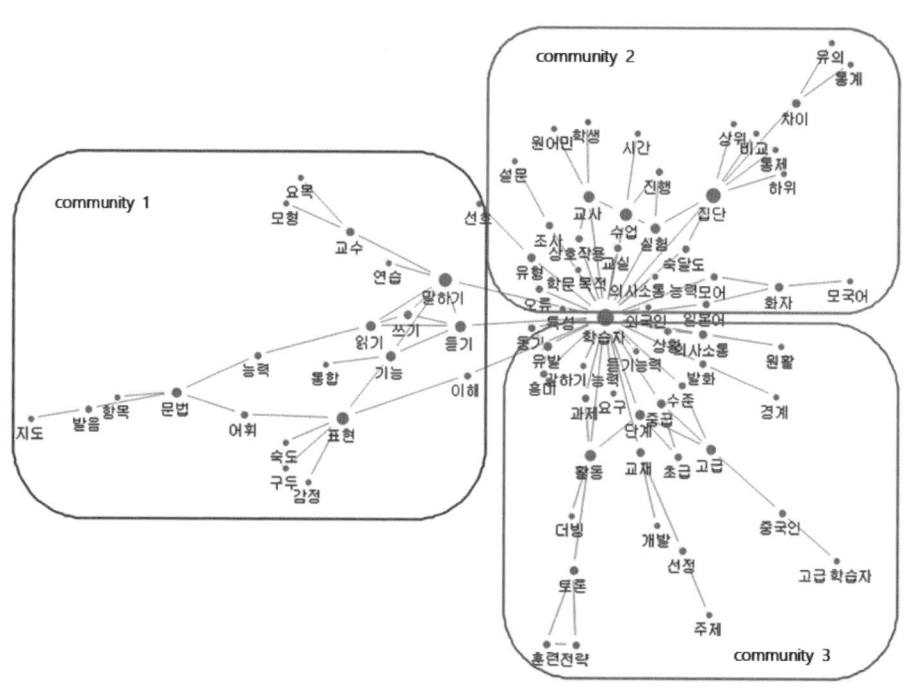

주요 핵심어들과 언어 네트워크 시각화 결과를 바탕으로 그간의 연구 경향을 시각화해 보면 크게 세 그룹의 연구 네트워크 경향을 확인할 수 있다. 역시 핵심 키워드는 '학습자'로서 세 그룹의 연구 경향은 모두 '학습자'를 중심으로 수렴된다. 3개의 연구 네트워크 그룹을 'Community 1', 'Community 2', 'Community 3'으로 분류하였다.

Community 2에서는 수업 시간 내 학습자와 교사의 상호작용 연구(실제 예를 들면 Ju, Xin, 2019; 류관표, 2019; 이화정, 2019 등), 학습자가 선호하는 유형 및 학습자 오류 분석이나 학습자 오류 수정에 대한 교사의 피드백(실제 예를 들면 윤현정, 2019; TAN XIAOHAN, 2019; 김미경, 2016 등) 통제 집단을 설정하거나 사전 사후 테스트를 실시하여 학습 결과를 측정하는 성취도 평가(실제 예를 들면 유종혁, 2019; 최지현, 2019 등), 학습자의 의사소통 능력을 측정하는 숙달도 평가(실제 예를 들면 박소영, 2019 등) 등에 관한 연구가 주를 이룬다. Community 3에서는 학습자의 흥미 유발을 통한 다양한 과제 활동 개발(실제 예를 들면 김한내, 2018; 양수정, 2015 등), 토론 활동 전략(실제 예를 들면 김희영, 2019 등), 기능 훈련용 학습자 대상별 교재 설계 및 개발(실제 예를 들면 성정화, 2019; 서효진, 2019 등) 등에 대한 연구가 주를 이룬다. Community 1에서는 말하기, 듣기, 읽기, 쓰기 기능의 통합 교육(실제 예를 들면 요역평, 2019; 전은혜, 2019 등), 말하기 유창성과 정확성을 목표로 어휘 능력과 문법 능력 개발을 함께 다루는 교육 방안 연구 등(실제 예를 들면 수지아띠 2019; 마원, 2019 등)이 나타난다. 또한 중심성이 높진 않지만 교수 요목이나 교육 보형 설계 연구노 진행되어 왔음을 알 수 있다.

시기별로 나누어 중심성 분석을 시행하였다. 2000년대 이전에는 논문 수가 매우 적기 때문에 하나로 묶었으며 2000년 이후는 5년 단위로 나누어 분석하였다. 시기별 핵심 키워드들은 다음 <표 Ⅰ-7>과 같다.

표 Ⅰ-7 한국어 화법 교육 학위논문 언어 네트워크 시기별 중심성 분석 결과 상위 키워드

2000년도 이전		2000-2004년		2005-2009년		2010-2014년		2015-2019년	
듣기	0.2	교재	0.073	듣기	0.114	말하기	0.133	말하기	0.193
발음	0.142	교사	0.062	수업	0.110	교재	0.132	수업	0.120
문법	0.1	수업	0.057	능력	0.100	수업	0.105	교재	0.114
평음	0.085	능력	0.055	말하기	0.092	능력	0.098	능력	0.103
화자	0.071	발음	0.055	전략	0.088	듣기	0.097	듣기	0.103
일본인	0.071	문법	0.053	교재	0.087	의사소통	0.089	의사소통	0.103
능력	0.071	기능	0.051	의사소통	0.076	표현	0.085	활동	0.092
경음	0.071	듣기	0.046	과제	0.069	활동	0.085	표현	0.086
격음	0.071	표현	0.044	기능	0.065	교사	0.080	전략	0.084
지도	0.057	발화	0.042	표현	0.063	유형	0.076	단계	0.081
수업	0.057	지도	0.04	집단	0.061	기능	0.074	담화	0.076
회피	0.042	일본어	0.037	대화	0.059	발음	0.074	과제	0.073
활동	0.042	담화	0.035	단계	0.054	전략	0.074	양상	0.073
한국인	0.042	말하기	0.033	발음	0.054	사회	0.066	기능	0.067
의사소통	0.042	의사소통	0.033	오류	0.051	오류	0.064	한국	0.066
의문문	0.042	상호	0.031	실험	0.048	조사	0.063	발음	0.066
연습	0.042	활동	0.031	유형	0.048	발화	0.059	교사	0.062
목표	0.042	대학	0.028	상황	0.044	어휘	0.059	발화	0.061
모어	0.042	어휘	0.028	교사	0.043	개발	0.056	어휘	0.061

교재	0.042	교과서	0.026	발화	0.042	상황	0.056	중국인	0.059
과제	0.042	교수	0.026	텍스트	0.040	교수	0.055	유형	0.056
해결	0.028	연습	0.026	화자	0.040	학생	0.054	상황	0.055
차이	0.028	이해	0.026	활동	0.040	과제	0.054	개발	0.052
전체	0.028	교실	0.024	이해	0.039	한국	0.054	대화	0.052
외국어	0.028	요구	0.024	인식	0.038	단계	0.053	집단	0.052
실생활	0.028	의미	0.024	교수	0.036	바탕	0.051	채점	0.050
시험	0.028	단계	0.022	관계	0.035	문법	0.050	바탕	0.050
배양	0.028	대화	0.022	실시	0.035	집단	0.050	조사	0.050
방식	0.028	독일어	0.022	대화문	0.034	결혼	0.048	학생	0.050
말하기	0.028	학교	0.022	목표	0.032	외국인	0.048	교수	0.049
단음절	0.028	강의	0.02	어휘	0.031	특성	0.048	영역	0.048

2000년대 이전에는 한국어 화법 교육 연구가 '발음' 중심으로 이루어졌으며 '평음, 격음, 단음절' 등 문법적(음운론적) 지식을 활용하여 '연습'을 시키는 연구가 상당수 있었음을 알 수 있다. 그러나 2000년대 이후에는 '수업', '교재' 중심으로 '한국어 능력', '의사소통 능력'에 보다 초점을 두어 연구가 이루어졌다고 볼 수 있다. 2000-2004년까지는 '전략'이 핵심 키워드로 등장하지 않는데 2005년 이후 '전략'이 중요한 핵심 키워드로 부각되고 있다. 따라서 2000년대 이전에는 문법적 지식 중심으로 발음 교육에 대한 연구가 많았는데 2000년대 이후 의사소통 능력 중심으로 '수업'과 '교재'에 초점을 둔 연구가 이루어졌으며 특히 2005년 이후 '전략'에 대한 관심이 부각되었다고 볼 수 있다.

2000년대 이전에는 '일본인'이, 2000-2004년까지는 '일본어'와 '독일어'가 핵심 키워드로 등장하였는데, 2010-2014년에는 '결혼'이 등장하고 2015-2019년 사이에는 '중국인'이 핵심 키워드로 등장하였다. 이것이 연구 대상별 특징 때문이라면 2004년 이전에는 주로 '일본인' 대상 한국어교육 연구가 있었는데 2010년 이후 결혼 이주 여성을 대상으로 하는 연구가 활발했으며 2015년 이후 최근에는 '중국인' 대상 한국어교육 연구가 활발하게 이루어지고 있다고 해석할 수 있다.

위와 동일하게 시기를 나누어 언어 네트워크 분석을 시행하였다. 단어 간 연결 강도가 높은 단어쌍은 다음 <표 I -8>과 같다.

표 I -8 한국어 화법 교육 학위논문의 언어 네트워크 시기별 단어쌍 분석 결과

2000년도 이전		2000-2004년		2005-2009년		2010-2014년		2015-2019년	
Source-Target	Weight	Source-Target	Weight	Source-Target	Weight	Source-Target	Weight	Source-Target	Weight
격음-경음	13	담화-표지	30	능력-듣기	65	결혼-여성	307	능력-말하기	205
격음-평음	12	성격-유형	27	모형-수업	65	개발-교재	194	결혼-여성	145
경음-평음	11	노동자-외국인	27	의사소통-전략	61	능력-말하기	175	담화-표지	143
과제-듣기	7	상호-작용	26	능력-말하기	61	상호-작용	149	능력-의사소통	137
교수-문법	7	듣기-말하기	24	능력-의사소통	51	능력-의사소통	137	모어-화자	126
모어-화자	7	말-발화	23	듣기-말하기	51	능력-듣기	134	개발-교재	122
한국인-화자	7	능력-의사소통	20	상호-작용	50	듣기-말하기	131	의사소통-전략	117
격음-발음	7	말-표현	19	듣기-전략	50	설문-조사	127	상호-작용	110
모어-한국인	7	개발-교재	19	전략-훈련	41	과제-말하기	72	말하기-수업	106
격음-일본인	6	듣기-훈련	19	개발-교재	41	담화-표지	72	능력-듣기	105

경음-발음	6	듣기-전략	18	실험-집단	40	과제-활동	64	설문-조사	102
현상-회피	6	발화-표현	18	반응-청자	39	교재-말하기	63	듣기-활동	92
듣기-실생활	5	교사-말	17	강의-듣기	37	문법-어휘	61	결혼-이민자	88
발음-일본인	5	전략-훈련	17	수업-토론	32	수업-진행	55	고급-중국인	88
발음-지도	5	문법-어휘	17	모어-화자	31	요구-조사	51	말하기-활동	86
듣기-수업	5	대학-일본	17	교수-전략	29	스트레스-적응	49	모형-수업	79
과제-방식	4	말하기-숙달	16	능력-신장	29	발표-학문	49	문법-어휘	66
듣기-발생	4	노래-영화	15	집단-통제	28	실험-집단	48	말하기-불안	59
일본인-화자	4	능력-말하기	15	전략-토론	26	설문-실시	47	듣기-전략	57
듣기-말하기	4	교과서-국어	14	청자-표현	26	의사소통-전략	46	의사소통-의지	56

단어 간 연결 강도를 보면, 2000년대 이전에는 '듣기'가 '과제'와 연결되는 빈도가 많고 '교수'와 '문법'의 연결 강도가 높다. 그러나 2000년대 이후에는 '듣기'가 '훈련'이나 '전략'과 연결되는 빈도가 많아졌고, 2005년 이후에는 '듣기'와 '능력'의 연결 강도가 '듣기'와 '전략'보다 높게 나타난다. 2005년 이후에는 '말하기'와 '능력'과의 연결 강도도 매우 높다. 이는 2000년대 이전에 비해 2005년 이후 연구들이 문법적 지식보다 '의사소통 능력' 등 '능력'에 더 초점을 두어 연구를 진행했음을 보여 준다.

한국어 화법 교육 연구의 핵심 키워드였던 '교재'와 '수업'이 어떤 단어들과 강한 연결쌍을 이루고 있는지 살펴볼 필요가 있다. '교재'는 2000년대 이전에는 등장하지 않는다. 2000년대 이후 '교재'는 '개발'과 매우 높은 강도로 연결되어 있다. 이는

'교재'에 대한 연구들은 주로 '개발'에 초점을 두어 진행되었음을 보여 준다.

'수업'의 경우 '말하기'와 '수업'(말하기 수업)이나 '듣기'와 '수업'(듣기 수업) 등을 제외하고 유의미한 차이점을 드러내는 것을 살펴보면), 2005-2009년, 2015-2019년의 경우 '모형'과의 연결 강도가 상당히 높다. 이는 '수업'에 대한 연구가 '수업 모형' 개발에 초점을 두어 진행되었음을 함의한다. 2005-2009년 사이에는 '토론'과의 연결 강도도 높아서 '토론 수업'에 관한 연구도 상당수 있었음을 알 수 있다. 2010-2014년의 경우 '수업'과 '진행'과의 연결 강도가 높아서 '수업 진행' 방식 등에 대한 연구가 있었음을 알 수 있다.

시기별 중심성 분석 결과와 단어 간 연결쌍 분석 결과를 바탕으로 시기별 한국어 화법 교육 연구 경향을 정리해 보면 다음과 같다. 신뢰성을 높이기 위해 실제 개별 논문들의 제목과 핵심 키워드들을 일일이 전체적으로 훑어보면서 위의 연구 결과 내용을 보강하였다.

2000년도 이전 한국어 화법 교육 연구에서는 일본인 학습자를 대상으로 평음, 격음, 경음의 발음에 관한 설문조사 결과와 함께 발음 교육 방안 연구가 주로 이루어진 것으로 보인다(실제 예를 들면 전미순, 2001; 정미지, 1999 등). 또한 외국어 교수법을 한국어교육에 적용하여 기능별 통합 교육과 더불어 문법 교육에서의 초분절적 요소에 대한 교수 방안에 대한 논의가 이루어졌다(실제 예를 들면 박재희, 1998 등).

2000년부터는 의사소통 능력 증진을 위한 듣기 전략 훈련, 말하기 숙달도 평가, 발음과 어휘 문법의 교수 요목 설계 연구가 상위 중심성 키워드로 등장하였다(실제 예를 들면 김은정, 2002; 황기하, 2001; 정화영, 2000 등). 또한 교사와 학습자 간 구두 상호작용을 담화 분석 방법을 적용하여 분석하는 연구도 있었다(실제 예를 들면 진제희, 2004 등). 대화 회피, 메시지 전달 실패, 추가 정보 요청 상황에 대한 학습자의 태도 유형 분석, 담화 표지 교육의 효율성을 확인하는 실험 연구도 등장하였다. 또한 외국인 노동자 대상이나 일본 대학에서의 한국어교육용 교재 개발 연구도 등장한다. 웹기반 한국어 듣기 교육이나 노래나 영화, 교육연극을 활용한 말하기 교육 연구, 독일어와 영어, 한국어의 화법 조동사 비교 연구 등이

다루어지기 시작하였다(실제 예를 들면 염수진, 2004; 김경지, 2001 등).

2005년부터는 역할극, 멀티미디어 콘텐츠, 드라마, 공익광고 등을 활용한 교실수업 모형 연구 등 교육 자료를 활용한 연구들이 주를 이루었다(실제 예를 들면 유정호, 2009; 최지혜, 2009; 신문영, 2007 등). 또한 교육 내용으로는 뉴스 듣기, 듣기 노출 전략 연구, 토론 수업 모형 개발 연구, 학문 목적 노트 필기 전략, 듣기 문항 분석, 듣기 교재 개발, 예측하기 전략 교수 방안, 교재의 대화문 연구, 발음 오류와 실제 교정 방안, 오류 고쳐 되말하기 전략 등의 연구가 활발히 이루어졌다(실제 예를 들면 정희연, 2009; 조순범, 2007 등). 많지는 않지만 결혼여성이민자나 다문화 가정 자녀를 대상으로 하는 교재 연구, 드라마에 나타난 현대 호칭어나 높임법 인식조사, 지칭어 연구도 나타났다.

2010년부터는 의사소통 전략과 의사소통 능력 증진을 목표로 다양한 영역에서 활발하게 연구들이 이루어졌는데 발음교육을 위한 프로그램 개발 연구, 발음 오류 유형 분석이나 오류 수정, 되말하기 전략, 말하기 숙달도 평가, 유창성과 정확성 신장, 초분절적 요소 교수 등이 등장하였다(실제 예를 들면 김주은, 2013; 강윤미, 2013 등). 또한 학문 목적 학습자 대상의 학술 발표 전략, 학술 토론 전략과 함께 듣고 말하기 활동, 읽고 말하기, 그림자 따라 읽기, 학위논문 쓰기, 듣고 메모하기 전략 등 통합 교육에 관련한 연구들과 이에 대한 학습 효과 실험 연구도 다루어졌다(실제 예를 들면 김효은, 2014; 한솔, 2014 등). 듣기 불안과 성취도의 상관성 연구, 한국어 요청, 거절 화행 교육 연구, 토픽 듣기 호칭어 분석, 전화상황 의사소통 전략, 제2언어 습득자의 따라 말하기의 담화전략 교육 방안 연구, 태블릿 pc를 활용한 토픽 평가도구 개발 연구도 다루어졌다(실제 예를 들면 조범신, 2014; 한인숙, 2014 등). 다문화가정에 대한 연구가 많이 등장하였는데 다문화 자녀, 이주노동자, 결혼 이주 여성, 새터민 등을 대상으로 TV 드라마, 시트콤, 영화, 매체를 활용한 교재 개발 연구가 많았다. 언어권별로도 다양한 연구 대상들이 출현하였는데 일본인, 인도인, 프랑스권, 중국인, 재외동포, 미얀마, 태국인, 아랍권, 몽골인, 키르기스스탄, 베트남인 학습자 대상 연구들도 활발하게 이루어졌다.

2015년부터 최근까지 연구에서는 의사소통 전략 방안으로 말하기 유창성과 담화표지 사용 양상과 전략(실제 예를 들면 관흔, 2019; 방가, 2019 등), 교재 분석을 통한 간접 인용 표현의 담화기능 연구, 말하기·쓰기 불안과 학습 전략 연구, 학업 성취도 평가의 내용이 관심 있게 다루어졌다(실제 예를 들면 오미연, 2019; 우아령, 2019; 김윤희, 2019 등). 거절화행과 맞장구 표현, 체면 관련 전략의 높임법 교육 연구도 나타났다. 더빙 활동이나 교육연극 등 과제 활동에 관한 연구도 높은 중심성을 나타내었고 플립러닝 발표, 프로젝트 학습법, K-Pop, 딕토섀도잉, 딕토글로스, 영상 매체 등을 활용한 수업 모형 연구도 등장하였다(실제 예를 들면 박지은, 2019; 문대일, 2019 등). 또한 학문 목적 대상의 토론 수업 개발, 강의 듣기 능력 연구나 발표 수행 양상을 분석한 연구도 등장하였다. 결혼 이민자나 외국인 근로자를 대상으로 하는 연구와 프랑스, 헝가리 등 유럽어권 학습자 대상의 교재 개발 연구도 나타났다.

3.2.2. 소논문

1) 빈도수 분석 결과

한국어 화법 교육과 연관된 소논문 691편에 자주 출현한 키워드들은 무엇인지 상위 빈도수 분석 결과를 다음 <표 I-9>에 정리하였다.

표 I-9 한국어 화법 교육 소논문 빈도수 분석 결과 상위 키워드

단어	빈도	키워드	빈도	키워드	빈도	키워드	빈도
말하기	292	중급	101	비교	79	전략	64
듣기	247	유형	101	진행	78	주제	62
수업	232	쓰기	101	사회	78	학문 목적	61
교재	177	과제	98	기능	77	담화	61
능력	174	어휘	97	초급	75	논의	60
학습자	155	의사소통	95	표현	74	이론	59

발음	154	이해	94	읽기	74	의미	59
토론	152	바탕	94	양상	74	고급	59
발표	133	한국	92	상황	74	인식	57
단계	129	문법	91	교육 방안	72	문제점	57
교수	121	영역	87	대화	71	듣기 능력	57
개발	114	교사	86	오류	70	목표	56
대학	109	중국	85	활동	68	교육	56
학생	104	조사	83	차이	67	실시	55

'수업, 교재, 학습자' 등이 상위에 링크되어 있는 점은 학위논문 빈도수 분석 결과와 일치한다. '능력'이 상위에 링크되어 '한국어 능력 신장'에 초점을 둔 연구들이 이루어졌을 것이라는 점을 추론해 볼 수 있다. 학위논문과 다른 점 중의 하나는 '토론, 발표, 대학' 등이 상위에 링크되어 있다는 점이다. 이는 최근 소논문의 연구 주제들이 학문 목적 한국어교육에 주어졌음을 추론케 한다. '학문 목적'이 빈도수 61위로 상위에 링크되어 있기도 하다. '중국'이 85위로 등장하고 있어 '중국인 대상 한국어교육'에 대한 연구가 많았음을 알 수 있다. 연구 방법론을 예측할 수 있게 하는 단어들로는 '조사(83회), 비교(79회), 양상(74회), 오류(70회), 인식(57회)' 등이 있는데 조사 연구, 비교 연구, 양상 연구, 오류 연구, 인식 조사 연구 등이 수행되었을 것으로 예측할 수 있다.

다음 그림은 상위 빈도수 300개의 워드 클라우드(Word Cloud)이다. 비슷한 빈도수를 갖는 단어들이 학위논문에 비해 많아 학위논문보다 연구 주제가 다양함을 예측할 수 있다.

그림 I-5 한국어 화법 교육 소논문의 빈도수 상위 300개의 워드 클라우드

2) 중심성 분석 결과

연구자들의 관심을 끈 키워드는 무엇인지를 파악하기 위해 연결 중심성과 매개 중심성 그리고 가장 많은 논문에서 출현한 등장 논문 수를 분석한 결과는 다음 <표 I-10>과 같다.

표 I-10 한국어 화법 교육 소논문 언어 네트워크 중심성 분석 결과 상위 키워드

순위	연결 중심성	비율	매개 중심성	비율	등장 논문 수	빈도
1	말하기	0.082222	말하기	0.106905	말하기	191
2	수업	0.06963	수업	0.089966	듣기	142
3	듣기	0.062963	교재	0.083875	학습자	102
4	교재	0.062222	듣기	0.068291	수업	90
5	학습자	0.047407	발표	0.053181	능력	82
6	능력	0.047407	능력	0.052504	바탕	76
7	발음	0.046667	학습자	0.051244	교수	73
8	발표	0.045185	발음	0.05017	의사소통	70

9	토론	0.042222	단계	0.04104	개발	69
10	단계	0.039259	토론	0.036849	발표	68
11	유형	0.034815	개발	0.033465	대학	62
12	문법	0.034074	과제	0.030418	토론	61
13	개발	0.032593	문법	0.029832	비교	60
14	영역	0.031852	유형	0.029822	쓰기	58
15	대학	0.03037	어휘	0.028016	한국	57
16	학생	0.02963	사회	0.027536	단계	57
17	이해	0.02963	대학	0.026702	과제	56
18	과제	0.02963	이해	0.024704	이해	55
19	어휘	0.028889	의사소통	0.024304	교재	55
20	의사소통	0.028148	영역	0.020844	교육 방안	55
21	바탕	0.028148	한국	0.020391	기능	54
22	교사	0.028148	표현	0.020018	어휘	53
23	사회	0.025926	교사	0.018166	양상	53
24	대화	0.025926	바탕	0.018156	읽기	51
25	기능	0.025926	초급	0.018146	진행	50
26	교수	0.025926	학생	0.017762	중국	50
27	초급	0.025185	비교	0.017644	영역	50
28	한국	0.024444	화법	0.016852	표현	48
29	쓰기	0.024444	상황	0.016842	조사	47
30	화법	0.023704	대화	0.016739	기초	47

연결 중심성과 매개 중심성 그리고 등장 논문 수 등 세 가지 기준 모두에서 중복 출현한 단어들은 '말하기, 수업, 듣기, 교재, 학습자, 능력, 발표, 토론, 개발, 대학, 학생, 이해, 과제, 어휘, 의사소통'이다. 두 가지 기준에서 중복된 단어들은

'발음, 문법, 학생, 교사, 대화, 교수' 등이다. 세 가지 기준 모두에서 10위 이내에 등장한 단어들은 ('말하기'와 '듣기'를 제외하면) '수업, 학습자, 능력, 발표' 등이다. 한국어 화법 교육 연구의 핵심 키워드로 계속 등장했던 '교재'는 소논문 등장 논문 수가 19위이다. 학습자의 수업 시간 내 발표 능력에 대한 연구가 매우 활발하게 이루어졌다고 볼 수 있다.

언어 네트워크 중심성과 단어 간의 연결도가 높은 단어쌍을 분석하여 상위 20위까지 제시하면 다음 <표 Ⅰ-11>과 같다.

표 Ⅰ-11 한국어 화법 교육 소논문 언어 네트워크 중심성과 단어쌍 분석 결과

순위	주요 키워드		주요 단어쌍		
	중심성 (In-Degree)	비율	단어 (Source)	단어 (Target)	연결 강도 (Weight)
1	말하기	0.082222	듣기	말하기	51
2	수업	0.06963	쓰기	읽기	41
3	듣기	0.062963	듣기	쓰기	41
4	교재	0.062222	듣기	읽기	37
5	학습자	0.047407	말하기	수업	32
6	능력	0.047407	말하기	쓰기	30
7	발표	0.045185	문법	어휘	30
8	토론	0.042222	말하기	읽기	27
9	개발	0.032593	발표	분과	26
10	대학	0.03037	대학	중국	20
11	이해	0.02963	개발	평가 도구	20
12	과제	0.02963	듣기교재	제시대화문	19
13	어휘	0.028889	단계	듣기	18
14	의사소통	0.028148	능력	학생	17

15	발음	0.046667	말하기	학습자	16
16	문법	0.034074	대학교	중국	16
17	학생	0.02963	사회	한국	15
18	교사	0.028148	교재	발음	15
19	대화	0.025926	단계	토론	14
20	교수	0.025926	개인	발표	14

'수업, 교재, 학습자, 능력' 등이 중심성이 높은 단어들로 등장했다. 이는 앞서 살펴본 학위논문 분석 결과와 유사하다. 학위논문과 다른 차이점을 드러내는 단어들로는 '발표, 토론, 대학' 등이 10위 안에 동시에 등장하고 있다는 점으로서 소논문에서 '학문 목적 한국어교육' 연구가 학위논문보다 활발했음을 암시한다.

단어 간 연결 강도와 관련하여 주목되는 것은 '개발'과 밀접한 관련을 맺는 단어쌍이 '평가 도구'라는 점이다. 학위논문의 경우 '교재'와 '개발'과의 연결 강도가 매우 높았다. '듣기 교재'와 밀접한 관련을 맺는 단어쌍이 '제시 대화문'인 점도 주목된다. 듣기 교재 내 '대화문'에 대한 분석 연구가 상당수 수행되었음을 알 수 있다. '대학' 및 '대학교'와 긴밀하게 연결되어 있는 단어는 '중국'으로서 중국인 대상 한국어 학습자에 대한 연구가 활발했음을 알 수 있다.

실제 소논문들의 제목과 키워드를 일일이 일람하면서 주요 핵심어와 단어쌍 분석을 분석해 본 결과 한국어 화법 교육 소논문에서 다음의 몇 가지 연구들이 진행되었음을 안 수 있었다. 의사소통 능력 신장을 위한 어휘와 문법의 정확성과 유창성 및 발음 교육에 관한 연구, 말하기와 쓰기, 읽기, 듣기 기능의 통합 교육에 관한 연구, 말하기·듣기의 평가 도구 개발, 학문 목적 학습자의 대학 수학 발표·토론 능력 신장 연구, 학생과 교사의 상호작용에 관한 연구 등이 그것이다.

다음 〈그림 Ⅰ-6〉은 한국어 화법 교육 소논문의 언어 네트워크 시각화 분석 결과를 그룹화하여 시각화한 결과이다.

그림 I-6 한국어 화법 교육 소논문의 언어 네트워크 중심성 시각화

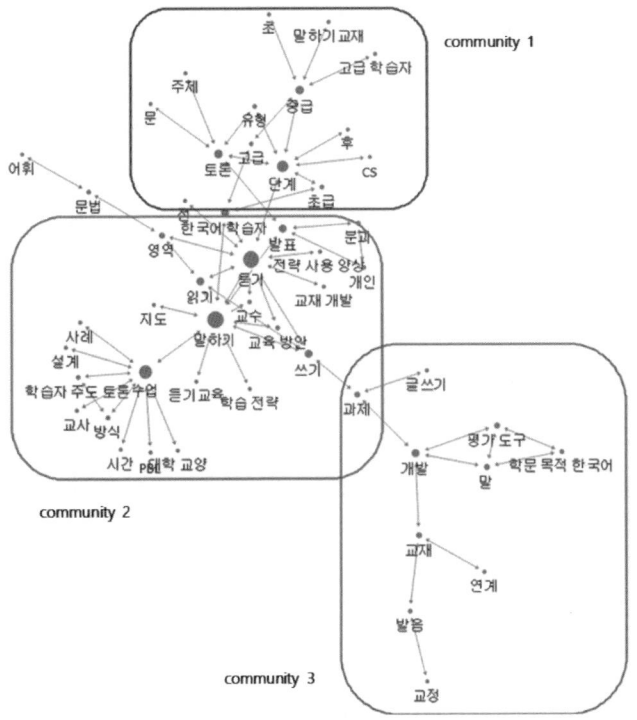

한국어 화법 교육 소논문의 언어 네트워크는 말하기와 듣기 교육을 중심으로 크게 세 그룹으로 나눠지는데 이를 Community 1, Community 2, Community 3으로 표시하였다. 먼저 중심에 Community 2는 교실 수업 시 학습 전략에 관한 연구로 학습자 주도 토론 전략과 말하기·듣기 전략 사용 양상 등에 대한 연구들이 위치하고 있다(실제 예를 들면 정혜선, 2018; 김호정·정연희, 2016; 오상숙·정희정, 2014 등). 또한 정확성과 유창성 훈련을 위한 어휘와 문법 영역의 통합 연구도 눈에 띈다. Community 3에서는 학문 목적 대상의 글쓰기 과제와의 통합 교육 연구와 발음 교육을 위한 교재 설계 및 개발 연구, 그리고 평가 도구 개발 연구 등이 있다(실제 예를 들면 곽지영 외 2019; 신은영,이효인, 2018; 백난주, 2017 등). Community 1에서는 단계별 초·중·고급 대상의 토론 전략 교육과 말하기 교재 개발에 대한 연구가 네트워크를 이루고 있다.

다음 <표 Ⅰ-12>는 시기별 중심성 분석 결과이다. 학위논문처럼 2000년 이전에는 논문 수가 적으므로 하나로 묶었고 2000년대 이후에는 5년 단위로 분석하였다.

표 Ⅰ-12 한국어 화법 교육 소논문 언어 네트워크 시기별 중심성 분석 결과 상위 키워드

2000년도 이전		2000-2004년		2005-2009년		2010-2014년		2015-2019년	
말하기	0.14285	말하기	0.14864	화법	0.11764	말하기	0.14184	말하기	0.14856
듣기	0.125	유형	0.13513	말하기	0.11397	듣기	0.13652	듣기	0.12359
발표	0.10714	질문	0.12162	듣기	0.08088	능력	0.09751	수업	0.09613
발음	0.10714	화자	0.10810	능력	0.07720	토론	0.07624	교재	0.09363
지도	0.07142	발음	0.10810	문법	0.05882	교재	0.07092	능력	0.08863
교사	0.07142	대화	0.10810	텍스트	0.05514	수업	0.06914	담화	0.05243
표현	0.05357	능력	0.09459	담화	0.05147	단계	0.05673	개발	0.04993
오류	0.05357	숙련도	0.08108	영역	0.04044	발음	0.05496	이해	0.04119
양식	0.05357	조사	0.06756	문학	0.04044	과제	0.05496	발표	0.04119
사고방식	0.05357	전략	0.06756	도구	0.04044	의사소통	0.04787	토론	0.03995
관계	0.05357	단계	0.06756	서술	0.03676	담화	0.04787	오류	0.03870
과제	0.05357	활동	0.05405	주제	0.03308	학생	0.04609	유형	0.03620
학생	0.03571	채점	0.05405	기준	0.03308	발표	0.04432	어휘	0.03620
프로그램	0.03571	상호	0.05405	교재	0.03308	교수	0.04078	대학	0.03620
토론	0.03571	사회	0.05405	수업	0.02941	전략	0.03723	전략	0.03370
인식	0.03571	교사	0.05405	이야기	0.02573	항목	0.03546	과제	0.03370
의사소통	0.03571	형식	0.04054	언어학	0.02573	표현	0.03546	의사소통	0.03245
원인	0.03571	중국어	0.04054	문항	0.02573	중급	0.03546	대화	0.03245
습관	0.03571	작용	0.04054	토픽	0.02205	어휘	0.03546	구어	0.03245

상호	0.03571	인터뷰	0.04054	의사소통	0.02205	기능	0.03546	초급	0.02996
발전	0.03571	원리	0.04054	어휘	0.02205	고급	0.03546	수정	0.02996
국어	0.03571	시험	0.04054	시험	0.02205	통합	0.03368	사회	0.02996
교정	0.03571	설정	0.04054	교수법	0.02205	영역	0.03191	발화	0.02996
교수법	0.03571	바탕	0.04054	간접	0.02205	교사	0.03191	활동	0.02871
교수	0.03571	모어	0.04054	활동	0.01838	이해	0.03014	학문	0.02871
학교	0.01785	논쟁	0.04054	형태	0.01838	한국	0.02836	바탕	0.02871
차이	0.01785	기준	0.04054	현황	0.01838	활동	0.02659	대화문	0.02871
조사	0.01785	교재	0.04054	항목	0.01838	유형	0.02659	표현	0.02746
정책	0.01785	획득	0.02702	통합	0.01838	화법	0.02482	단계	0.02746
수업	0.01785	학생	0.02702	중급	0.01838	의미	0.02482	한국	0.02621
설문	0.01785	탄설음	0.02702	일본어	0.01838	문법	0.024	피드백	0.02621

2000년대 이전에는 '발음', '지도'에 대한 관심이 높았다면, 2000-2004년 사이에는 발음뿐만 아니라 '질문'이나 '대화', '능력' 등에 대한 관심이 많았으며, 2010년 이후에는 '교재'와 '수업'에 대한 관심이 매우 높아졌음을 알 수 있다. '의사소통', '담화' 등은 꾸준히 연구 대상에 포함되었으며 2000년에서 2004년 사이에 '전략'이 새롭게 등장하고 있다는 점도 주목된다.

단어 간 연결 강도가 높은 단어쌍 분석 결과를 제시하면 〈표 Ⅰ-13〉과 같다.

표 Ⅰ-13 한국어 화법 교육 소논문의 언어 네트워크 시기별 단어쌍 분석 결과

2000년도 이전		2000-2004년		2005-2009년		2010-2014년		2015-2019년	
Source-Target	Weight	Source-Target	Weight	Source-Target	Weight	Source-Target	Weight	Source-Target	Weight
듣기-말하기	7	모어-화자	8	능력-말하기	24	듣기-말하기	43	능력-듣기	62

교정-발음	5	상호-작용	8	간접-화법	19	능력-말하기	36	개발-교재	44
교수법-발음	5	인터뷰-조사	8	자유-화법	19	능력-듣기	31	능력-의사소통	40
발음-오류	3	오류-유형	7	듣기-말하기	18	교재-통합	29	능력-말하기	39
말하기-지도	3	조사-형식	6	간접-자유	14	결혼-여성	28	교재-듣기	34
오류-원인	3	조사-활동	6	듣기-영역	13	교재-말하기	26	담화-표지	33
듣기-지도	3	인터뷰-형식	6	교재-말하기	13	교재-발음	26	수정-피드백	33
관심-교사	3	숙련도-자신	5	어법-정중	12	능력-의사소통	24	말하기-학문	33
듣기-수업	3	교사-질문	5	능력-듣기	11	능력-신장	24	듣기-말하기	31
발음-인식	2	유형-질문	5	동포-소설	11	과제-말하기	23	수업-토론	29
관계-말하기	2	단계-중급	5	듣기-텍스트	11	듣기-활동	22	상호-작용	26
말하기-상호	2	중국어-화자	5	주제-항목	10	상호-작용	21	결혼-여성	24
과제-발표	2	교재-발음	5	상호-작용	10	듣기-수업	21	듣기-전략	23
발음-원인	2	능력-말하기	5	능력-의사소통	10	말하기-활동	21	강의-듣기	22
관계-듣기	2	모어-중국어	5	말하기-영역	9	듣기-전략	21	교재-대화문	22
교수-듣기	2	유음-중국어	5	문법-영역	8	주도-토론	19	간접-화행	22
토론-프로그램	2	상대방-화자	4	능력-담화	7	모어-화자	19	듣기-활동	21

의사소통-차이	2	발음-오류	4	어법-이론	7	수업-토론	19	모형-수업	19
문제점-의사소통	2	능력-듣기	4	이론-정중	7	뉴스-라디오	17	개발-도구	19
강화-교사	2	대화-숙련도	4	듣기-전략	6	말하기-발표	16	듣기-불안	19

2000년대 이전의 핵심어였던 '발음'은 '교정, 교수법, 오류, 인식' 등과 강하게 연결되어 있어 발음에 대한 연구가 발음 오류를 교정하고 지도하는 방법에 초점을 두어 이루어졌음을 보여 준다. 2000년대 이후 핵심 키워드였던 '교재'와 '수업'의 경우 '교재'는 '발음, 통합, 개발' 등과 긴밀한 관련을 맺고 있으며, '수업'의 경우 '토론, 모형' 등과 강하게 연결되어 있다. 이를 통해 '발음 교재 개발이나 통합 교재 개발'에 대한 연구가 많았으며 '토론 수업'이나 '수업 모형' 개발에 관한 연구들이 많았음을 알 수 있다. '전략'의 경우 '듣기'와 긴밀한 관련을 맺고 있어 '말하기 전략'에 비해 '듣기 전략'에 관한 연구가 더 많았음을 알 수 있다.

시기별 중심성 분석과 단어쌍 분석 결과, 그리고 실제 논문의 제목과 키워드에 대한 연구자의 검토를 통해 한국어 화법 교육의 연구 흐름을 정리해 보면 다음과 같다. 2000년도 이전에는 말하기 능력 측정, 숙달도 평가 등을 통해 발음 오류의 원인을 조사하고 오류를 개선하는 방안에 대한 연구나 발음 교정 방법(교수법), 한일 언어 비교를 통한 발음 교수법 등에 관한 연구가 많았다(실제 예를 들면 우인혜, 1998 등). 그 외 토론문을 활용한 상호 관계적 토론 지도 프로그램의 교육 효과에 관한 연구, 통합 교육 교재 개발 연구, 듣기 능력 평가 방안, 과제 해결 활동 교육, 토픽 평가 기준 설정 및 도구 개발 등도 있었다.

2000년도부터는 한국인 교사의 질문 유형과 기능에 관한 분석 연구, 화자의 말하기 숙련도가 상대방 화자에게 미치는 영향(실제 예를 들면 朴仙玉, 2003; Byon, Andrew, 2003 등), 중국어 모어 화자의 발음 오류 유형 분석, 말하기·듣기 능력의 인터뷰 형식의 조사 보고 활동 등에 연구자들이 높은 관심을 보였다(실제 예를 들면 신호철, 2003; 木村泰子, 2003 등). 그 외 말하기 시험 유형 및 채점 기준 설정, 문학 활용 말하기 교육, 응답 화법, 승낙 획득 전략 연구, 담화 전략, 말하기 평가, 어휘 구사력 평가 등의 연구들도 다루어졌다.

2005년부터 화법 교육 분야에서 연구가 활발하게 진행되기 시작하였는데 문학 텍스트를 활용한 자유 간접 화법 연구, 담화 분석 연구를 통한 한국어 표준 말하기 시험 측정 도구 개발, 담화 능력 배양을 위한 컴퓨터 프로그램 활용 담화 분석 전략, 화법과 문법의 통합 교육, 공연 문학의 화법 교육적 응용, 말하기 숙달도 평가 도구 개발, 말하기 교재의 새로운 주제 항목 현황이나 교재 개발에 관한 연구가 높은 중심성을 나타내었다(실제 예를 들면 한상미 외, 2009; 류수열, 2008; 김정숙 외, 2007; 전성기, 2005 등). 그 외 토론 담화 표지 활용, 공감적 화법 능력 신장, 인공지능형 말하기 코스웨어 개발, 외국어 텍스트 수정 연구, 읽기가 듣기에 미치는 영향에 관한 연구도 다루어졌다. 학문 목적 학습자 대상의 연구도 진행되었는데 노트필기전략 훈련과 강의듣기 효과, 듣고 받아 적어 재구성하기 적용 방안, 토론 활동 등 대학 수학에 필요한 연구들이 이루어졌다(실제 예를 들면 손정란, 2009; 김인규, 2009; 등). 토픽 평가 문항의 타당도 평가에 관한 키워드도 높은 중심성을 나타내었다.

2010년부터 한국어 수업에서 학습자 주도 토론의 효율성에 대한 설문조사 연구가 높은 중심성을 나타내었다(실제 예를 들면 오상석·정희정, 2014 등). 통합 교재와 차별화된 말하기 교재나 언어기능별 개별 교재 개발에 관한 연구도 높은 중심성을 보였고, 발음 교육을 위한 음운 변동 규칙 등 구체적인 내용을 기술한 교재 개발에 관한 연구도 등장하였다(실제 예를 들면 김지영, 2014; 박은민, 2014 등). 토론 담화 수업의 중요성과 교육 방안에 대한 연구도 상위 키워드에 등장하였고, 프레젠테이션을 활용한 학술 발표 능력과 의사소통 능력 신장을 위한 상호작용 연구도 등장하였다(실제 예를 들면 이은자, 2014; 김정숙, 2014 등). 말하기 듣기 능력과 함께 대학생 글쓰기와 탈북청소년의 글쓰기 전략 등의 통합 교육 연구도 중심성이 높았다(실제 예를 들면 배재훈, 2012; 왕효성, 2012 등). 이 외에도 토픽 듣기의 담화 상황 맥락 분석 연구, 말하기 평가에서 대화 과제 도입, 실제 자료를 활용한 듣기 평가 문항 개발 등에 관한 연구와 라디오나 뉴스, 전화메시지 남기기 과제, 공익광고, 역할극, 딕토글로스, 섀도잉 등 다양한 교육 자료가 활용되었다.

결혼이주여성이나 다문화 자녀를 대상으로 하는 스토리텔링, 그림 보고 말하기 통합 교육, 영화·드라마 등 흥미를 줄 수 있는 다양한 자료들이 활용되었다.

2015년 이후에는 말하기·듣기 능력 향상을 위한 통합 기능 평가 방법 연구, 외국인 유학생의 강의 듣기 능력과 학술 발표의 유창성에 관한 연구가 상위에 등장하였다(실제 예를 들면 김운옥, 2019; 오문경, 2018 등). 문법과 어휘의 정확성과 오류 원인에 관한 연구, 말하기 수업에서 교사의 오류 수정 피드백과 학습자의 반응 양상 연구, 의사소통 불안, 듣기 불안, 성취도 평가와 화법 전략 등에 대한 연구도 진행되었다(실제 예를 들면 김서형, 2019; 김윤희, 2019; 서진숙·박혜경, 2016 등). 그 외에도 일본인 겹받침 발음 습득 연구, 부탁하기, 끊어 말하기, 고쳐 말하기, 소리 내어 읽기의 간접적 전략 사용 양상 연구도 이루어졌다. 토픽 말하기 평가 도입 및 개발, 모의시행에 관한 연구나 매체를 활용한 교육 방안 연구들이 있었다.

3.3. 토픽 모델링 분석 결과

3.3.1. 학위논문

한국어 화법 교육 학위논문 1,024편의 주요 주제에 대한 토픽 모델링 분석 결과 20개의 소주제에 대한 키워드들이 추출되었고, 이를 다시 대주제로 분류하여 주제별 등장 논문 수를 기준으로 전체 논문에서 차지하는 비율을 분석하였다.

표 I-14 한국어 화법 교육 분야 학위논문의 주요 연구 주제

키워드1	키워드2	키워드3	키워드4	소주제	논문 수 (백분율)	대주제
학생	교사	읽기	지도	학생의 읽기 지도와 연계한 통합 교육 연구	37 (4%)	교수·학습 (40%)

발화	기능	어휘	여성 결혼이민자	여성결혼이민자 대상 발화능력 신장을 위한 어휘 교육 방안 연구	36 (4%)	교수·학습 (40%)
스토리	활동	동화	이중언어	이중 언어를 구사하는 다문화 가정 자녀 대상의 스토리텔링을 활용한 교육 방안	24 (2%)	
수업	활동	시간	흥미	수업 시간 학습자의 흥미를 유발하는 과제활동 방안 연구	47 (5%)	
학습자	토론	활동	교사	토론 활동을 통한 교사와 학습자 상호작용 교육 연구	49 (5%)	
학습자	의사소통 전략	훈련	정확성	의사소통 전략을 위한 학습자의 정확성 훈련 교육 방안 연구	43 (4%)	
발음	오류	발음 교육	음운	음운 환경에 따른 발음 오류에 대한 교육 방안 연구	47 (5%)	
교사	교수	담화 표지	중국	중국인 학습자 대상 담화표지 교수 방안 연구	30 (3%)	
드라마	번역	매체	역할극	드라마나 매체의 번역을 활용한 역할극 교육 방안 연구	94 (9%)	
듣기	능력	문항	말하기 평가	말하기·듣기 능력 평가 문항 개발 연구	83 (8%)	평가 (21%)
채점	다문화가정	자녀	프로그램	다문화 가정 자녀 대상의 교육 프로그램 개발을 위한 숙달도 평가	60 (6%)	
대화	유형	질문	시험	말하기 능력 평가 도구 개발을 위한 질문 유형 분석 및 제시	33 (3%)	
실험	집단	학습자	수업	수업 시 학습자의 말하기 능력과 학업 성취도 측정을 위한 실험 연구	42 (4%)	평가 (21%)

표현	의미	교과서	업무	직업목적 학습자 대상 업무상황의 의미 표현에 대한 교과서 텍스트 분석 및 개발 연구	21 (2%)	교육 자료 (16%)
교재	개발	중국	학습자	중국인 학습자 대상 말하기·듣기 교재 개발 연구	140 (14%)	
과제	대학	학문 목적	쓰기	학문 목적 학습자 대상 대학 수학 목적 쓰기 과제에 대한 요구조사	53 (5%)	일반(요구분석) (12%)
학습자	말하기	교수	이론	학습자 중심 말하기 교수 이론 및 현황 연구	71 (7%)	
화자	모어	표현	사회	한국인 모어 화자의 표현을 통한 사회언어학적 의사소통 전략 연구	38 (4%)	교육 내용 (전략) (11%)
중국인	학습자	고급	듣기전략	중국인 고급 학습자 대상의 듣기 전략 연구	48 (5%)	
상관관계	변인	조사	학습 전략	학습 전략에 영향을 미치는 학습 변인의 상관관계 조사 연구	28 (3%)	

그간 논의되어온 주요 연구 분야는 '교수·학습(40%), 평가(21%), 교육 자료(20%), 일반(12%), 교육 내용(11%)' 등이다. '교육 내용'에 대한 연구 비중이 가장 낮으므로 의사소통 능력 신장을 위한 교육 내용 연구가 추후 좀 더 활발히 연구되어야 함을 알 수 있다.

연구자들에게 가장 관심이 있었던 주제 영역은 교수·학습 영역이다. 드라마 등 매체를 활용한 교수·학습 방법이나 교육연극 기법을 수업에 적용하여 학습자의 의사소통 능력을 향상시키는 실제적인 연구들이 가장 높은 비율을 차지했다. '평가' 영역에서는 토픽 문항 분석이나 교재에 나타난 담화 상황 맥락 분석을 통한 교육 방안 연구들이 높은 비율을 차지했다. '교육 자료' 영역에서는 새로운 주제 선정이나 교재 설계 방안에 대한 연구가 가장 높은 비율을 나타내었고 상위 키워드로 중국이 출현함으로서 중국인 학습자를 대상으로 하는 교재 개발이 많은 비중을 차지하고 있다는 것을 볼 수 있다. '일반' 연구 영역에는 말하기 교육을 위한 기초연구로서 설문조사 방법을 사용하여 학습자의 요구 분석을 통한 실제적인 교육 방안을 연구하는 주제가 가장 높게 나타났다. '교육 내용'에서는 학습 전략이나 듣기·말하기 전략이 상위에 출현하였다.

그림 I-7 한국어 화법 교육 학위논문의 주요 주제별 비율과 시기별 변화율

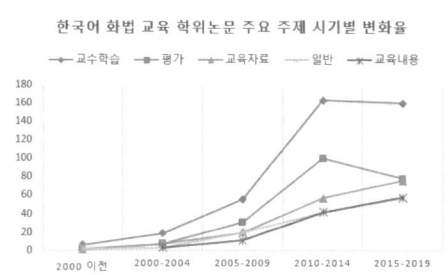

한국어 화법 교육 시기별 변화율을 살펴보면 화법 교육에 대한 연구자들의 관심도는 상승세를 나타내며 이 증가율은 앞으로도 지속될 것이다. 가장 높은 증가율을 나타내는 주제 영역은 '교수·학습'으로 2000년부터 가장 높은 관심을 나타내다가 2010년부터는 폭발적으로 증가하였다. 2000년대부터 다양한 주제에 대한 연구가 활성화되기 시작하였고 2015년 이후로는 '교수·학습'과 '평가' 연구는 소폭 감소하였고 그 외 모든 주제('교육 자료, 일반, 교육 내용') 연구는 높은 증가율을 보이고 있다.

3.3.2. 소논문

한국어 화법 교육 소논문 691편의 연구를 대상으로 토픽 모델링 분석을 한 결과 20개의 소주제에 대한 키워드들이 추출되었고, 이를 다시 대주제로 분류하여 주제별 등장 논문 수를 기준으로 전체 논문에서 차지하는 비율을 분석하였다.

표 I-15 한국어 화법 교육 분야 소논문의 주요 연구 주제

키워드1	키워드2	키워드3	키워드4	소주제	논문 수 (백분율)	대주제
문화	스토리텔링	화법	영역	화법 영역에서의 스토리텔링을 활용한 문화 교육 방안 연구	48 (7%)	교수·학습 (37%)
발표	담화표지	단계	중급	중급 대상 발표능력 신장을 위한 단계별 담화표지 교육 방안 연구	51 (7%)	
전략	수업	고급	토론	고급 대상 수업 시 토론 전략 교육 연구	22 (3%)	
항목	여성 결혼이민자	교수법	자녀	여성결혼이민자와 자녀가 함께 참여하는 교육 과정 및 교수법 연구	25 (4%)	
능력	수업	학생	단계	학생의 말하기 능력 신장을 위한 단계별 수업 설계 방안 연구	40 (6%)	
토론	말하기	교수	듣기	토론 활동을 통한 말하기·듣기 교수 방안 연구	39 (6%)	교수·학습 (37%)
수업	활동	한국	외국인 유학생	외국인 유학생 대상 수업 활동을 통한 한국어 능력 신장 연구	34 (5%)	
개발	과제	학문 목적	평가 도구	학문 목적 한국어 말하기 평가 과제 유형 분석 및 도구 개발	47 (7%)	평가 (21%)
한국어 능력 시험	문항	듣기	듣기 능력	한국어능력시험의 듣기 문항과 듣기 능력에 대한 타당도 연구	45 (7%)	
대학	교실	한국어듣기	차이	대학 수학 목적 한국어교실에서 학습자 듣기 능력 차이가 학업 성취도에 미치는 영향 실험연구	54 (8%)	

부사	문장	진행	양상	한국어 교재와 말뭉치에 나타난 부사 사용 양상 분석	10 (1%)	교육 자료 (19%)
한국어 듣기 교재	비교	중국	제시대화문	중국 내 한국어 듣기 교재에 나타난 제시대화문 비교 연구	28 (4%)	
중국	방향	바탕	개선	중국인 대상 한국어 말하기 교재에서 과제 개선 방향성 및 모형 제시	45 (7%)	
주제	교재 개발	연계	매체	한국어 교재의 주제 항목과 연계한 매체 활용 교재 개발 연구	26 (4%)	
교재	선정	문제점	한국어 말하기 교육	한국어 말하기 교육 교재의 항목선정 및 문제점에 관한 연구	22 (3%)	
대화	상황	말하기 평가	양상	말하기 평가에서 담화전략과 실제 상황에서 사용 양상 연구	40 (6%)	일반 (조사연구) (14%)
인식	대화문	조사	교사	한국어 교재 대화문에서 교사와 이민자가 인식하는 실제성 조사연구	21 (3%)	
듣기	의사 소통	기능	관심	의소소통 가능으로써 듣기 영역에 대한 관심과 타당성 조사 연구	33 (5%)	일반 (소사연구) (14%)
문법	어휘	표현	말하기	어휘와 문법 교육을 통한 말하기 표현 능력 신장 연구	38 (5%)	교육 내용 (9%)
발음	유형	오류	발음 교육	학습자의 발음오류 유형 분석과 교사 피드백의 발음교육 전략연구	23 (3%)	

한국어 화법 교육 관련 소논문의 토픽 모델링 분석 결과 '교수·학습(37%)' 영역이 가장 높았고 다음으로는 '평가(21%)', '교육 자료(19%)', '일반(14%)', '교육 내용(9%)'이었다. 학위논문의 경우 교수·학습 영역이 40%였으므로 학위논문에서 교수·학습 관련 연구가 소논문보다 많이 나타났음을 알 수 있다. 주요 주제의 비율 순위는 학위논문과 소논문이 유사한 결과를 나타내었다.

'교수·학습'에서 가장 높은 연구 주제는 발표능력 신장을 위한 단계별 담화 표지 교육 방안 연구와 스토리텔링 등을 활용한 문화 교육과 화법 교육이 연계된 통합 교육이 높은 비중을 나타내었다. '평가'에서는 학문 목적 대상 학습자의 학업 성취도 연구와 평가 도구 개발이 높은 비율을 나타내었다. '교육 자료' 연구에는 중국인 대상의 말하기 교재 개선 방향성 연구가 가장 높았고, '일반' 조사 연구에는 담화 전략에 대한 실제 사용 양상 연구가 가장 관심을 보였고, '교육 내용'은 어휘와 문법 교육과 더불어 발음 교육 전략 연구가 주를 이루었다.

그림 I-8 한국어 화법 교육 소논문의 주요 주제별 비율과 시기별 변화율

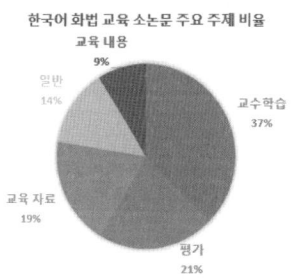
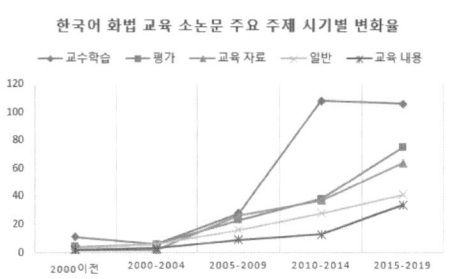

한국어 화법 교육 소논문의 주요 주제가 시기별로 어떻게 변화해 왔는지 분석하였다. 그 결과 2005년부터 주제의 다양화가 이루어지면서 상승세를 나타내었고 2010년부터는 '교수·학습'의 연구 추세가 가장 큰 폭으로 증가하였다. 그러나 최근 '교수·학습'의 연구 주제는 소폭 감소한 반면 '평가, 교육 자료, 일반, 교육 내용'의 연구 주제는 꾸준한 상승세를 나타내었다. 그중에서 '평가'의 주제가

가장 크게 증가하였고 이는 학업 성취도 평가와 숙달도 평가 등 '교수·학습' 교육 방안에 대한 점검이 이루어지고 있다고 판단된다. 또한 '교육 자료'의 개발이나 의사소통 전략 연구도 꾸준히 관심을 나타내고 있다.

3.4. 등급별 분석 결과

3.4.1. 등급별 논문 수 추이

연구 대상별 동향 분석은 등급별로 초·중·고급으로 분류한 뒤 학문 목적 대상 연구를 포함하여 분석하였다. 이 때 두 수준 이상 걸치는 경우 예를 들어 중·고급 대상의 연구물은 중급과 고급 모두에 분류하여 포함시켰다.

표 Ⅰ-16 연구 등급별 논문 수 추이 결과

구분	초급	중급	고급	학문 목적	합계
학위논문	86	65	55	47	253
소논문	21	14	25	69	129
합계	107	79	80	116	382
비율	28%	21%	21%	30%	100%

한국어 화법 교육 전체 논문 수(1,715편)에서 수준을 밝힌 논문은 총 382편으로 전체의 18%를 차지하였다. 학위논문(253편)이 소논문(129편)의 대략 2배 가량 되었고, 학문 목적 대상 논문 수가 116편으로 가장 많았다. 초·중·고급 논문 수는 대략 비슷하였으나 초급이 중·고급보다 약간 많았다. 연구 유형별 및 등급별 논문 수 추이를 학위논문과 소논문으로 나누어 제시하면 다음과 같다.

그림 I-9 한국어 화법 교육 유형별 및 등급별 논문 수 추이

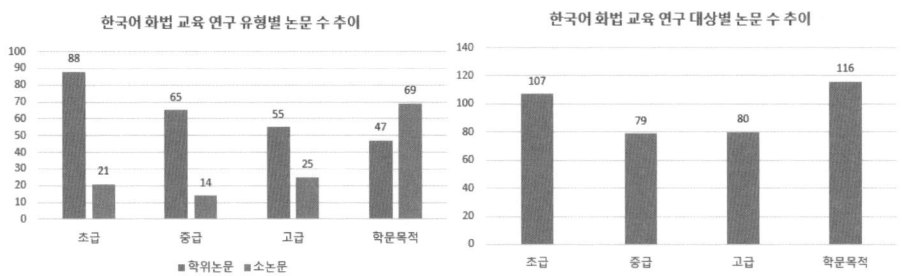

3.4.2. 중심성 분석 결과

다음 <표 I-17>은 한국어 화법 교육의 초급, 중급, 고급 그리고 학문 목적 대상 연구에 대한 중심성 분석 결과 상위 키워드들이다.

표 I-17 한국어 화법 교육 분야 등급별 언어 네트워크 중심성 분석 결과 상위 키워드

초급		중급		고급		학문 목적	
교재	0.159	수업	0.124	말하기	0.183	듣기	0.176
말하기	0.116	말하기	0.112	듣기	0.183	학문	0.174
수업	0.087	듣기	0.091	수업	0.105	말하기	0.162
초급	0.086	중급	0.084	의사소통	0.100	발표	0.131
발음	0.084	활동	0.082	단계	0.096	토론	0.111
어휘	0.069	전략	0.079	능력	0.081	능력	0.110
듣기	0.068	발음	0.056	고급	0.079	교재	0.108
활동	0.068	집단	0.053	활동	0.076	수업	0.107
과제	0.064	과제	0.048	어휘	0.063	강의	0.086
기능	0.064	의사소통	0.046	뉴스	0.061	대학	0.076
단계	0.059	단계	0.042	교수	0.061	과제	0.076
교수	0.053	드라마	0.042	표현	0.060	전략	0.073

문법	0.048	영역	0.042	과제	0.060	활동	0.070
선정	0.043	교실	0.039	집단	0.058	교수	0.066
표현	0.041	상황	0.039	교재	0.058	유형	0.063
지도	0.039	이해	0.037	이해	0.055	개발	0.063
전략	0.037	능력	0.035	전략	0.054	이해	0.060
교사	0.035	발달	0.035	유형	0.054	담화	0.059
학습자	0.035	교재	0.032	조사	0.052	전공	0.053
교수법	0.034	상호	0.030	선정	0.046	질문	0.049
중국	0.034	기준	0.028	담화	0.043	집단	0.047
한국	0.034	모형	0.028	한국	0.042	요구	0.046
유형	0.032	시간	0.028	개념	0.042	단계	0.045
의사소통	0.032	토론	0.028	특징	0.040	유학	0.043
기준	0.030	교수	0.025	상황	0.040	유학생	0.042
개발	0.028	실험	0.025	불안	0.040	외국인	0.042
능력	0.028	양상	0.025	발화	0.037	수준	0.042
모형	0.028	유창성	0.025	의견	0.036	기능	0.042
바탕	0.028	유형	0.025	양상	0.036	의사소통	0.039
실험	0.028	정의	0.025	드라마	0.036	학업	0.035

다음은 단어 간 높은 연결성을 나타내는 단어쌍 분석 결과이다.

표 Ⅰ-18 한국어 화법 교육의 등급별 단어와 단어 사이의 연결도가 높은 단어쌍

초급			중급			고급			학문 목적		
단어 Source	단어 Target	강도 Weight	단어 Source	단어 Target	강도 Weight	단어 Source	단어 Target	강도 Weight	단어 Source	단어 Target	강도 Weight
말하기	활동	29	전략	토론	26	능력	듣기	97	말하기	학문	155

초급	학습자	29	말하기	활동	25	의사소통	전략	90	강의	듣기	128
설문	조사	26	설문	조사	23	고급	중국인	80	듣기	학문	101
말하기	수업	26	인도	학습자	19	과제	말하기	70	발표	학문	97
듣기	말하기	24	상호	작용	17	설문	조사	70	능력	듣기	89
동화	전래	17	듣기	활동	17	매체	영상	66	개발	교재	68
사전	주석	15	발달	발음	16	듣기	수업	65	토론	활동	67
말하기	연습	15	예측하기	전략	16	능력	말하기	64	노트	필기	65
개발	교재	14	토론	훈련	16	어휘	표현	64	능력	말하기	64
듣기	활동	14	교실	수업	15	국내	학위	60	말하기	설득	60
단계	활동	14	노래	영화	15	의사소통	의지	58	듣기	말하기	57
문법	어휘	14	발음	숙달도	15	문헌	참고	58	교재	듣기	56
말하기	초급	14	거절	화행	14	듣기	불안	57	문헌	참고	55
집단	통제	14	모형	수업	14	말하기	서사	53	국내	학위	54
어휘	주석	13	전략	훈련	13	섀도우	스피킹	50	전략	토론	51
단계	초급	13	고급	중급	13	예능	프로그램	49	듣기	불안	50
문법	학습전략	12	딕토글로스	섀도우	13	말하기	활동	48	요구	조사	50
연습	활동	12	교수	듣기전략	13	고급	듣기	48	배경	이론	49
교수	요목	12	듣기	사이트	12	배경	이론	47	석사	학위	48
말하기	학습자	11	집단	통제	12	실패	화용	46	국내	석사	48
말하기	성취	11	정의	태도	11	교재	듣기	44	과제	말하기	46
교재	초급	11	접촉	정도	11	말하기	수업	42	듣기	전략	46
능력	듣기	11	발음	종성	11	말하기	의견	41	전략	훈련	44

생산	어휘	11	더빙	활동	11	듣기	활동	40	대학	수학	44
교수	말하기	11	듣기	말하기	11	소집단	토의	38	교재	말하기	44
교재	듣기	11	듣기	수업	11	개발	교재	37	섀도우	스피킹	44

중심성 분석 결과 상위에 등장한 키워드들과 단어 간 연결 강도가 높은 단어쌍 분석 결과를 종합해보면 다음과 같은 특성이 나타난다.

초급 학습자 대상 연구: 말하기 유창성과 발음이 정확하지 않으면 의사소통 시 의미 전달에 실패할 수밖에 없으므로 문법(음운론, 음성학)과 발음 교육 방안에 대한 연구가 이루어졌다. 또한 단어쌍 분석 결과에서 어휘 전자 사전과 주석을 활용한 학습 성취도 실험 연구도 다루어졌다는 것을 알 수 있다. 통합 기능의 단계별 교재 개발 연구와 역할극, 전래 동화, 노래 지도 등 과제 활동을 활용한 수업 모형 설계 연구도 중심성이 높게 등장하였다.

중급 학습자 대상의 연구: 전략이라는 단어가 가장 많이 등장하면서 토론 전략, 예측하기 전략, 훈련 전략, 교수 전략 등의 단어들이 쌍을 이루고 있다. 이는 학습자의 성공적인 의사소통을 위해 말하기와 듣기 전략을 사용하는 것이 효율적이라는 판단 때문으로 보인다. 교수·학습의 전략적 방안, 교실 수업의 다양한 상황에 따른 변인 통제 등을 고려한 교수 전략 연구 등도 나타났고, 딕토글로스 쉐도우 방법, 더빙 활동, 말하기 듣기 사이트 개발 등 구체적인 교육 자료 개발 연구도 등장하였다. 또한 말하기 유창성과 발음의 정확성에 대한 숙달도 평가와 전략 사용 양상에 대한 실험 연구도 등상하였다. 노래나 영화, 더빙 활동을 활용한 교육 방안도 눈에 띈다.

고급 학습자 대상 연구: 상위 키워드에 의사소통 능력을 함양하기 위한 전략이 출현함으로서 고급 학습자 대상의 교육 목표가 명확하게 드러난다. 학습자 중심 교실 수업 시 프로젝트 교육 방안, 영상 매체(더빙 활동, 드라마, 예능 프로그램, 라디오, 뉴스 등)를 활용한 말하기·듣기 전략 교육 방안이 등장하였다. 또 말하기 불안이 키워드로 등장하면서 고급 학습자 대상의 불안 양상 조사와 이에 대한 상관성 연구로 섀도우 스피킹 기법을 활용하는 연구가 다루어지고 있다.

학문 목적 학습자 대상에서는 외국인 유학생과 국내 대학원 외국인 학습자를 대상으로 대학수학에 필요한 학술 담화 능력에 대한 요구 조사와 실험 연구가 이루어졌음을 알 수 있다. 이 기초연구 결과를 중심으로 학습자에게 발표 전략, 토론 전략, 강의 듣기 전략, 의사소통 전략, 노트 필기 전략 등을 훈련시킴으로써 효율적으로 학술 담화 능력을 신장시키는 방안에 대한 연구들이 높은 중심성을 나타내었다. 또한 교수법, 수업 도구, 교재 개발과 교수 요목 설계에 대한 연구들도 높은 비율을 나타내었다.

3.4.3. 토픽 모델링 분석 결과

토픽 모델링 기법을 활용하여 초·중·고급·학문 목적의 학위논문과 소논문을 통합하여 각각의 주요 주제들과 비율을 분석하고 시기별 주요 주제들의 변화율을 분석하였다.

1) 초급

초급 학습자 대상의 학위논문과 소논문 총 107편에 대한 12개의 주제별 키워드와 백분율은 다음 표와 같다.

표 Ⅰ-19 한국어 화법 교육 분야 초급 대상 논문의 주요 연구 주제

키워드1	키워드2	키워드3	키워드4	소주제	논문 수 (백분율)	대주제
중국	문법	말하기	전략	중국 학습자 대상 문법 교육을 통한 말하기 전략 연구	10 (9%)	교육 내용 (9%)
교재	단계	의사소통	비교	초급 단계 의사소통 능력 신장을 위한 듣기 교재 비교 연구	6 (6%)	교육 자료 (31%)
교재	개발	호칭어	말하기	말하기 교육에서 호칭어 교육을 위한 교재 개발 연구	20 (19%)	
교재	교수법	개발	통합	말하기 교재의 과제 활동을 통한 통합 교육 교수법 개발	7 (6%)	

지도	노래	활동	수업	수업 시 노래 지도 활동을 통한 교육 방안 연구	5 (5%)	교수·학습 (49%)
발음	교육	교사	오류	학습자 발음 오류 실제와 교사의 교정 방안 교육	7 (7%)	
듣기	집단	학습자	텍스트	학습자의 듣기 텍스트 실제성 실험을 통한 교육 방안 연구	12 (11%)	
수업	교수	방안	모형	말하기 교수방안 및 수업 모형 연구	10 (9%)	
과제	활동	기능	교사	과제 활동을 통한 교사의 의사소통 기능 교육 연구	10 (9%)	교수·학습 (49%)
말하기	실험	활동	역할극	말하기 교육에서 역할극 활동을 적용하기 위한 실험 연구	9 (8%)	
어휘	초급	사전	주석	어휘 주석과 사전을 활용한 학습 효과 평가	4 (4%)	평가 (4%)
교실	양상	담화	전략	교실 내 담화 전략 효과적 사용 양상 분석	7 (7%)	일반 (7%)

초급 학습자 대상 연구의 토픽 모델링 분석 결과 '교수·학습'에 대한 주제가 가장 높았고, '교육 자료, 교육 내용, 일반, 평가'의 순서로 나타났다. 초급 학습자 대상 연구에서는 교육 자료 개발과 함께 이를 활용하는 교육 방안에 대한 연구가 활발하게 이루어졌다고 볼 수 있다. 가장 높은 비율을 차지한 소주제로 한국어의 호징어 교재를 분석하는 연구가 상위에 등장하였다. 또한 가장 낮은 비율을 차지한 평가에서는 전자 사전을 도구로 어휘의 수용 능력과 생산 능력을 비교하는 실험 연구가 등장하였는데, 초급 학습자가 어휘의 사전적 의미를 명확하게 이해하고 표현할 수 있게 하기 위해서는 어휘 전략이 필요함을 논의하였다.

그림 I-10 한국어 화법 교육 초급 대상 주요 주제별 및 시기별 변화율

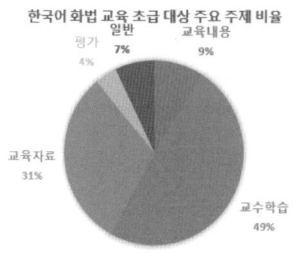
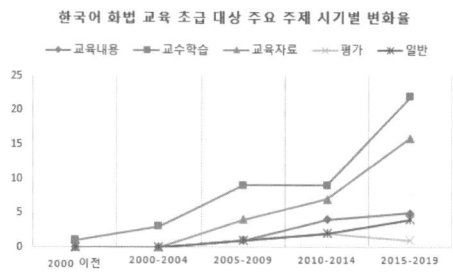

초급 학습자 대상 한국어 화법 교육 연구의 시기별 주제 변화율을 살펴보면 '교수·학습'에 관한 연구가 1997년을 시작으로 꾸준하게 늘어나면서 2010년부터는 폭발적으로 증가하기 시작하였고 가장 높은 비중을 차지하는 주제로 나타났다. 2005년부터는 '교육 자료', '교육 내용', '연구 일반' 등 다양한 소주제들이 활발하게 등장하기 시작하였고, 2010년부터는 '평가'에 관한 주제도 주요 연구 주제로 출현한다. 가장 크게 상승하고 있는 연구 주제는 역시 '교육 자료'와 '교수·학습'으로 나왔다.

2) 중급

중급 학습자 대상 학위논문과 소논문 총 79편의 토픽 모델링 분석 결과는 〈표 I-20〉과 같다.

표 I-20 한국어 화법 교육 분야 중급 대상 논문의 주요 연구 주제

키워드1	키워드2	키워드3	키워드4	소주제	논문 수 (백분율)	대주제
중급	의사소통 의지	기준	고급	중·고급 대상 의사소통 의지와 주제 항목 현황 분석 및 기준 설정 연구	5 (6%)	일반 (15%)
수업	영화	개발	노래	영화와 노래를 활용한 수업 설계를 위한 설문조사	7 (9%)	

단계	교실	의사소통	시뮬레이션	교실 수업에서 시뮬레이션 프로그램을 활용한 단계별 수업모형 설계	9 (12%)	교수·학습 (36%)
말하기	활동	수업	더빙	더빙 활동을 활용한 말하기 교육 방안 연구	7 (9%)	
집단	화행	차이	딕토쇼도잉	딕토쇼도잉 학습법이 듣기 능력에 미치는 효과의 실험연구를 통한 수업모형 제시	3 (4%)	
듣기	전략	교수	오류	학습자 오류 양상에 대한 듣기 전략 교수 방안 연구	9 (11%)	
과제	전략	토론	의사소통	의사소통 능력 신장을 위한 과제 활동을 통한 토론 전략 개발	4 (5%)	교육 내용 (11%)
말하기	활동	표현	이해	언어적 비언어적 복합 양식적 표현 활동을 통한 말하기 교육 연구	5 (6%)	
발음	발달	환경	숙달도	학습 환경이 발음 발달 및 숙달도에 미치는 영향 평가	2 (3%)	평가 (6%)
유창성	양상	의사소통 전략	중국인	중국인 대상 의사소통 전략 사용 양상 및 유창성 평가	3 (4%)	
듣기	드라마	교재 개발	조사	드라마나 매체를 활용한 듣기 교재 개발 연구	20 (25%)	교육 자료 (32%)
교재	선정	예측하기	상황	예측하기 전략 교육을 위한 교재 분석 및 개발 연구	5 (6%)	

분석 결과 '교수·학습'의 주제 영역이 가장 높은 비율을 타나냈고 동시에 '교육 자료'도 높게 도출되었다. 다음으로는 '일반 연구', '교육 내용', '평가'의 순이다. '교수·학습' 주제 영역에서는 더빙 활동이나 딕토쇼도잉 기법, 의사소통 시 발생할 문제를 해결하는 시뮬레이션 프로그램 등을 활용한 수업 모형 제시 방안 연구들이 나왔다. '교육 자료'에서는 현재 사용하는 교재 분석, 여러 매체나 전략 관련 자료를 제시하는 새로운 교재 개발 설계 연구가 높은 비율을 나타냈다. '일반' 연구에서는 의사소통 의지가 실제

행동 능력으로 연계될 수 있도록 교실 상황 변인을 통제하는 이론 연구와 영화와 노래, 미디어 콘텐츠를 활용하여 학습 효과를 분석하는 연구 등 이론적 논의를 넘어 실제 적용 가능한 방안을 제시하기 위한 연구들이 등장하였다. '교육 내용'에서는 과제 활동 전략 개발이나 통합 기능의 교육 내용 등이 주요 주제로 분석되었다. '평가'는 말하기 유창성과 발음 능력의 숙달도 평가 실험 연구가 주를 이루었다.

그림 I -11 한국어 화법 교육 중급 대상 주요 주제별 및 시기별 변화율

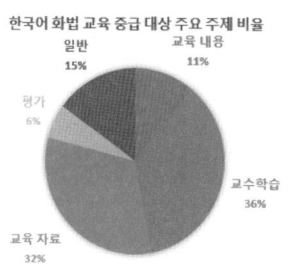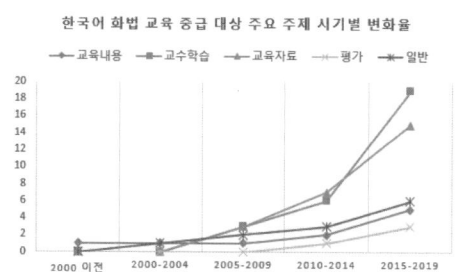

연구 주제의 시기별 변화율 분석 결과 중급 학습자 대상 연구에 대한 관심도가 점점 상승하고 있다는 것을 볼 수 있다. 초급 대상에서는 '교수·학습'이 2000년대 이전부터 높은 비율을 차지한 것과 다르게 중급 대상 연구에서는 90년대부터 '교육 내용'에 대한 연구들이 시작되다가 2000년대부터 학습자들에 대한 요구 분석의 '일반' 연구들에 대한 관심이 나타났고, 2005년부터는 이러한 기초적인 '교육 자료'의 연구와 함께 '교수·학습' 및 '교육 방안'에 대한 연구가 활발하게 진행되었다. 2010년부터는 '평가' 영역에서도 여러 소주제가 등장하였다.

3) 고급

고급 학습자 대상 학위논문과 소논문 총 80편의 토픽 모델링 분석 결과는 〈표 I -21〉과 같다.

표 I-21 한국어 화법 교육 분야 고급 대상 논문의 주요 연구 주제

키워드1	키워드2	키워드3	키워드4	소주제	논문 수 (백분율)	대주제
과제	교재	능력	말하기	말하기 능력 신장 목표 교재 개발을 위한 요구 조사 연구	7 (9%)	일반 (14%)
화용	화자	중국	양상	중국인 화자의 화용 능력 사용 양상 연구	4 (5%)	
불안	집단	토의	차이	집단 토의 시 모어 화자와 차이로 인한 한국어 학습자 말하기 불안과 숙달도 상관관계 연구	6 (7%)	평가 (8%)
한국	호칭어	듣기	프로그램	예능 프로그램을 활용한 호칭어 교육 방안 연구	8 (10%)	교수·학습 (45%)
중국	토론	학습자	발음	중국인 학습자 대상 토론 활동을 통한 발음 교육 방안	11 (14%)	
학습자	프로젝트	수업	교수	수업 시 프로젝트를 활용한 말하기 교수학습 방안 연구	6 (7%)	
듣기	뉴스	수업	섀도잉	뉴스 듣기를 활용한 섀도잉 기법의 교육 방안 연구	11 (14%)	
전화	실패	소집단	의사소통 전략	화용적 실패에 대한 전화 상황에서 의사소통 전략 연구	4 (5%)	교육 내용 (17%)
전략	담화	서사적 말하기	의사소통	의사소통 시 서사적 말하기 수행을 통한 담화 전략 교육 연구	4 (7%)	
학습자	의사소통 의지	발표	교실	교실 수업 시 학습자의 의사소통 의지 향상을 통한 발표 능력 신장 연구	6 (7%)	
말하기	활동	동시	장치	동시 등 담화 자료 텍스트성과 어휘적 응결장치를 사용한 말하기 과제 활동 연구	10 (13%)	교육 자료 (16%)
상황	의사소통	과제	맥락	상황 맥락에 맞는 의사소통 능력 신장을 위한 과제 개발	3 (4%)	

고급 학습자 대상 연구의 토픽 모델링 분석 결과 역시 '교수·학습(45%)' 영역이

가장 높았고, '교육 내용(17%)', '교육 자료(16%)', '일반(14%)', '평가(8%)'의 순서로 나타났다.

그림 I-12 한국어 화법 교육 고급 대상 주요 주제별 및 시기별 변화율

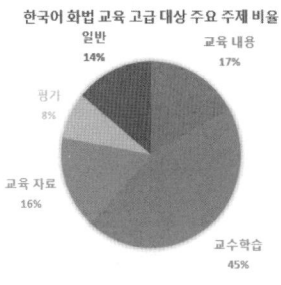
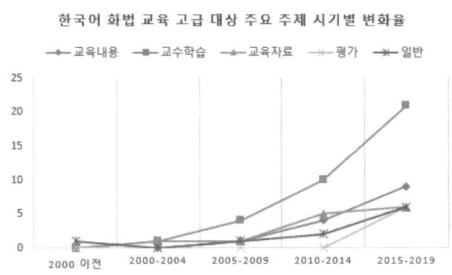

'교수·학습'에서 중국인 학습자를 대상으로 하는 토론 활동 전략에 대한 연구가 가장 높게 나타났다. 또한 라디오, 뉴스 같은 매체를 교육 자료로 활용한 듣기 전략에 관한 연구도 높은 비율을 나타내었다. '교육 내용'에서는 교실 상황에서 의사소통 능력에 영향을 주는 요인 관계 연구가 높은 비율을 차지했다. '교육 자료'는 동시, 드라마, 더빙 등의 자료를 활용한 연구나 교재 내 예문의 담화 분석에 관한 연구가 이루어졌다. '일반' 연구에서는 학습자의 요구 조사 분석 연구가 있었고, '평가'에서는 듣기 불안 요인 분석을 위해 숙달도 평가가 다루어졌다.

시기별 분석 결과 역시 '교수·학습'에 관한 연구 주제들이 2005년부터 상승세를 취하고 있으며 점점 더 큰 폭으로 증가할 것이다. '평가' 영역이 2010년부터 주요 연구 주제로 등장하면서 최근에는 큰 폭으로 상승세를 취하고 있으며 이는 초·중급의 '평가' 영역과 다소 다르다.

4) 학문 목적

학문 목적 학습자 대상의 학위논문과 소논문 총 116편의 토픽 모델링 분석 결과는 〈표 I-22〉와 같다.

표 Ⅰ-22 한국어 화법 교육 분야 학문 목적 대상 논문의 주요 연구 주제

키워드1	키워드2	키워드3	키워드4	소주제	논문 수 (백분율)	대주제
개발	쓰기	평가 도구	말하기 평가	말하기와 쓰기 교육의 평가 도구 개발	13 (11%)	평가 (12%)
담화	숙달도	작성	노트 필기 전략	담화표지를 활용한 노트필기 작성 전략의 숙달도 평가	1 (1%)	
발표	토의	담화	프레젠테이션	프레젠테이션을 활용한 발표 및 토의 활동을 통한 교육 방안 연구	10 (9%)	교수·학습 (44%)
수업	말하기	교수	수정적 피드백	말하기 수업의 교수의 수정적 피드백 교육 방안 연구	8 (7%)	
과제	교재	활동	유형	한국어 교재에 나타난 말하기 과제 활동 유형에 따른 수업 모형 개발	9 (8%)	
말하기	능력	쓰기	활동	말하기와 쓰기 과제 활동의 연계한 통합 교육 방안 연구	11 (9%)	
학문	학문 목적	교수	의사소통	학문 목적 대상 의사소통 능력 신장을 위한 교수 방법 연구	12 (10%)	
토론	수업	단계	학습자	수업 시 토론 활동 학습자 단계별 과제 개발 연구	12 (10%)	교육 자료 (17%)
학문 목적	실험	중국인 학습자	의사소통 전략	중국인 학습자의 의사소통 전략 실험 결과에 따른 교재개발 연구	8 (7%)	
집단	말하기	듣기 능력	섀도잉	섀도잉 기법을 활용한 말하기·듣기 능력의 통합 교육의 전략 연구	3 (3%)	교육 내용 (3%)
대학	강의	듣기	학문적 발표	대학 수학 목적 학술 강의 듣기 및 발표에 관한 학습자 요구 조사	22 (19%)	일반 (24%)
토론전략	교재 개발	훈련	요구 분석	학부생을 위한 토론 전략 교재 개발을 위한 요구 분석	7 (6%)	

가장 높은 비율을 나타낸 주제는 학술 발표, 토론, 강의 듣기, 학술적 글쓰기, 시험 등 대학 수학에 필요한 기능 교육에 대한 유학생의 요구 조사로 도출되었다. 주요 주제에서는 '교수·학습'이 가장 높았고 프레젠테이션, PPT 등을 활용한 발표 전략, 쓰기 전략, 교육 방법 연구가 주를 이루었다.

시기별 주제 변화율 분석 결과 2005년부터 본격적으로 연구가 진행되었고 2010년부터 연구 주제가 다양화되었다. 가장 높은 주제 영역은 '교수·학습' 영역이며 2010년부터는 폭발적인 증가폭을 나타내면서 꾸준히 상승하고 있다. 학술 발표나 학술 토론을 위한 실제적인 전략 교육, 프로젝트 발표, 섀도잉 기법, 오류 수정 피드백, 통합 교육 연구 등 수업 모형이나 전략 방안에 대한 연구들이 관심을 받고 있다. 수준별 초·중·고급 대상의 연구 주제와 가장 차이가 나는 주제 영역은 '평가'로서 평가 도구 개발에 관한 주제가 큰 비중을 차지하였다. 또한 '일반' 연구의 비중이 초·중·고급 연구 주제보다 높게 나타났다. 이는 유학생들의 요구 조사를 통해 실제적인 교육 방안을 마련하기 위한 기초 연구가 연구자들에게 관심을 끌고 있다는 것을 나타낸다.

그림 I-13 한국어 화법 교육 학문 목적 대상 주요 주제별 및 시기별 변화율

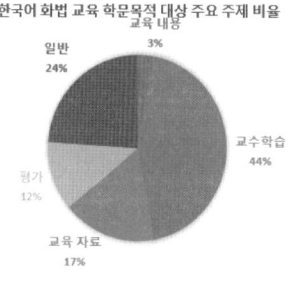
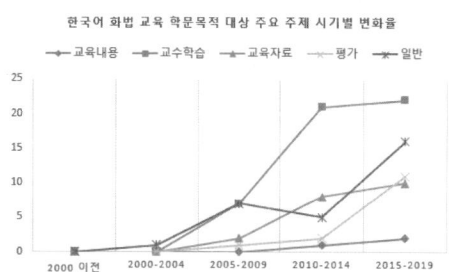

4. 논의

이 장에서는 3장의 논의 결과를 전반적으로 개괄하고자 한다. 앞에서 논의된 것처럼 학위논문과 소논문 모두 2005년부터 본격화되었고 2010년부터는

비약적으로 증가하면서 학위논문의 경우 2019년에 가장 많았다. 한국어교육에서 화법 교육에 대한 관심이 점차 높아지고 있으며 연구 주제는 다양해지면서 구체화되고 있다.

학위논문과 소논문의 언어 네트워크 중심성 분석 결과 연구자들에게 가장 관심을 나타낸 핵심어들의 시기별 중심성 분석 결과 중심도가 점점 상승하고 있는 단어들과 그 변화율을 살펴보면 〈그림 Ⅰ-14〉와 같다.

그림 Ⅰ-14 한국어 화법 교육 핵심어의 시기별 중심성 변화율

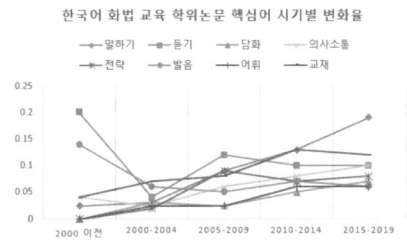 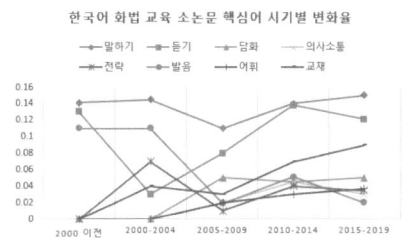

시기별 중심성 분석에서 주요 키워드로 추출된 핵심어 중에서 '말하기'와 '듣기'는 당연히 높은 중심성을 나타낸다. 그런데 '듣기' 교육보다 '말하기' 교육에 더 높은 관심을 나타냈음을 알 수 있다. '의사소통'과 '전략'의 경우 2005년부터 본격적으로 출현하면서 상승하다가 최근 감소하였다. 이는 2005년부터 의사소통 전략에 대한 연구들이 논의되다가 최근에는 실제 전략을 적용하는 교육 방안 중심으로 연구의 흐름이 옮겨지고 있기 때문으로 사료된다. '담화' 역시 낮은 비율이지만 2005년에 등장하면서 관심도는 점점 상승하고 있다. 담화 능력 습득을 위한 연구도 앞으로 활발하게 진행될 것이다. '어휘'와 '발음'에 관한 연구는 최근 가장 낮은 비율을 나타내고 있다.

학위논문과 소논문의 토픽 모델링 분석 결과 주요 주제별 비율이 유사하게 나타났다. '교수·학습' 관련 연구가 가장 많았고 그 다음으로 '평가'와 '교육 자료' 연구가 활발하게 이루어졌다. 학위논문과 소논문의 연구 주제별 비율을 비교해 보면 〈그림 Ⅰ-15〉와 같다.

그림 I-15 한국어 화법 교육 연구의 주요 주제별 비율

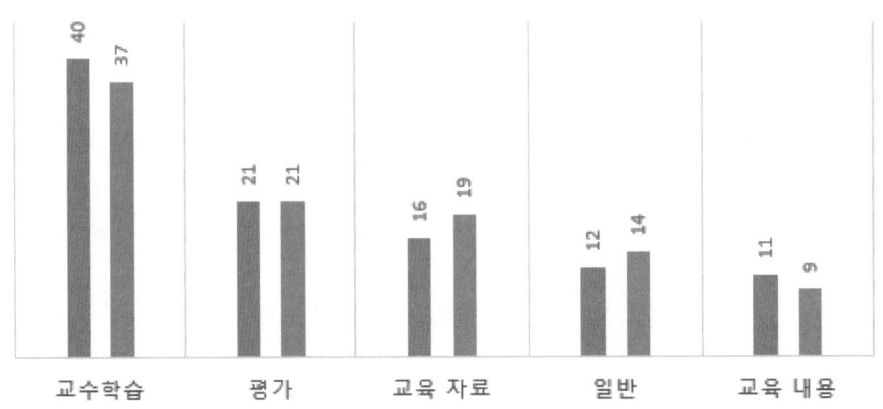

학위논문과 소논문의 연구 주제별 차이가 가장 큰 항목은 '교수·학습'으로 나타났다. 또한 교수·학습 효과를 검증하는 성취도 평가, 숙달도 평가에 대한 연구 비율이 높았다. 그러나 실제 수업에 적용하기 위한 기초 이론 조사로 교사와 학습자를 대상으로 하는 요구 조사나 실험 연구, 전략 사용 실태 조사 연구의 비율은 낮았다. 그러나 시기별 주제 변화율 결과 2015년부터 최근까지 동향은 '교육 자료'나 '일반', '교육 내용'의 기초 이론 연구가 상승세를 나타내면서 다양한 연구가 진행될 것으로 판단된다.

시기별로는 학위논문과 소논문 모두 2000년대부터 다양한 주제에 대한 연구가 활성화되기 시작하였고 2010년부터는 주제별 구체화와 함께 폭발적으로 증가하였다. 그러나 학위논문과 소논문 모두 '교수·학습' 연구는 2015년부터 소폭 감소하였고 의사소통 전략 연구에 대한 '교육 내용'이나 교사와 학습자의 요구 조사와 '교육 자료' 연구는 증가하였다. 이는 한국어 화법 교육의 의사소통 능력 신장을 위한 실제 교육 방안에 적용 가능하면서도 다양한 전략 습득 연구들이 나올 것으로 기대된다.

한국어 화법 교육의 대상별 초·중·고급 그리고 학문 목적의 연구 논문 수 추이 결과 학문 목적, 초급, 고급, 중급의 순으로 나타났고, 유형별로는 학위논문이 253편으로 소논문의 129편보다 많다.

등급별 언어 네트워크의 상위 핵심 키워드의 시기별 중심성 변화율을 비교해보면 다음과 같다. 주요 핵심어의 중심성 비율을 살펴보면 초급에서 고급으로 갈수록 '의사소통'이나 '말하기', '듣기'의 비율이 높아지는데 이는 의사소통 능력 신장을 목표로 전략에 관한 연구가 증가하고 있기 때문으로 볼 수 있다. 반면 초급에서는 '교재'와 '발음', '어휘'가 높은 중심성을 나타내다가 고급에서는 하락하고 있다. 이는 초급 학습자 대상으로 정확한 어휘 사용과 발음의 정확성을 목표로 초급 교재 연구가 활발하게 이루어지고 있기 때문으로 볼 수 있다.

그림 I-16 한국어 화법 교육의 등급별 주요 키워드의 중심성 비율

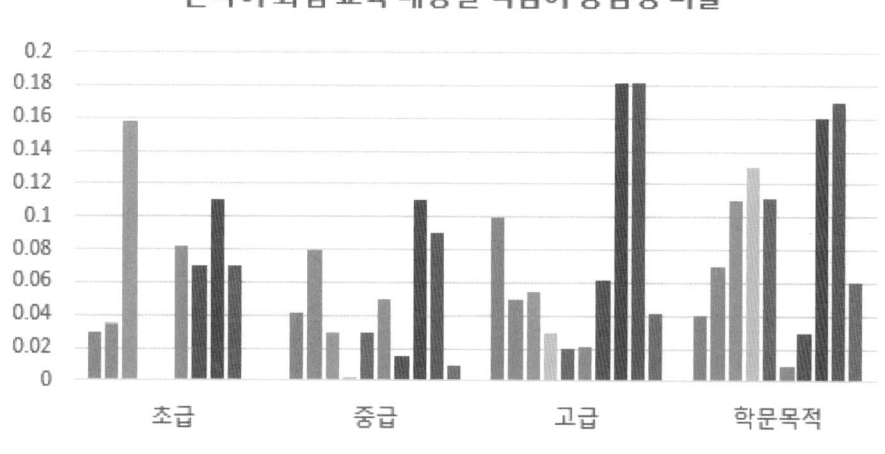

'담화'는 중급부터 등장하면서 고급과 학문 목적에서 상승세를 보이고 있는데 이는 담화 교육에 대한 연구자들의 관심도가 높다는 것을 나타낸다. 학문 목적 한국어교육 연구의 경우 등급별(초·중·고급) 대상 연구와 핵심어 차이를 나타내는데

전자에서는 '발표', '토론', '교재'가 높은 중심성을 나타내는데 비해 후자에서는 고급과 중급에서 미약한 중심성을 나타낸다. 이는 학문 목적 대상 연구의 목표가 대학 수학 능력을 위한 학술 발표나 토론 전략, 강의 듣기 전략 등 유학생에게 필요한 전략을 적용하는 연구가 주를 이루고 있기 때문으로 보인다.

연구 대상별 토픽 모델링 분석 결과 주요 주제별 비율은 <그림 Ⅰ-17>과 같다.

그림 Ⅰ-17 한국어 화법 교육의 등급별 주요 연구 주제 비율

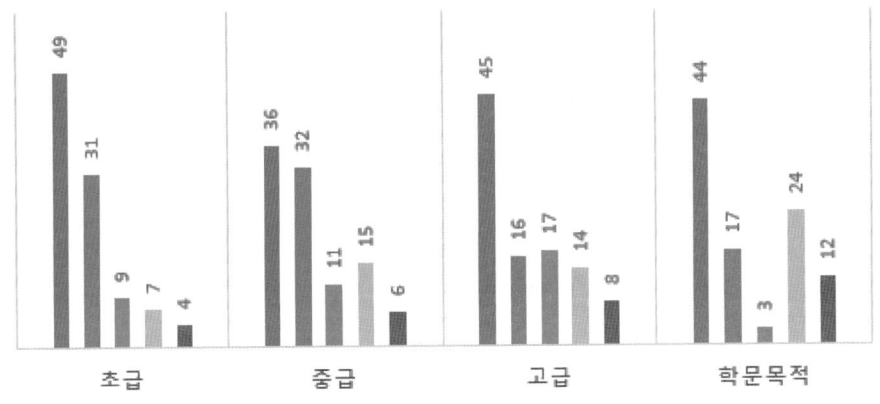

초·중·고급 그리고 학문 목적 대상 모두에서 가장 높은 비율을 나타낸 연구 주제는 '교수·학습' 항목의 연구로 도출되었다. 교사와 학습자의 요구 분석 및 실제 적용 방안에 대한 '일반' 연구나 학습 능력을 측정하는 성취도와 숙달도의 '평가' 항목에서는 학문 목적 연구에서 높은 비율을 나타낸 반면 수준별 대상의 연구에서는 '교육 자료'와 '교육 내용'의 항목 연구가 더 높은 비율을 나타내었다. 시기별 분석 결과 모든 대상에서 2005년부터 주제별 연구가 본격화되면서 다양화되었고 2010년부터는 폭발적인 상승세를 나타내면서 2015년부터 급격한 상승세를 나타내었다.

한국어 화법은 한국어를 모국어로 하지 않는 학습자가 말하고 듣는 방법으로써 학습자의 의도한 바를 정확하게 표현할 수 있어야 하며 동시에 상대방 화자가 전달하고자 하는 의미를 제대로 이해할 수 있는 의사소통 능력 배양을 목표로 한다. 의사소통 시 듣고 말하기 기능은 가장 중요하다고 할 수 있다. 그러나 말하기 교육 연구가 활성화 된 것에 비해 듣기 교육 연구는 그렇지 못하다. 중심성(연결 중심도; 학위 말하기 0.118, 듣기 0.099 / 소논문 말하기 0.082, 듣기 0.062)과 단어쌍 분석(연결 강도: 학위 229회 / 소논문 51회)에서 상위에 출현하면서 중요도가 높은데 비해서 듣기 기능이나 화법 교육에 대한 연구의 양(전체 논문의 말하기 55%, 듣기 37%, 화법 8%)은 상대적으로 빈약하며 앞으로 한국어 화법 교육의 과제라 할 수 있다.

등급별 연구 주제의 분석 결과 '교수·학습'과 '교육 자료'가 다른 연구 주제들에 비해 압도적으로 높게 도출되었다. 다양한 매체를 활용한 연구와 이를 실제 적용한 실제적인 교육 방안 연구가 이루어졌다고 할 수 있다. 그러나 고급 대상으로 올라갈수록 말하기·듣기에 대한 '불안'의 키워드가 상위 중심성 키워드로 출현한다. 의사소통 전략이나 다양한 교육 자료를 활용한 학술적 논의가 과연 학습자 관점에서도 효율적인가에 대한 실태 조사나 학업 성취도 평가 연구도 향후 과제라고 할 수 있다. 학습자의 요구와 그에 맞는 학습 목표 선정과 함께 사회 문화적 문식성 교육에 대한 연구도 통합적으로 이루어져야 하겠다.

4차 산업혁명 시대를 열어가면서 AI와의 소통을 통한 언어 정보를 습득할 수 있으며 사물 인터넷과의 의사소통이 가능한 시대이다. 이때 한국어 화법 교육을 통해 단순한 언어 정보 습득을 넘어 창의적 말하기와 비판적 능력을 배양하고 더 나아가 상대방 화자에 대한 배려와 공감, 경청의 자세도 함께 다뤄야 할 시기라고 판단된다.

II. 읽기 교육

1. 도입

한국어 읽기 교육 연구는 언제부터 시작되었을까? 학술연구정보서비스(RISS)에서 한국어 읽기 교육으로 검색해 본 결과 최초의 논문은 김경숙(1983)이다. 이 논문은 구조주의 관점에서 초급과 중급·고급으로 나누어 읽기 교육의 방향을 제시하였다. 이후 1999년까지 총 7편의 연구가 있었는데 이를 정리하면 〈표 II-1〉과 같다.

표 II-1　2000년 이전 한국어 읽기 교육 연구물

분류	연구 제목	저자	출판사	연도
소논문	외국어로서의 한국어 읽기 교육에 대한 견해	김경숙	연세대학교 한국어학당	1983
소논문	읽기 교육에 관한 연구	김미옥	연세대학교 한국어학당	1992
소논문	외국어로서의 한국어교육 연구 : 읽기, 쓰기 지도법을 중심으로	황인교	이화여자대학교 이화어문학회	1997
소논문	외국어로서의 한국어 읽기 교육 : 독해 전략을 통한 효율적인 읽기 방안	권미정	국제한국어교육학회	1999
소논문	학습이론과 이독성(易讀性)에 바탕한 읽기 수업 연구	최정순	연세대학교 한국어학당	1999
소논문	독해력 향상을 위한 한국어 읽기 교육 방안	강명순	연세대학교 한국어학당	1999

학위논문	한국어능력시험의 문항에 대한 연구 : 제2회 한국어능력시험 1급 읽기 영역 문항 분석을 중심으로	우혜령	이화여자대학교 대학원	1999

　김경숙(1983) 이후 교수법, 전략, 수업 방법, 평가 등 다양한 방면의 연구가 진행되었다. 1999년에는 우혜령(1999)이 한국어능력시험의 평가 문항 개선을 위해 1급 읽기 영역 문항을 학습자들에게 실시하고 평가 결과에 대한 통계적 분석을 시도하였다. 사실상 교육 평가 논문이지만 읽기 영역을 대상으로 하였다는 점에서 최초의 한국어 읽기 교육 학위논문으로 볼 수 있다.

　2000년대에 들어서면서 한국어 학습자와 연구자 수가 급격히 증가하였다. 이에 따라 한국어 읽기 교육 연구 활동이 활발해지면서 한국어 읽기 교육 연구가 어떤 주제를 중심으로 이루어지고 있고 어떻게 바뀌어 가고 있으며 어떤 양상을 보이는지 등 그 상황을 조사해 볼 필요가 생겼다. 이러한 맥락에서 그간 한국어 읽기 교육의 연구 동향을 파악하기 위한 여러 연구가 있었다. 이예다나·손승현·임보라·송징징(2016), 정현묵(2016), 권혜경(2010) 등이 그 예이다. 이예다나·손승현·임보라·송징징(2016)은 최근 10년간 다문화 학생들을 대상으로 한 읽기 관련 연구 61편을 살펴보고 추후 연구의 방향성을 제시하였다. 현묵(2016)은 2010년부터 2016년 6월까지 발표된 읽기 논문 269편(석·박사 학위논문 181편, 소논문 88편)을 수집하여 연도 및 간행 유형, 연구 방법, 연구 주제, 학습자 변인을 분석하였다. 그 결과 매년 30~40편의 연구가 수행되고 있었으며, 학위논문의 경우 '분석과 조사 방법'을 사용한 연구와 '교수 및 학습', '교재 및 자료'에 관한 연구가 주를 이루고 있음을 알 수 있었다. 반면, 소논문은 연구 방법과 주제별 분석에서 모두 고른 분포를 보였다. 학습자 변인으로는 중급 이상의 학문 목적 학습자를 대상으로 한 연구가 절반 이상이었다. 이와 같은 분석 결과를 바탕으로 한국어 읽기 교육 연구의 몇 가지 문제점을 지적하고 향후 연구의 방향을 제시하였다. 권혜경(2010)은 한국어 읽기 교육 연구에서 김경숙(1983)을 시발점으로 하여 2009년 8월까지 발표된 학위논문 및 소논문 총 107편의 논문을 읽기 교육 방법에 관한 연구물 64편, 교육 과정에 관한 연구물 16편, 텍스트에 관한 연구물 27편으로 분류하였다. 또한 교육 방법 연구물을 다시 교수 방안, 교수 전략, 수업 방안 제시 등으로 분류하였다. 그리고 앞으로 학습자의 요구와 필요에 맞는 다양한 읽기 수업 방법과 전략이 개발되어야 한다고 보았다.

　우리는 그간 이루어진 모든 한국어 읽기 교육 논문을 대상으로 한국어 읽기 교육 연구 동향을 분석하고자 한다. 연구 문제는 다음과 같다.

- 한국어 읽기 교육의 논문 수 추이는 어떻게 되는가? 언제부터 활발하게 논의되기 시작했는가?
- 한국어 읽기 교육의 핵심 연구 키워드는 무엇이며 이들 키워드들은 서로 어떤 관련성을 맺고 있는가? 시기별로 핵심 연구 키워드들은 어떻게 변화해 왔는가?
- 한국어 읽기 교육의 주요 연구 주제는 무엇이며 이들 주제들은 시기별로 어떻게 변화해 왔는가?

2. 연구 방법

한국어 읽기 교육 관련 논문 수집은 학술연구정보서비스(RISS)를 이용하였다. '한국어 읽기 교육, 한국어 독해 교육, 한국어 정독 교육, 한국어 독서 교육, 한국어 다독 교육'을 키워드로 하여 논문을 수집하였다. 이후 '다독', '정독', '음독', '읽기 전략', '읽기 방법'등으로 재검색을 한 뒤 초록과 제목을 반복적으로 검토하여 최종 분석 대상 논문을 선정하였다. 그 결과 2000년부터 2019년 11월까지 20년간 출판된 599편의 논문을 수집했다. 수집 논문 상황은 다음 〈표 Ⅱ-2〉와 같다.

표 Ⅱ-2 논문 수집 상황

검색 키워드	학술지 논문 수 (KCI)	학위논문 수 (RISS)	합계
한국어 읽기	198	300	498
한국어 독해	17	39	56
한국어 정독	9	13	22
한국어 독서	5	14	19
한국어 다독	3	13	16
	216	343	559

논문 수집 후 먼저 유의어, 제외어, 지정어 처리 과정과 데이터 필터링을 통한 전처리 작업을 진행하였다. 정확한 주제어를 추출하기 위해 데이터 전처리 과정에서 주제어 목록을 반복하여 살피면서 교정, 통제, 제거 등의 작업을 진행하였다.

표 II-3 유의어, 제외어, 지정어 사전을 사용한 어휘 정제 작업

구분	사전	노드 설정	교정 어휘
교정	유의어	학문 목적	대학원생, 학부생, 유학생, 학문 목적
		소리 내어 읽기	소리 내어 읽기
		관용어	관용구, 관용표현
		다의어	다의 관계
		유의어	유의 관계
		그래픽스	그래프
		다문화	다문화가정, 다문화 가정, 다문화자녀, 다문화 자녀, 다문화아동
		결혼이민자	결혼 이민자, 결혼 여성, 이주 여성, 결혼이주여성
		이주노동자	이주 노동자, 근로자, 이주 근로자, 노동자
		한국어능력시험	한국어능력시험, 토픽, TOPIK, 토픽 시험
		논문	학술논문, 학위논문, 소논문, 졸업논문
		이중 언어	이중 언어
제거	제외어		한국어, 읽기, 독해, 시사점, 본론, 평균, 추세, 측정, 접근, 추출, 감수, 기획, 발표, 논평, 대한, 목적, 문제, 바탕, 발표, 방안, 분과, 분석, 수업, 언어, 연구, 연구 방법, 영역, 인식, 일반, 자료, 작문, 주제, 중심, 지도, 필자, 기타 1음절 단어 등
통제	지정어		교육현장, 다문화가정, 다문화아동, 전래동화, 학문 목적, 특수목적 등

'유의어 사전'에서는 동일한 대상을 가리키는데 띄어쓰기나 연구자별 용어 차이로 인해 서로 다른 단어로 식별할 가능성이 있는 단어들을 포함시켰다. '제외어

사전'에서는 '한국어, 읽기, 독해' 등 본 연구 대상으로서 당연히 최고 빈도로 나오는 단어들과 '시사점, 본론, 평균, 추세, 측정, 접근, 추출, 감수, 1음절 단어' 등 연구 주제로 보기 힘든 단어들을 포함하였다. '지정어 사전'에는 띄어쓰기로 인해 단어의 원래 의미로 분석하기 어려운 '교육현장, 다문화가정, 다문화아동, 전래동화, 학문 목적, 특수목적' 등이 포함되었다. 예를 들면 '교육 현장'이라는 개념이 지정어 처리를 안 하면 넷마이너(Netminer 4.0) 프로그램에서 '교육'과 '현장'으로 2개의 단어로 인식하게 되어 원래의 의미를 잃게 된다.

분석 대상은 논문 제목, 키워드, 국문 초록이며 언어는 한국어, 품사는 명사에 한정해서 프로그램을 세팅했다.

3. 연구 결과

3.1. 논문 수 추이

본 연구에서 수집한 논문의 연도별 추이는 다음 <그림 Ⅱ-1>과 같다.

그림 Ⅱ-1 연도별 읽기 교육 연구 추이

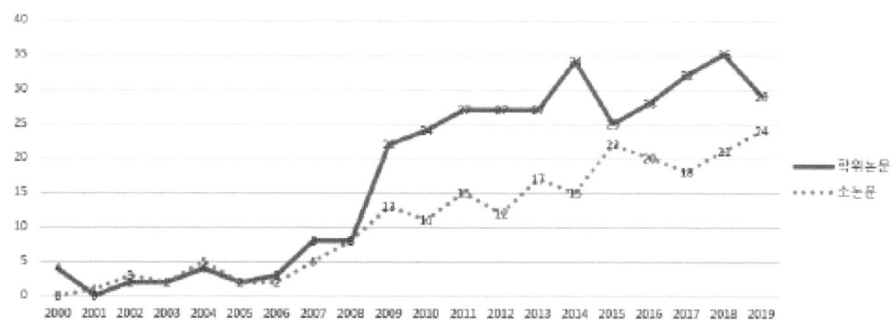

연도별 읽기 교육 연구 추이를 살펴본 결과 2000년 이후 한국어 읽기 교육과 관련된 연구가 늘기 시작하여 2008년부터 더욱 많이 나왔음을 알 수 있다. 학위논문의 경우 2009년 이후 매년 20편 이상의 논문들이 나왔다. 2000년 이전 논문의 수는 미약하므로 2000년 이후 논문을 5년 단위로 나누어 논문 수 추이를 분석한 결과는 다음 <그림 Ⅱ-2>와 같다.

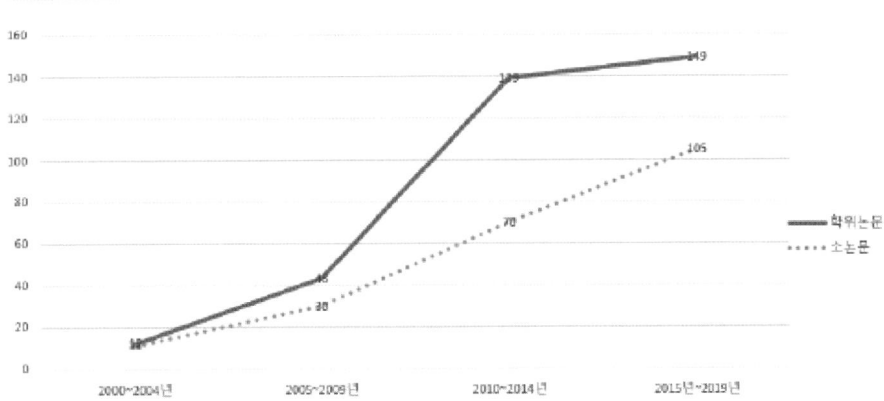

그림 Ⅱ-2 시기별 읽기 교육 연구 추이

시기별 논문 추이를 봤을 때 2000년 이후 한국어 읽기 교육 분야의 논문 수는 전체적으로 상승 추세를 보인다. '2015-2019년' 사이의 연구 결과물이 '2010년 이전'보다 3배 많아진 것을 알 수 있다.

3.2 워드 클라우드

학위논문과 소논문을 모두 포함한 599편을 대상으로 빈도가 가장 많은 단어 상위 200개로 만든 워드 클라우드는 다음 <그림Ⅱ-3>과 같다. 이어지는 <표 Ⅱ-4>는 빈도가 가장 많은 단어 상위 100개 목록이다.

그림 II-3 한국어 읽기 교육 전체의 논문 빈도 상위 단어 200개의 워드 클라우드

표 II-4 한국어 읽기 교육 연구의 빈도 상위 단어 100개 목록

순위	단어	순위	단어	순위	단어	순위	단어
1	교재	26	아동	51	단어	76	동화
2	방안	27	습득	52	상호작용	77	종합
3	학문 목적	28	의사소통	53	도구	78	변인
4	평가	29	스키마	54	다독	79	발달
5	문화	30	생활	55	연습	80	맥락
6	어휘	31	담화	56	체계	81	한자어
7	시험	32	속도	57	자녀	82	중국어
8	고급	33	점수	58	이민자	83	전공
9	중급	34	발음	59	문제점	84	판단
10	중국인	35	프로그램	60	동기	85	전래동화
11	양상	36	신문	61	이독성	86	비판적 읽기

12	통합	37	사고	62	방향	87	화자
13	교사	38	소리 내어 읽기	63	어려움	88	참여
14	유창성	39	학교	64	구술	89	연계
15	문법	40	요약	65	오류	90	숙달도
16	비교	41	통계	66	도서	91	한계점
17	음독	42	학업	67	학년	92	기본
18	모형	43	모국어	68	학문	93	비율
19	초급	44	기관	69	초등	94	정확성
20	독서	45	개선	70	이해도	95	다문화가정
21	난이도	46	독해	71	교실	96	한자
22	가정	47	표현	72	훈련	97	인터넷
23	문학	48	중국	73	보완	98	소설
24	수행	49	교육 과정	74	독해력	99	비판
25	논문	50	어휘력	75	표지	100	단원

한국어 읽기 교육 관련 논문에서 '교재, 방안, 학문 목적, 평가, 문화, 어휘, 시험, 고급, 중급, 중국인'은 빈도가 가장 높은 단어들이다. 이를 통해 한국어 읽기 교육 연구는 주로 교재 분석 및 개발, 읽기 교육 방안의 설계, 읽기 평가, 문화와 읽기, 중·고급 학습자를 위한 읽기 교육, 중국인 학습자를 위한 읽기 교육 등인 것을 추론해 볼 수 있다.

3.2.1 학위논문 워드 클라우드

학위논문 전체에서 가장 많이 등장한 상위 200개 단어의 워드 클라우드 결과는 다음 <그림 Ⅱ-4>와 같다.

그림 II-4 학위논문 워드 클라우드 상위 200개

상위 빈도 30위 단어 목록은 〈표 II-5〉와 같다.

표 II-5 학위논문 상위 빈도 단어 목록(상위 30개)

순위	단어	순위	단어
1	교재	16	양상
2	방안	17	모형
3	학문 목적	18	비교
4	평가	19	초급
5	어휘	20	아동
6	문화	21	습득
7	질문	22	난이도
8	중국인	23	문법
9	고급	24	수행

10	중급	25	문학
11	시험	26	프로그램
12	교사	27	소리 내어 읽기
13	유창성	28	요약
14	통합	29	담화
15	음독	30	신문

학위논문의 주제어 빈도 분석 결과, 빈도수가 가장 높은 단어는 '교재, 방안, 학문 목적, 평가, 어휘, 문화, 질문, 중국인, 고급, 중급' 등이다. '교재', '방안', '평가' 등이 상위에 올라있는 것으로 보아 '교재 분석, 교육 방안, 평가' 등에 관한 관심이 높았음을 알 수 있다.

대표적인 연구 주제는 '교재', '방안', '평가'로 예를 들면 CHEN JING(2019), 장문정(2018), 서중운(2019) 등의 연구가 있다. CHEN JING(2019)는 중국인 고급 한국어 학습자를 대상으로 읽기 교재 개발을 위한 설명적 텍스트 수정 방안을 모색하였다. 이 연구는 한국인들이 실제 다루는 텍스트를 외국인 한국어 학습자, 특히 중국인 고급 한국어 학습자를 위한 교육용 읽기 텍스트로 다루었다는 점과 이를 위해 읽기 텍스트 수정 원리를 마련하였다는 점에서 의의가 있다. 장문정(2018)은 학문 목적 학습자들의 대학 수학 능력으로 한국어 읽기 능력이 매우 중요하다고 보고 이를 평가하기 위한 방안을 제시하였다. 이는 학문 목적 학습자를 대상으로 한 한국어 읽기 능력 평가 방안을 마련하는 기초 자료로서 활용될 수 있을 것이다. 서중운(2019)은 기존의 스키마 이론에 근거한 읽기 교육 연구와 마인드맵을 활용한 교육 연구를 검토하고 그 한계점을 제시하였다. 또한 선행 연구들을 기초로 마인드맵을 활용한 새로운 한국어 읽기 지도 방법을 적용하여 효과적인 읽기 교육 방법과 읽기 평가 기제를 모색했다. 이러한 연구들이 대표적 연구 주제를 잘 반영하는 예이다.

그리고 '어휘', '문화' 등이 상위에 링크된 것은 읽기와 어휘, 읽기와 문화가 통합되어 연구되었음을 추론할 수 있다. 대상별로는 초급보다는 고급 학습자에 대한 관심이 높았으며 특히 '학문 목적'으로 한국어를 배우는 학습자에 대한 연구가 많았고, 국가별로는 '중국인'이 핵심 연구 대상이었음을 알 수 있다.

3.2.1 소논문 워드 클라우드

소논문에 가장 많이 등장한 상위 200개 단어의 워드 클라우드는 다음 〈그림 Ⅱ-5〉와 같다. 그리고 상위 빈도 30위 단어 목록은 〈표 Ⅱ-6〉과 같다.

그림 Ⅱ-5 소논문 워드 클라우드 상위 200개

표 Ⅱ-6 소논문 상위 빈도 단어 목록(상위 30개)

순위	단어	순위	단어
1	교재	16	논문
2	문화	17	난이도
3	학문 목적	18	스키마
4	평가	19	교사

5	시험	20	초급
6	방안	21	오류
7	고급	22	중국인
8	양상	23	모형
9	문법	24	체계
10	어휘	25	수행
11	중급	26	교육 과정
12	통합	27	의사소통
13	문학	28	형태소
14	발음	29	장르
15	비교	30	모형

소논문에서 빈도수가 높은 핵심어는 '교재, 문화, 학문 목적, 평가, 시험, 방안, 고급, 양상, 문법, 어휘, 중급, 통합' 등이 있다. '키워드'들을 중심으로 볼 때 '교재, 문화, 학문 목적, 평가, 시험, 방안, 고급, 양상, 문법, 어휘, 중급, 통합' 등의 주제에 관심이 많았음을 알 수 있다. 이러한 경향을 보여 주는 대표적인 연구 주제는 '학문 목적 읽기 교육 연구'로 예를 들면 반협신(2018), 정형근(2017) 등의 연구가 있다. 반협신(2018)은 학문 목적 학습자에게 추론적 능력의 정체성을 규명하고 추론적 능력을 신장할 수 있는 읽기 교육 방안을 개발하였다. 이 연구는 학문 목적 읽기 교육에서 활용할 수 있는 추론적 읽기 활동을 크게 '생략된 내용 파악하기', '문맥에서 의미 파악하기', '논리적 흐름 파악하기', '주제 파악하기', '필자의 태도·관점·의도 파악하기', '글의 사회문화적 맥락 파악하기'로 구분하였다. 읽기 교재 분석을 통하여 학문 목적 한국어 읽기 교육에서 학습자의 추론 능력을 기르기에 적합한 텍스트 유형과 읽기 활동을 바탕으로 학문 목적 학습자의 추론 능력을 신장할 수 있는 교육 방안을 제시하였다.

정형근(2017)은 확장형 읽기와 자율적 협력학습(Co-op Co-op)을 통해 학문 목적 한국어 학습자의 읽기 능력 향상을 위한 교수 방안을 모색하였고 자율적 협력학습에 기반을 둔 확장형 읽기 수업을 구안하였다. 확장형 읽기를 통해 학습자는 스스로 읽고 싶은 것을 선택할 수 있고 가능한 한 많은 자료를 읽을 수 있다. 이 연구 결과에 따르면 확장형 읽기 교육이 학습자들의 어휘력, 독서 속도 및 이해력을 높이고 독서 태도에 긍정적인 변화를 가져다 준 것으로 나타났다.

학위논문과 소논문의 고빈도 키워드를 비교해 봤을 때 공통적으로 출현한 단어들이 있다. 예를 들면 '교재, 학문 목적, 문화, 시험, 평가, 어휘, 방안, 고급' 등은 모두 높은 순위를 차지하고 있다. 또한 '초급, 중급, 고급'은 학위논문과 소논문에서 모두 높은 빈도로 나타났다. 이는 그간의 읽기 교육 연구가 학습자의 수준 및 위계를 고려하여 수행되었기 때문으로 보인다. 이외에 학위논문에서 높은 순위에 차지하지만 소논문에서 순위가 좀 떨어진 키워드는 '중국인, 교사' 등이 있다. 소논문에서 순위가 높지만 학위논문에서 하위에 차지하는 고빈도 키워드는 '문학, 발음'이 있다. 또한 학위논문에서만 나온 키워드는 '유창성, 음독, 아동, 습득, 문법'이 있고 소논문에서만 나온 키워드는 '스키마(이론), 교육 과정, 의사소통, 장르' 등이 있다. 학위논문에서는 다문화가정 아동의 읽기 능력 습득 관련 연구도 많이 진행하였지만 소논문에서는 읽기 교육 과정이나 교육 방법에 대한 연구에 치우친 경향이 있다.

3.3 중심성(Centrality) 분석

전체 논문을 대상으로 단어의 연결 정도 중심성을 분석한 결과는 다음 <표 Ⅱ-7>과 같다.

표 Ⅱ-7 한국어 읽기 교육 전체 논문의 중심성 상위 단어

순위	단어	중심성	순위	단어	중심성	순위	단어	중심성
1	교재	0.3608	11	방안	0.1337	21	프로그램	0.0842
2	평가	0.3132	12	교사	0.1300	22	통합	0.0842
3	문화	0.1850	13	학업	0.1154	23	다문화가정	0.0824
4	어휘	0.1795	14	중급	0.1099	24	오류	0.0788

5	시험	0.1685	15	중국인	0.1081	25	아동	0.0769
6	비교	0.1667	16	음독	0.1044	26	동기	0.0751
7	양상	0.1630	17	유창성	0.1007	27	독해	0.0751
8	학문목적	0.1520	18	문법	0.0989	28	초등학생	0.0714
9	학교	0.1502	19	독서	0.0989	29	초급	0.0696
10	난이도	0.1429	20	고급	0.0916	30	문제점	0.0678

그림 II-6 한국어 읽기 교육 전체 논문의 중심성 시각화

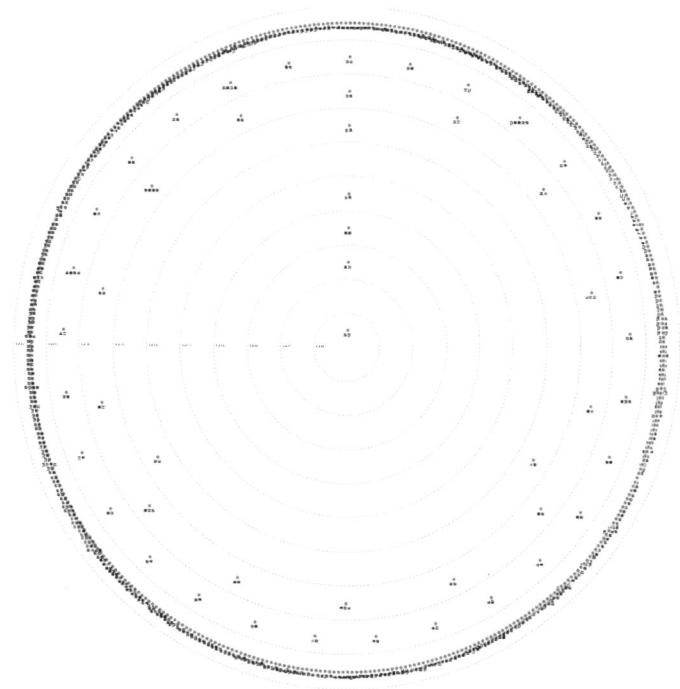

위와 같은 단어 네트워크 분석 결과를 살펴보면 '교재'가 중심성이 가장 가한 단어로 한 가운데를 차지하고 있고 다음으로 '평가-문화-어휘-비험-비교-양상-학문목적' 등이 점차 더 큰 동심원을 그리고 있음을 확인할 수 있다.

시기별 중심성이 강한 키워드가 무엇인지를 파악하기 위해서 중심성 분석 작업을 병행하였다. 2010년 이전의 연구 논문 수는 매우 부족하기 때문에 의미 있는 결과를 얻기 위해서 이 절에는 학위논문과 소논문을 모두 포함해서 분석하였다.

표 II-8 '한국어 읽기 교육' 논문의 시기별 중심성(Centrality) 분석 결과

2000-2004년			2005-2009년			2010-2014년			2015-2019년		
순위	단어	연결중심성	순위	단어	연결중심성	순위	단어	연결중심성	순위	단어	연결중심성
1	방안	0.285714	1	방안	0.412500	1	방안	0.402439	1	교재	0.336000
2	모국어	0.250000	2	교재	0.312500	2	교재	0.274390	2	방안	0.312000
3	교재	0.250000	3	모형	0.162500	3	문화	0.195122	3	문화	0.208000
4	어휘	0.178571	4	교사	0.162500	4	중급	0.189024	4	비교	0.204000
5	고급	0.178571	5	고급	0.162500	5	어휘	0.170732	5	학문목적	0.176000
6	통합	0.142857	6	학문목적	0.150000	6	고급	0.170732	6	고급	0.176000
7	초급	0.142857	7	비교	0.150000	7	시험	0.164634	7	양상	0.164000
8	중급	0.142857	8	논문	0.150000	8	평가	0.158537	8	의사소통	0.156000
9	스키마	0.142857	9	중급	0.137500	9	교사	0.146341	9	중급	0.152000
10	문화	0.142857	10	문화	0.137500	10	비교	0.134146	10	평가	0.144000
11	문법	0.142857	11	평가	0.125000	11	학문목적	0.128049	11	어휘	0.136000
12	모형	0.142857	12	어휘	0.125000	12	초급	0.121951	12	통합	0.128000
13	기관	0.142857	13	요약	0.112500	13	통합	0.109756	13	모형	0.124000
14	형태	0.107143	14	중국인	0.100000	14	의사소통	0.109756	14	표현	0.112000
15	평가	0.107143	15	수행	0.100000	15	수행	0.109756	15	시험	0.112000

16	장르	0.107143	16	기관	0.100000	16	중국인	0.097561	16	학교	0.108000
17	수행	0.107143	17	양상	0.087500	17	양상	0.097561	17	교사	0.108000
18	상호작용	0.107143	18	대학교	0.087500	18	문법	0.085366	18	논문	0.104000
19	비교	0.107143	19	통계	0.075000	19	논문	0.079268	19	문법	0.096000
20	교사	0.107143	20	초급	0.075000	20	표현	0.073171	20	중국인	0.084000

위의 단어들은 한국어 읽기 교육 연구의 핵심 키워드들로서 논의의 중심을 포착할 수 있도록 돕는다. '방안, 교재, 어휘, 문화' 등은 변하지 않는 중심성 지표이다(실제 예를 들면 차은지, 2014; 김수진, 2012; 장문정, 2018 등). 시간이 흐르면서 중심성 지표로 부각되는 핵심 단어는 '학문 목적, 통합, 양상, 비교, 의사소통' 등이다(실제 예를 들면 오자동, 2019; 성혜윤, 2020 등).

2000년부터 2019년까지 네 시기에서 꾸준히 높은 순위에 나오는 주제어는 '방안, 교재, 고급, 초급, 문화'이다. 이외의 시기에 변화가 있는 키워드는 상승세 키워드와 내림세 키워드로 나눌 수 있다. 2000년부터 꾸준히 상승하거나 최근에 나타난 키워드는 '평가, 비교, 학문 목적, 양상'이다. 이 키워드들은 최근 연구에서 관심이 매우 높은 분야이다. 최근에 하락세로 나타난 키워드는 '문법, 기관, 중국인'이다.

3.4. 언어 네트워크 단어쌍

언어 네트워크 분석을 한 결과를 바탕으로 두 단어가 동시에 출현한 빈도를 연결 강도 기준으로 정리한 결과는 다음 <표 II-9>와 같다.

표 II-9 한국어 읽기 교육 전체 논문의 언어 네트워크 상위 단어쌍

순위	단어	단어	연결 중심성	순위	단어	단어	연결중심성
1	유창성	음독	77	26	강화	입력	32
2	문법	어휘	76	27	통합	프로그램	32
3	구술	사고	70	28	감상문	독서	32
4	교재	어휘	53	29	문화	아동	32

5	고급	중국인	52	30	신문	인터넷	32
6	고급	중급	51	31	대조	비교	31
7	개선	방안	50	32	시험	중급	31
8	도구	평가	43	33	교재	발음	31
9	어휘	평가	42	34	교재	문화	31
10	묵독	음독	41	35	시각	입력	31
11	소리 내어 읽기	자기주도	40	36	다문화가정	자녀	31
12	독서	환경	38	37	기사문	신문	30
13	음독	정확성	37	38	문식성	문화	30
14	중국어	중급	37	39	통합	평가	30
15	중급	초급	36	40	교재	중급	30
16	중국인	학문 목적	35	41	교재	문법	30
17	다문화가정	초등학생	34	42	구술법	사고	30
18	교재	초급	34	43	교재	단원	29
19	사후	어휘	33	44	문화	스키마	29
20	고급	학문 목적	33	45	방안	평가	29
21	독서	초등학생	33	46	모형	프로그램	29
22	속도	음독	33	47	오류	음독	29
23	고급	교재	32	48	유창성	평가	7
24	난이도	어휘	32	49	중국인	화자	7
25	운율	음독	32	50	숙달도	평가	6

한국어 읽기 교육 연구에서 '교재'는 네트워크의 중심이며 '어휘, 초급, 중급, 고급, 문화, 발음, 문법' 등의 단어와 긴밀한 연관을 맺고 있다. 아래는 주요 단어들(교재, 어휘, 평가)의 시각화 결과이다.

그림 Ⅱ-7 '교재, 평가, 어휘'의 연결 단어쌍

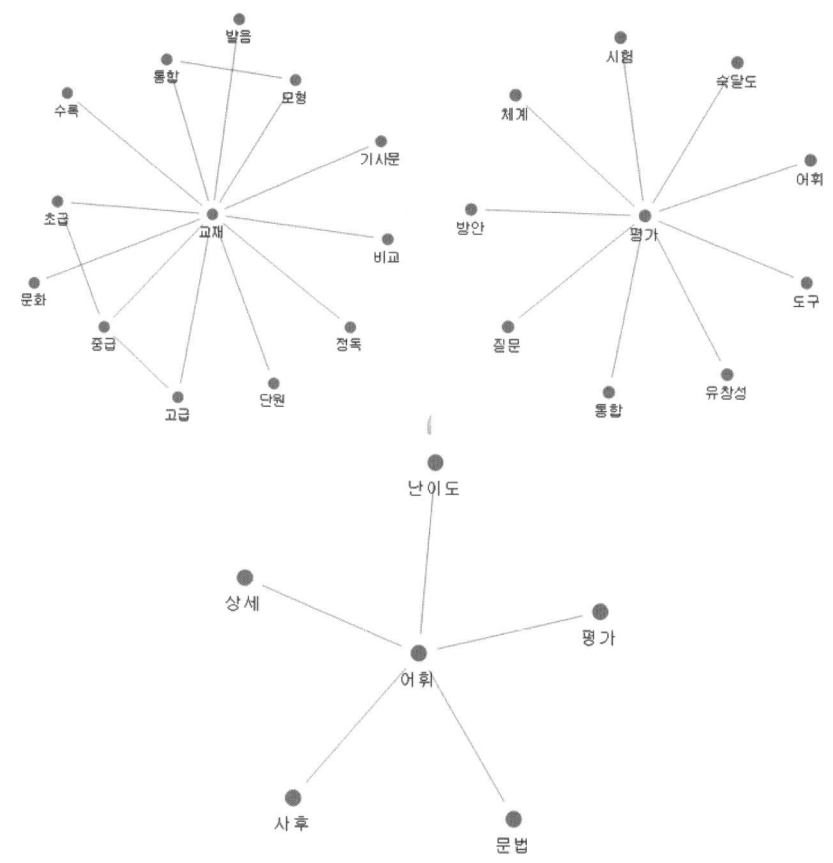

 한국어 읽기 교육 단어쌍의 시기별 특성을 살펴보기 위해 전체 논문을 시기별로 나누어 분석하였다. 2000년 이전 논문의 수는 너무 적기 때문에 2000년 이전 논문들은 하나로 묶었으며, 2000년 이후 논문들은 5년 단위로 분류하였다. 분석 결과는 <표 Ⅱ-10>과 같다.

표 II-10 한국어 읽기 교육 시기별 단어쌍 목록

2000-2004년			2005-2009년			2010-2014년			2015-2019년		
단어(Source) 단어(Target)		연결 강도 (Weight)	단어(Source) 단어(Target)		연결 강도 (Weight)	단어(Source) 단어(Target)		연결 강도 (Weight)	단어(Source) 단어(Target)		연결 강도 (Weight)
Source	Target	Weight	Source	Target	Weight	Source	Target	Weight	Source	Target	Weight
문법	어휘	16	어휘	평가	22	결혼	이민자	34	문법	어휘	37
조건	평가	8	문맥	어휘	21	교재	통합	30	다문화가정	자녀	35
구어체	문어체	7	교재	중급	21	중국어	중급	30	다문화가정	문화	32
등급	평가	7	담화	표지	20	담화	표지	28	교재	통합	30
중급	초급	6	교재	전공	19	고급	중급	28	평가	어휘	29
문법	형태	6	사후	어휘	19	다문화가정	문화	27	문학	문화	29
초등	학교	5	증가	학문목적	18	문법	어휘	26	교재	문화	27
시험	평가	5	개선	방안	18	기사문	신문	25	문화	초등학생	27
음소	음절	4	교재	통합	18	시험	중급	23	중국인	학문목적	26
수행	학업	4	시험	평가	17	개선	방안	23	어휘	학문목적	25
상호	스키마	4	사후	평가	17	동기	유발	19	규칙	발음	25
교재	단원	4	중국인	한자	17	고급	중국인	18	교재	문학	24
능률	독해	4	교재	모형	16	모국어	화자	17	양상	평가	23
문법	문형	3	학문목적	학업	16	대조	비교	17	독서	토론	23
담화	학문	3	고급	시험	16	다문화가정	자녀	16	문화	의사소통	20

| 교재 | 초급 | 3 | 방안 | 상세 | 15 | 중국인 | 학문 목적 | 15 | 모형 | 표준 | 20 |
| 매체 | 인터넷 | 3 | 교재 | 문학 | 14 | 교재 | 초급 | 13 | 시험 | 체제 | 18 |

'교재'나 '어휘'등에 대한 관심은 시간의 흐름과 상관없이 지속적으로 이어져 왔음을 알 수 있다. 매 시기 공통적으로 논의되고 있는 언어 네트워크들을 제외하고 각 시기별 특성을 드러내주는 핵심 키워드 쌍을 찾아보면, 2000-2004년 '(구어체, 문어체)', '(상호, 스키마)', '(인터넷, 매체)', 2005-2009년'(어휘, 평가)', '(문맥, 어휘)', '(교재, 전공)', 2010-2014년 '(결혼, 이민자)', '(기사문, 신문)', '(동기, 유발)', '(대조, 비교)', 2015-2019년'(문학, 교재)', '(교재, 문화)', '(어휘, 학문 목적)', '(독서, 토론)' 등이다.

전체의 시기별 단어쌍을 봤을 때 2000-2004년에는 다양한 주제로 읽기 교육에 대해 논의했다면, 2005-2009년에는 '교재 개발' 및 '읽기 평가'에 대한 논의가 본격화되었음을 알 수 있다. 2010년부터 시작해서 '다문화가정'이나 '중국인 학습자'에 대한 본격적인 논의가 시작되었다. 그리고 2015-2019년에 '문화'가 높은 빈도로 나타난 것은 최근에 들어와 한국어교육에서 '읽기'와 '문화'가 밀접한 관계로 연구되고 있음을 보여 준다.

3.5. 언어 네트워크 시각화

3.5.1. 언어 네트워크 시각화

학위논문과 소논문 전체를 대상으로 하여 언어 네트워크 결과를 시각화한 결과는 다음 〈그림 Ⅱ-8〉와 같다. 이어 제시한 자료는 연결 중심성, 매개 중심성, 등장 논문 수를 기준으로 분석한 상위 10위 단어 목록이다.

그림 II-8 한국어 읽기 교육 연구 언어 네트워크 시각화[4]

표 II-11 한국어 읽기 교육 핵심어

순위	연결 중심성	매개 중심성	등장 논문 수	핵심어
1	교재	교재	방안	교재
2	평가	방안	교재	평가
3	문화	평가	문화	문화
4	어휘	문화	평가	어휘
5	비교	어휘	고급	비교
6	방안	학문 목적	중급	방안
7	교사	시험	비교	고급
8	양상	고급	어휘	양상
9	시험	중급	양상	학문 목적
10	문법	질문	학문 목적	중급

4 선정된 핵심어는 사각형으로 표시되어 등장논문수에 따라 노드의 크기를 설정되다. 노드가 클수록 등장논문수가 많다는 것을 의미한다.

한국어 읽기 교육의 핵심 주제는 '교재, 어휘, 평가, 방안, 학문 목적, 중급, 고급, 비교, 양상, 문화'이다. 2차적으로 중요한 연구 주제는 '음독, 수행, 독서, 중국인, 아동'이다. 즉 한국어 읽기 교육의 연구 범주를 크게 분류하면 '이해 능력 습득을 위한 읽기 교육', '소리 내어 읽기 교육', '학습자 대상별 읽기 교육'으로 나눌 수 있다. '이해 능력 습득을 위한 읽기 교육'은 주로 어휘의 학습, 문학 작품의 활용, 문화 분석 및 대조, 교재 개발 등으로 하위 범주화할 수 있다. '소리 내어 읽기 교육'은 발음 교육, 음독, 유창성 등의 연구 주제로 나눌 수 있다. '학습자 대상별 읽기 교육'은 중국인 학습자, 학문 목적 학습자, 다문화가정 학습자 등을 대상으로 하는 읽기 교육을 포함한다.

학위논문과 소논문의 연구 범주의 차이를 확인하기 위해 학위논문과 소논문의 언어 네트워크 시각화를 따로 분석하였다. 그 결과는 다음 〈그림 Ⅱ-9〉와 같다.

그림 Ⅱ-9 학위논문 언어 네트워크 시각화(2000-2019년)

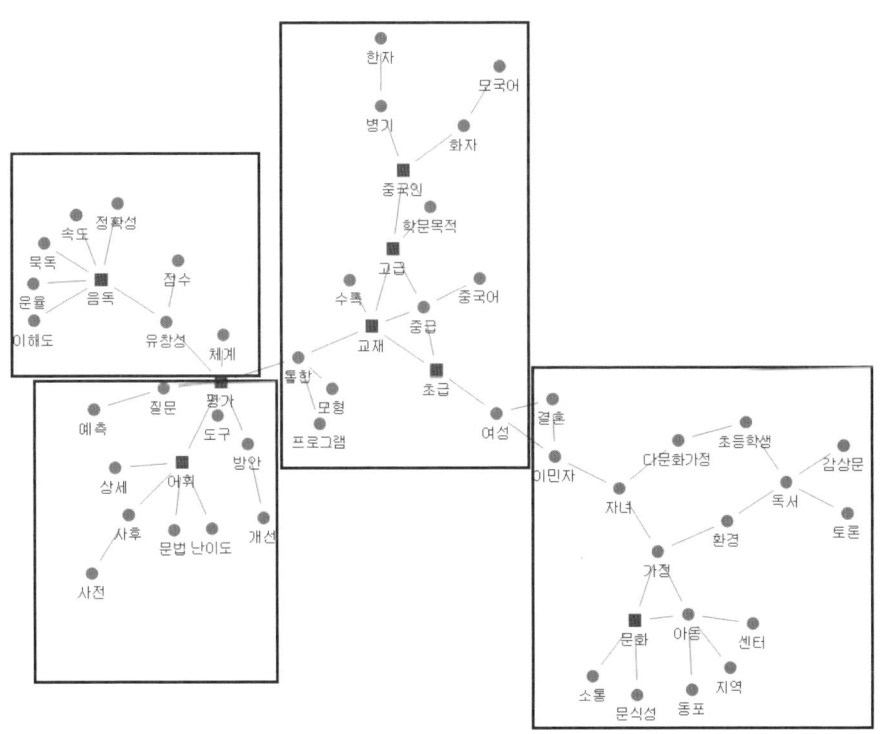

그림 II-10 소논문 언어 네트워크 시각화(2000-2019년)

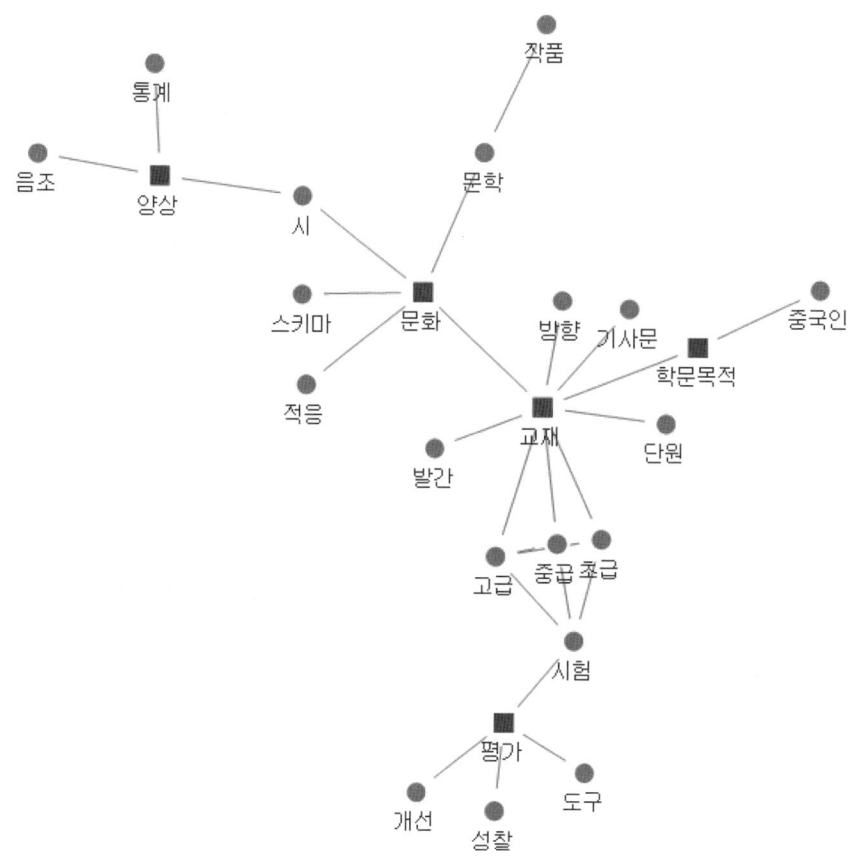

학위논문의 연구 분야가 소논문보다 다양했지만 단어 간 네트워크 분석 결과 드러난 연구 경향 시각화 결과는 달랐다. 소논문의 경우 '교재'와 '문화'의 중심성이 매우 높았고 이를 중심으로 하는 커다란 연구 분야가 하나만 도출되었다. 그러나 학위논문의 경우 몇 가지 연구 범주(Category)가 부각되어 그룹화가 가능했다. 학위논문의 경우 '내용', '학습자', '평가'의 세 키워드를 중심으로 하는 대단위 연구 범주 설정이 가능하다.

단어 네트워크를 보면 '내용'은 '교재, 음독, 유창성' 등과의 네트워크를 강하게 형성하고 있어 읽기 교육 내용에 대한 연구 분야를 보여 준다. '학습자'는 '학문 목적, 중국인, 다문화가정, 아동' 등과의 네트워크를 통해 학습자 대상에 따른 연구 분야를 암시한다. 마지막으로 '평가'는 '도구, 체계, 어휘' 등과 연계되어 읽기 평가 연구 분야를 표상한다. 학위논문의 경우 이와 같은 세 가지 주 연구 분야가 (경우에 따라서는 '시각' 혹은 '관점'의 형태로) 여러 연구 주제들로 다양화, 구체화되고 있으며 '학습자'를 중심으로 하는 연구 분야 그룹이 가장 강력하다고 볼 수 있다. 소논문의 경우 토픽 모델링 분석에서는 학위논문보다 다양한 연구 주제들이 도출되었으나 언어 네트워크 분석 결과에서는 '교재'와 '문화'를 중심으로 하는 강력한 연구 분야가 도출되었다.

시기별 흐름을 파악하기 위해 5년 단위로 시기를 나누어 시기별 네트워크 시각화를 제시하였다.

그림 II-11 읽기 교육 연구 언어 네트워크 시각화 (2000-2004년)

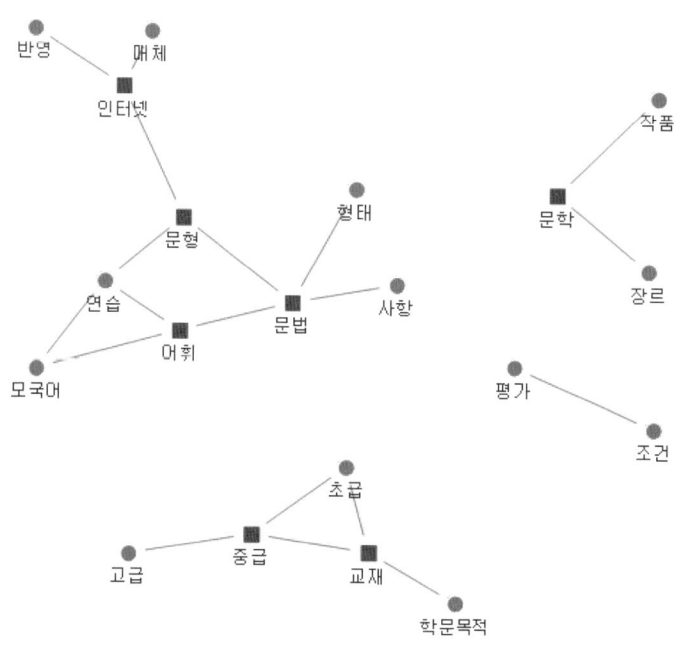

2000-2004년에 한국어 읽기 교육의 시각화는 4개의 그룹으로 분류되는데 각 그룹의 중심은 '어휘-문법', '문학', '교재', '평가'이다.

그림 II-12 읽기 교육 연구 언어 네트워크 시각화 (2005-2009년)

 2005-2009년에는 시각화 결과가 조금 복잡한 형태로 나타났다. 핵심 주제들이 모두 연결되어 있으며 특히 '교재, 어휘' 두 단어를 중심으로 응집한 그룹들이 보인다. 이 시기의 연결중심성, 등장 논문 수, 빈도 3가지 측면을 고려했을 때 핵심 키워드는 '교재, 학문 목적, 고급, 전공, 평가, 어휘, 양상'이다. 이외에도 2차적으로 중요한 키워드는 '방안, 중국인, 학업'이다. 이 시기부터 한국어 읽기 교육은 다양한 주제로 확대되었는데 이들 연구들은 서로 긴밀한 관계를 맺고 있었다.

그림 Ⅱ-13 읽기 교육 연구 언어 네트워크 시각화 (2010-2014년)

    2010-2014년의 시각화는 위 〈그림 Ⅱ-13〉과 같다. 전체적으로 키워드가 전 시기보다 더 다양해진 것으로 확인된다. 특히 이 시기는 많은 수의 그룹이 등장했다. '교재-평가-방안'이 중심 키워드로 연결되어 있는 그룹은 이 시기에 가장 강력하게 응집된 그룹이다. 전 시기 시각화와 비교했을 때 하나의 독립적인 그룹으로 떨어져 나타난 그룹은 '문화', '문학', '결혼여성', '유창성-정확성', '어휘' 등을 키워드로 하고 있다. 이 시기에는 전시기보다 '문화', '문학', '어휘', '발음' 등의 하위 주제들이 많이 나타났음을 알 수 있다. 또한 '국제-결혼-여성' 등의 키워드가 하나의 그룹으로 형성된 것은 결혼이민자들을 대상으로 한 한국어 읽기 교육이 이 시기부터 시작하여 활발하게 진행됐다는 증거이다.

그림 II-14 읽기 교육 연구 언어 네트워크 시각화 (2015-2019년)

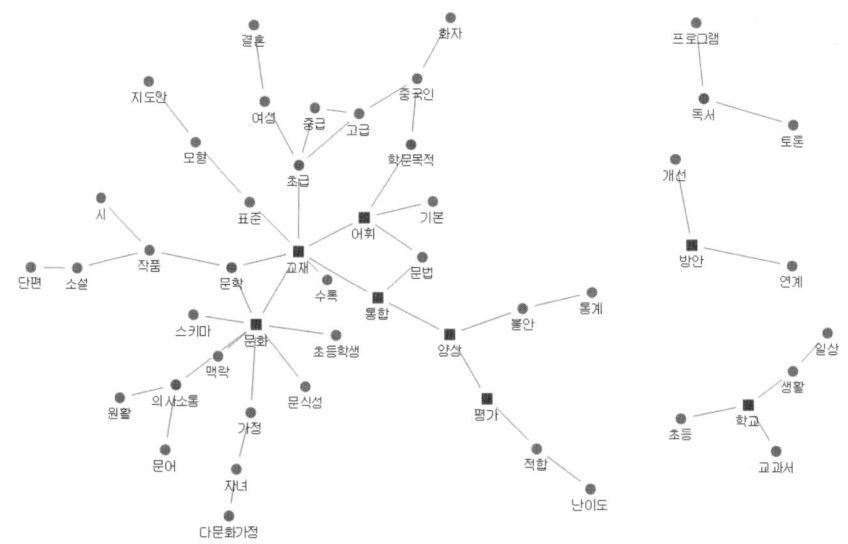

2015-2019년에 새로 추가된 그룹은 '독서', '초등-학교', '방안' 등을 중심어로 응집한 그룹이다. 이 시기에 새로 추가된 그룹을 보면 독서 프로그램 개발, 초등학교 재학 중인 외국인 학습자를 대상으로 한 읽기 교육 등이다. 이 시기에 강력하게 응집되어 있는 큰 그룹의 중심 어는 '어휘, 교재, 문화, 통합, 양상, 평가'이다. '문화, 어휘'는 전시기의 시각화에서 독립적으로 나타났지만 이 시기에는 '교재'와 긴밀한 관계가 있다.

3.5. 토픽 모델링

학위논문과 소논문을 모두 합쳐 토픽 모델링 분석을 실시한 결과 총 14개의 토픽 그룹이 추출되었다. 이를 동일 키워드의 소주제로 정리한 후 다시 연구 주제의 유사성에 따라 9개의 대주제로 묶었다. 이상과 같은 방법으로 도출된 '한국어 읽기 교육' 연구 분야의 주요 연구 주제는 다음 〈표 II-12〉와 같다.

표 II-12 한국어 읽기 교육 연구 주제(학위논문과 소논문 포함)

키워드1	키워드2	키워드3	키워드4	키워드5	소주제	대주제
유창성	음독	속도	점수	이해도	읽기 유창성 교육	교육 내용 (26%) - 소리 내어 읽기 (6%) - 비판적 읽기 (5%) - 문화 (15%)
사고	구술	비판적 읽기	훈련	양상	비판적 읽기의 양상 및 교육	
통합	문학	시	작품	방안	문학 작품을 활용한 읽기 교육 (문화)	
문화	습득	가정	교육과정	동화	동화를 활용한 읽기 교육 (문화)	
방안	모형	스키마	신문	토대	스키마, 신문 읽기 등을 활용한 읽기 교육 모형	교육 방안(13%)
교재	질문	분류	생활	단원	읽기 교재 분석 및 개발	교재(11%)
평가	시험	난이도	이독성	개선	읽기 평가 모형의 개선	평가(10%)
양상	고급	중국인	발음	모국어	중국인 고급 학습자의 모국어 발음 영향과 그 양상	학습자 대상별 읽기 교육(29%) - 중국인(18%) - 다문화가정아동(4%) - 결혼이주여성(7%)
어휘	중급	문법	중국어	문맥	중국어와의 어휘, 문법 비교를 활용한 읽기 교육	
불안	중국인	한자어	한자	비교	중국인 학습자를 위한 한자어 교육	
학교	초등	표지	어려움	독해	초등학교 다문화가정 아동의 읽기 교육의 어려움 (다문화가정아동)	
독서	아동	상세	프로그램	환경	준도입국 아동의 읽기 교육을 위한 프로그램 개발 (다문화가정아동)	
초급	결혼	담화	방안	여성	결혼 이주 여성의 읽기 교육 방안 개발	
학문 목적	수행	학업	학문	수학	학문 목적 학습자를 위한 읽기 교육	학습 목적별 한국어 읽기 교육(11%)

그간 논의되어 온 주요 연구 분야는 '교육 내용(26%), 교육 방안(13%), 교재(11%), 평가(10%), 학습자 대상별 읽기 교육(29%), 학습 목적별 한국어 읽기 교육(11%)'로서 학습자 대상별 읽기 교육에 대한 관심이 가장 높았다. 세부 주제 중 비중이 높은 순서대로 살펴보면, '중국인 학습자를 위한 읽기 교육(18%)', 문화(15%), 교육 방안(13%), 교재 분석 및 개발(11%), 학문 목적 한국어 읽기 교육(11%), 평가(10%), 결혼이주여성을 위한 읽기 교육(7%), 소리 내어 읽기(6%), 비판적 읽기(5%), 다문화가정 아동을 위한 읽기 교육(4%) 순이다. 평가 분야에서는 학업 성취도 평가, 평가 도구 및 평가 모형의 개발 등이 주로 연구되었다. 교재 분야에서는 각 대학 기관의 교재 개발 방안, 전공 교재 개발, 교재 분석 등이 연구되었다. 문화 영역에서는 의사소통과 문화, 문화를 활용한 읽기 교육 등을 많이 연구하였다.

위 토픽 모델링의 토픽별 비율과 각 토픽별 논문 수는 다음 〈그림 Ⅱ-15〉와 같다.

그림 Ⅱ-15 토픽 모델링 연구 주제 비율

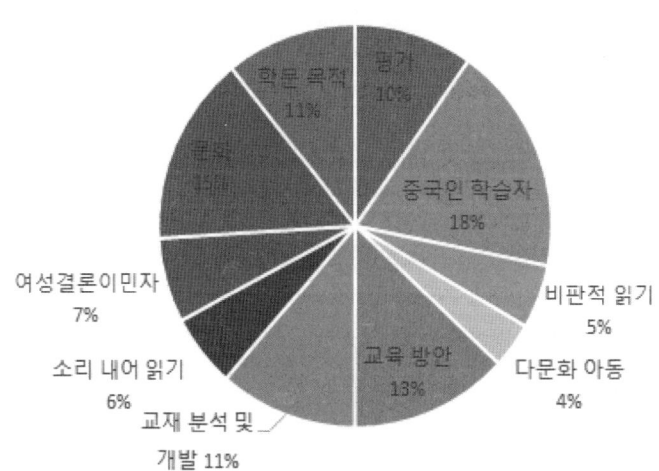

시기별 연구 주제 변화는 다음 〈그림 Ⅱ-16〉과 같다.

그림 Ⅱ-16 토픽 모델링 연구 주제 시기별 변화율

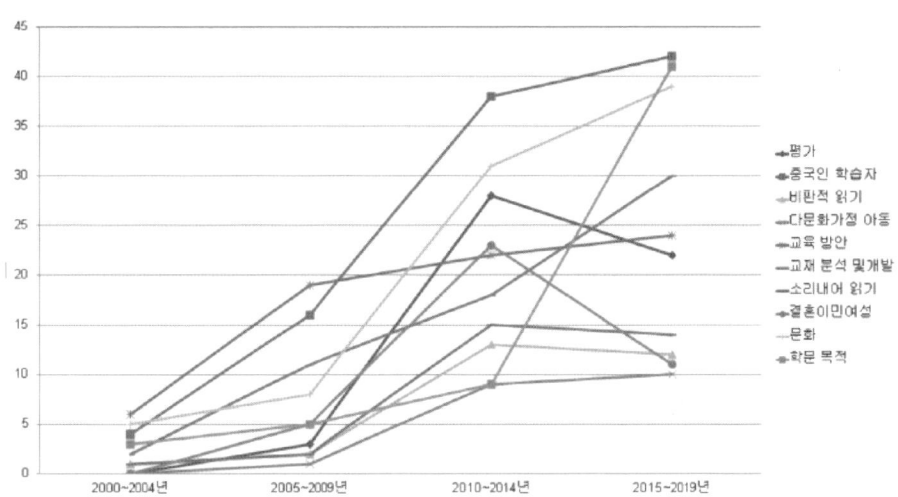

2000년부터 꾸준히 증가세를 보인 주제는 '중국인 학습자', '학문 목적', '문화', '교재', '교육 방안', '다문화 가정 아동' 등이다. 그 중에 특히 '학문 목적 한국어교육에 대한 연구'는 2015년 이후 급격히 증가하였다.

위에 제시한 시기별 연구 주제 변화 그래프를 바탕으로 한국어 읽기 교육 분야의 핫 이슈(Hot Issue)를 선정한다면 단연 '중국인 학습자', '문화', '교육 방안'이다. 그래프 추이에 따른 확률적 추정에 따른다면 앞으로 이에 관한 연구는 더욱 더 많아질 것이다. 스테디 이슈(Steady Issue)는 '학문 목적', '교재 분석 및 개발'이나 '다문화 가정 아동'이다. 그 중에 특히 '학문 목적', '교재 분석 및 개발'은 최근에(2015년부터) 들어서 큰 폭으로 증가하였고 앞으로도 지속적으로 논의될 것으로 예측된다. 그래프 상에 '여성결혼이민자'와 '평가'는 최근 급격한 하강세를 보였으며 이는 콜드 이슈(Cold Issue)로 추정할 수 있다.

학위논문만을 대상으로 토픽 모델링 분석을 실시한 결과는 다음 〈표 Ⅱ-13〉과 같다.

표 II-13 학위논문 토픽 모델링 분석 결과

키워드1	키워드2	키워드3	키워드4	키워드5	소주제	대주제
문화	가정	여성결혼이민자	학교	자녀	다문화가정 자녀를 위한 읽기 교육	학습자 대상별 읽기 교육 방안 (19%)
아동	신문	습득	가정	인터넷	다문화가정 자녀의 읽기 능력 습득	
중국인	소리 내어 읽기	이독성	발음	양상	중국인 학습자 대상 소리 내어 읽기 교육 방안연구	
방안	통합	모형	담화	초급	읽기 교수 학습 모형 개발(8%)	교육 방안 (41%)
도서	프로그램	확장	상세	다독	읽기 교육 프로그램 개발(7%)	
문화	문학	고급	소설	작품	문학 작품을 활용한 읽기 교육 방법(6%)	
학문 목적	수행	학업	학문	다중	학문 목적 읽기 교육 방법(12%)	
유창성	음독	속도	독해력	정확성	소리 내어 읽기(6%)	교육 내용 (29%)
어휘	난이도	양상	교사	상호작용	읽기 양상 분석(6%)	
질문	수업	고급	생활	비판적 읽기	고급학습자를 위한 비판적 읽기 교육 (5%)	
방안	교재	문제점	개선	어휘	교재 개발(11%)	교재 (19%)
교재	요약	분류	비교	기관	교재 분석(10%)	
평가	시험	교사	중급	도구	읽기 평가 도구 개발(10%)	평가 (11%)

학위논문에 대한 토픽 모델링 작업을 진행한 후 13개의 소주제로 분류하여 그 중에 중복된 주제를 하나의 큰 주제로 묶어서 '교육 방안', '교육 내용', '교재', '평가' 4개의 주제로 정리하였다. 그 중 '교육 방안'에 관한 연구가 41%로 가장 큰 비중을 차지하였다. 연구 대상이 된 학습자는 다문화가정 자녀와 중국인 학습자이다.

소논문을 대상으로 토픽 모델링 분석을 실시한 결과는 다음 〈표 Ⅱ-14〉와 같다.

표 Ⅱ-14 소논문 토픽 모델링 분석 결과

키워드1	키워드2	키워드3	키워드4	키워드5	소주제	대주제
방안	맥락	수업	통합	교육 과정	읽기 교육 방안 및 교육 과정 개발(17%)	교육 방안 (29%)
교사	단어	음운	사례	비음화	읽기 정확성 교육(11%)	
모형	맥락	훈련	발음	어휘력	소리 내어 읽기 교육 모형(10%)	
초급	속도	유창성	유의	고급	읽기 유창성 교육(8%)	
시험	독해	모델	평가	문항	읽기 영역 시험 문항 분석 및 평가 모형 개발(6%)	평가 (26%)
평가	시험	개선	문학	세부	읽기 평가(13%)	
고급	논문	중국인	중급	반영	학문 목적 중국인 학습자를 위한 읽기 교육(9%)	교육 목표 (22%)
학문 목적	수행	수학	대학교	다독	학문 목적 한국어 읽기 교육(10%)	
문학	상호작용	통계	교재	발화	문학 작품을 활용한 읽기 교재 개발(9%)	교재 (14%)
문화	방안	어휘	소설	전래동화	문학 작품을 활용한 읽기 교육(7%)	교육 내용 (8%)

소논문의 토픽 모델링 분석 결과 중 가장 높은 비율을 차지하는 주제는 '교육 방안'이다. 학위논문의 분석 결과와 비슷하지만 2번째 순위는 '평가'이다. 그 다음으로 '교육 목표', '교재', '교육 내용'이 뒤를 이었다. 한국어능력시험의 읽기 영역 평가에 관한 연구가 수주제로 나타났다. 이외에도 중국인 학습자를 대상으로 한 읽기 교육과 학문 목적 학습자를 대상으로 한 읽기 교육이 많았다. 교재 개발 및 교육 내용의 설정은 다음 순위를 차지하고 있다. 학문 목적 한국어 읽기를 초점으로 한 연구가 학위논문에 비해 많으며 초급에서는 소리 내어 읽기 관련연구가 많다는 것을 알 수 있다.

4. 논의

한국어 읽기 교육 연구는 학위논문과 소논문 모두 2010년 이후 본격화되었다. 2010년 이후 각각의 논문 수가 비약적으로 증가하면서 연구 주제의 다양화와 구체화가 이루어졌다. 연구 결과를 총괄한다면 다음과 같다.

먼저 추출된 단어들의 빈도 순위 결과에 따라 학위논문과 소논문의 고빈도 키워드가 공통적으로 많이 출현했다. 예를 들면 '교재, 학문 목적, 문화, 시험, 평가, 어휘, 방안, 고급' 등이 모두 높은 순위를 차지하고 있다. 학위논문에서는 높은 순위를 차지하지만 소논문에서는 순위가 다소 떨어진 키워드는 '중국인, 교사' 등이다. 소논문에서 순위가 높지만 학위논문에서 하위를 차지하는 고빈도 키워드는 '문학, 발음'이 있다. 또한 학위논문에서만 나온 키워드는 '유창성, 음독, 아동, 습득, 문법'이 있고 소논문에서만 나온 키워드는 '스키마(이론), 교육 과정, 의사소통, 장르' 등이 있다. 이러한 결과를 봤을 때 학위논문과 소논문의 고빈도 키워드는 대부분 비슷하지만 '교재, 문화, 어휘, 평가'등에서 약간의 차이가 있다. 학위논문은 다문화가정 아동의 읽기 능력 습득에 관한 연구가 많이 진행되었지만 소논문은 읽기 교육 과정이나 교육 방안에 대한 연구가 많았다.

중심성 분석 결과에서 '빈도, 교재, 어휘, 문화' 등은 변하지 않는 중심성 지표를 나타냈다. 2000년부터 2019년까지 네 시기에서 꾸준히 높은 순위에 나오는 키워드는 '방안, 교재, 고급, 초급, 문화'이다. 그 외 시기에 변화가 있는 키워드는 상승세 키워드와 내림세 키워드로 나눌 수 있다. 2000년부터 꾸준히 상승하거나 최근에 나타난 키워드는 '평가, 비교, 학문 목적, 양상'이다. 최근에 하락세로 나타난 키워드는 '문법, 기관, 중국인'이다.

앞서 제시한 단어쌍 분석 결과 '교재'나 '어휘' 등에 대한 관심은 시간의 흐름과 상관없이 지속적으로 이어져 왔음을 알 수 있다. 시기별 단어쌍을 봤을 때 2000-2004년에는 다양한 주제로 읽기 교육에 대해 논의했다면, 2005-2009에는 '교재 개발' 및 '읽기 평가' 그 자체에 대한 논의가 본격화되었음을 알 수 있다. 2010년부터 시작해서 '다문화가정'이나 '중국인 학습자'에 대한 본격적인 논의가 시작되었다. 그리고 2015-2019년에 '문화'가 높은 빈도로 나타난 것은 최근에 들어와 한국어교육에서 '읽기'와 '문화'가 밀접하게 연구되고 있음을 보여 준다.

한국어 읽기 교육 주제를 도출하기 위해 토픽 모델링을 분석한 결과 학위논문과 소논문 모두에서 교육 방안 관련 연구가 가장 큰 비중을 자치하고 있었다. 연구 주제를 기반으로 시기별 변화 추세를 분석한 결과 2000년부터 꾸준히 증가세를 보이는 주제는 '중국인 학습자', '학문 목적', '문화', '교재', '교육 방안', '다문화 가정 아동' 등이다. 그 중에 특히 '학문 목적', '교재 분석 및 개발'은 근래에(2015년부터) 들어서 큰 폭으로 증가하였다. 시기별 연구 주제 변화 그래프를 바탕으로 한국어 읽기 교육 분야의 핫 이슈(Hot Issue)를 선정한다면 단연 '중국인 학습자', '문화', '교육 방안'이다. 그래프 추이에 따른 확률적 추정에 따른다면 앞으로 이에 관한 연구는 더욱 더 많아질 것이다. 스테디 이슈(Steady Issue)는 '학문 목적', '교재 분석 및 개발'이나 '다문화 가정 아동'이다. 그 중에 특히 '학문 목적', '교재 분석 및 개발'은 최근에(2015년부터) 들어서 큰 폭으로 증가하였고 앞으로 지속적으로 논의될 것으로 예측된다. 그래프 상에 '여성결혼이민자'와 '평가'는 최근 급격한 하강세를 보였으며 이는 콜드 이슈(Cold Issue)로 추정할 수 있다.

이외에도 중국인 학습자를 대상으로 한 읽기 교육과 학문 목적 학습자를 대상으로 한 읽기 교육 연구가 많이 진행되었다. 교재 개발 및 교육 내용에 관한 연구는 '교육 방안'에 대한 연구 다음 순위이다. 학문 목적 한국어 읽기를 초점으로 한 학위논문이 많으며 초급 학습자에 대한 연구는 주로 소리 내어 읽기에 많이 집중되었다. 중급, 고급 학습자에 대한 연구는 학문 목적, 문화, 교재 등의 주제가 주목받고 있다. 이외에도 언어권별 결과를 살펴보면 역시 중국어권 학습자를 위한 연구에 편중성을 나타냈다. 베트남이나 몽골인 학습자 대상 연구는 상대적으로

미진한 결과를 보여 주었다.
　위에서 살펴본 읽기 교육 연구의 분석 결과를 토대로 향후 어휘 교육 연구에 있어서 나아가야 할 방향을 몇 가지 제안하고자 한다. 첫째, 읽기 교육 방안에 비해 교육 내용에 관한 연구는 상당히 미약하다. 읽기 교육 내용, 학습자 목적에 따른 교재 개발, 평가에 대한 탐구도 다양하고 깊이 있게 이루어져야 한다. 둘째, 한국어를 배우는 학습자들의 학습 배경, 학습 목적, 학습 요구 등이 다양해짐에 따라 다양한 학습자 요인을 고려한 읽기 교육 방안이 보다 심층적으로 연구되어야 한다. 중국인 학습자뿐만 아니라 다른 언어권 학습자를 대상으로 한 읽기 교육도 뒷받침되어야 한다. 또한 여성결혼이민자나 다문화가정 아동에 대한 읽기 교육은 꾸준히 진행해야 한다. 셋째, 초급 학습자에 대한 이해 교육이 필요하다. 읽기 교육에 있어서 초급 학습자를 대상으로 한 연구는 대부분 소리 내어 읽기, 읽기의 정확성 및 유창성에 초점을 두고 있다. 그 외에 초급 학습자의 읽기 능력을 향상시키는 읽기 교육 연구가 필요하다.

III. 쓰기 교육

1. 도입

한국어 쓰기 교육 연구는 언제부터 시작되었을까? 학술연구정보서비스(RISS)에서 한국어 쓰기 교육 또는 한국어 작문 교육으로 검색해 보면 최초의 학위논문과 소논문은 다음과 같다.

> 최우영(1997), 외국어로서의 한국어 학습자의 오류에 대한 연구: 작문에 나타난 오류를 중심으로이화여대 석사학위논문.
> 백봉자(1987), 교포 2세의 한국어와 쓰기 교육, 이중언어학 3-1, 이중언어학회, 63-83.

최초의 한국어 쓰기 교육 논문은 작문에 나타난 오류를 분석한 연구로서 1997년에 이화여대에서 나왔다. 최초의 소논문은 백봉자(1987)로, 교포 2세들의 한국어 문제점을 분석하고 쓰기 훈련 방법을 제시한 논문이었다.

한국어 쓰기 교육 연구 동향 분석 연구로 서아람·안기정(2019)을 들 수 있다. 이 연구는 학문 목적 쓰기 교육의 방향성을 설정하기 위해 학문 목적 한국어 쓰기 교육의 연구 동향을 분석한 연구여서 학문 목적 한국어 쓰기 교육 연구만을 대상으로 하였다. 2004년부터 현재까지 약 16년간의 연구들을 대상으로 하여 학위논문 116편, 소논문 80편으로 총 196편을 대상으로 하였다. 이 연구에 따르면 학문 목적 쓰기 교육 관련 연구는 주로 교육 방안이나 교재 개발 연구가 많았다. 이 연구는 앞으로 쓰기 교육의 실용성 측면을 고려한 학습자 중심의 연구, 타 영역과의 기능 통합 연구가 꾸준히 이루어질 필요가 있다고 보았다.

우리는 학문 목적 한국어뿐만 아니라 일반 목적 한국어를 포함하여 그동안 한국어 쓰기 교육에 관하여 연구되어 온 모든 학위논문과 소논문을 대상으로 연구 동향을 분석하고자 한다. 주요 연구 주제는 다음과 같다.

> - 한국어 쓰기 교육의 논문 수 추이는 어떻게 되는가? 언제부터 활발하게 논의되기 시작했는가?
> - 한국어 쓰기 교육의 핵심 연구 키워드는 무엇이며 이들 키워드들은 서로 어떤 관련성을 맺고 있는가? 시기별로 핵심 연구 키워드들은 어떻게 변화해 왔는가?
> - 한국어 쓰기 교육의 주요 연구 주제는 무엇이며 이들 주제들은 시기별로 어떻게 변화해 왔는가?

2. 연구 방법

자료 수집을 위하여 학술연구정보서비스(RISS)에 등재된 학위논문과 소논문을 검색하였다. 시작 범위는 따로 지정하지 않았고 2019년 12월 31일까지 나온 모든 연구를 대상으로 하였다. 한국어교육 논문 중 '쓰기'와 '작문'을 키워드로 하고 있는 논문을 선정하였는데 학위논문은 555편, 소논문은 622편이 수집되었다.

추출한 최종 논문을 중심으로 전처리 과정을 거쳤다. 대표적인 전처리 과정은 유의어와 제외어 사전 작업인데 다음 <표 Ⅲ-1>처럼 정확한 연구 결과를 얻기 위해 불필요한 단어 선별 작업을 거쳤다.

표 Ⅲ-1 유의어 및 제외어 사전을 사용한 어휘 정제 작업

구분	사전	노드 설정	교정 어휘
교정	유의어	관용어	관용구, 관용표현
		다의어	다의 관계
		유의어	유의 관계
		교육 방안	교수법, 교수 모형

교정	유의어	다문화	다문화가정, 다문화 가정, 다문화자녀, 다문화 자녀, 다문화 학생
		결혼이민자	결혼 이민자, 결혼 여성, 이주 여성, 결혼 이주 여성
		이주노동자	이주 노동자, 근로자, 이주 근로자, 노동자
		한국어능력시험	토픽, TOPIK, 토픽 시험
		논문	학술논문, 학위논문, 소논문, 졸업논문
		이중 언어	이중언어
제거	제외어	기획, 기획발표, 논평, 대한, 목적, 문제, 바탕, 발표, 방안, 분과, 분석, 수업, 쓰기, 양상, 언어, 연구, 연구 방법, 영역, 인식, 일반, 자료, 작문, 주제, 주제토론, 중심, 지도, 토론, 토론문, 특성, 필자, 학문, 학문 목적, 학습, 학습자, 한국어, 한국어교육, 현황, 활용	

'유의어' 작업은 비슷한 의미를 지니는데 연구자마다 서로 다르게 사용한 키워드들을 하나의 키워드로 수렴시키는 작업이다. 예컨대 '결혼이민자'를 '결혼 이민자'처럼 띄어 쓰거나 '결혼 여성', '이주 여성', '결혼 이주 여성' 등으로 다르게 기술한 경우 모두 '결혼이민자'로 통일시켰다. 위 유의어 목록에서 각 줄의 첫 번째에 나온 단어로 나머지 단어들을 통일하였다. 그 외 '기획', '기획발표', '주제토론', '토론', '토론문', '분과' 등처럼 학술대회 상황으로 인해 논문에 부여된 단어들이나 '쓰기', '작문', '필자'처럼 한국어 쓰기 교육의 특징을 드러낼 수 없는 단어들은 제외하였다.

학위논문 555편과 소논문 622편 총 1,177편의 논문에서 핵심어와 논문 제목, 그리고 국문 초록을 분석 대상으로 삼았다. 그리고 언어는 한국어, 품사는 명사에 한정해서 프로그램을 세팅했다.

3. 연구 결과

3.1. 논문 수 추이

최종 수집된 학위논문과 소논문을 크게 연도별과 시기별로 나누었다. 〈그림 Ⅲ-1〉에서 우선 학위논문부터 살펴보면 1997년에 첫 연구가 시작되었고

2002년까지 큰 변화가 없다가 2006년부터 꾸준히 증가 추세를 보이고 있다. 본격적으로 연구가 시작된 2005년부터 2019년까지의 논문이 전체 논문의 97%에 해당하며 총 539편이다. 2012년에는 2011년에 비해 폭발적인 연구가 진행됨을 볼 수 있고 그 후 오르내리기를 반복하면서 현재까지 연구가 활발하게 진행되고 있다.

다음으로 소논문을 살펴보면 1987년에 첫 논문이 발표된 후 2001년까지 저조한 움직임을 보이다가 2002년부터 점점 증가 추세를 보이기 시작했다. 꾸준한 증가를 보이기 시작했던 2002년부터 2019년까지의 논문이 전체 논문의 98%에 해당하며 611편이다. 2012년에는 폭발적인 연구가 진행되었고 그 후 오르내리기를 반복했는데 2016년에 가장 많은 연구(65편)가 이루어졌다.

그림 Ⅲ-1 연도별 논문 수 추이

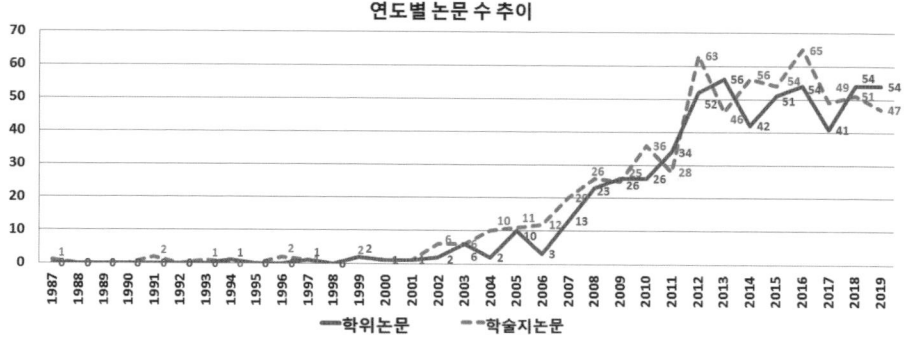

2000년 이전에는 논문 수가 적기 때문에 2000년 이전 논문들을 하나로 묶고 2000년부터 2019년까지 논문들을 5년 단위(2000-2004년, 2005-2009년, 2010-2014년, 2015-2019년)로 나누어 시기별 분석하였다. <그림 Ⅲ-2>에서 나타나듯이 학위논문과 소논문 추이가 비슷하게 증가하는 것을 볼 수 있다. 완만하게 증가한 시기부터 급격하게 승가한 시기까지 비슷한 양상을 보인 것으로 보아 연구가 균형 있게 진행되었음을 알 수 있다.

그림 III-2 시기별 논문 수 추이

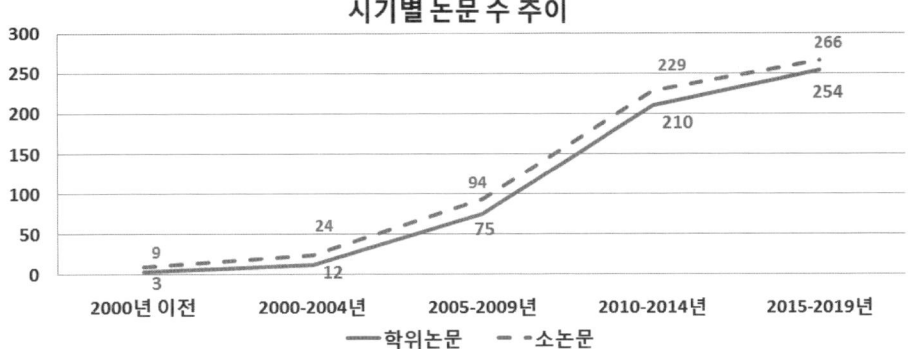

3.2. 네트워크 분석 결과

3.2.1. 워드 클라우드(Word Cloud)

앞에서 진행된 사전 작업을 근거로 해서 워드 클라우드와 빈도수 분석을 진행했다. <그림 III-3>에서 워드 클라우드는 단어 200개 이내에서 검색을 했으며 빈도수는 상위 30개를 기준으로 했다.

그림 III-3 학위논문 워드 클라우드

위 학위논문 클라우드 결과와 다음 <표 Ⅲ-2>에서 제시된 빈도 목록 30개를 함께 보면 '오류', '피드백', '결과', '텍스트', '능력', '사용', '과정' 등이 핵심 키워드였음을 알 수 있다. 1위에 '오류'가 압도적으로 많이 나오는데 작문 과제를 중심으로 학습자의 쓰기 오류를 파악하는 연구가 많았음을 알 수 있다. 30위에 '중국인'이 등장하는데 이로 보아 연구 대상별로는 '중국인 학습자'에 관한 연구가 많았던 것으로 보인다. 연구 방법론적으로는 '집단(10위), 효과(17위), 향상(18위), 조사(19위), 실험(27위), 영향(28위)' 등의 단어들을 고려할 때 실험 연구나 조사 연구 등이 활발하게 수행되었음을 예상할 수 있다. '내용(8위), 평가(11위), 교재(13위)' 등을 통해 교육 내용뿐만 아니라 평가나 교재에 관한 연구도 활발하게 수행되었음을 알 수 있다.

표 Ⅲ-2 학위논문 상위 빈도 단어 목록(상위 30개)

순위	단어	빈도	순위	단어	빈도	순위	단어	빈도
1	오류	1547	11	평가	742	21	과제	580
2	피드백	1144	12	대상	679	22	활동	579
3	결과	1116	13	교재	662	23	구조	563
4	텍스트	1100	14	방법	637	24	유형	551
5	능력	1028	15	구성	631	25	교사	501
6	사용	1014	16	장르	627	26	단계	494
7	과정	1013	17	효과	623	27	실험	480
8	내용	996	18	향상	591	28	영향	476
9	제시	978	19	조사	587	29	표현	467
10	집단	798	20	필요	585	30	중국인	446

동일한 방법으로 소논문도 살펴보면 <그림 Ⅲ-4>와 같다. 학위논문과 똑같이 단어 200개 이내에서 검색을 했으며 빈도수는 상위 30개를 기준으로 했다.

그림 Ⅲ-4 소논문 워드 클라우드

다음 〈표 Ⅲ-3〉은 상위 빈도 단어 목록 30개이다. 위 워드 클라우드와 빈도수 상위 목록을 종합적으로 고려하여 정리해 보면 '능력', '평가', '내용', '오류', '텍스트', '과정' 등이 핵심 키워드였음을 알 수 있다.

표 Ⅲ-3 소논문 상위 빈도 단어 목록(상위 30개)

순위	단어	빈도	순위	단어	빈도	순위	단어	빈도
1	능력	424	11	과제	228	21	효과	167
2	평가	415	12	외국인	219	22	단계	166
3	내용	415	13	제시	216	23	교재	163
4	오류	397	14	피드백	211	24	유형	162
5	텍스트	364	15	문법	208	25	어휘	160
6	과정	339	16	방법	204	26	대학	159
7	사용	271	17	필요	192	27	활동	158
8	결과	271	18	학생	174	28	표현	156
9	지식	263	19	문장	172	29	논문	150
10	구성	256	20	대상	171	30	조사	148

학위논문과 소논문 모두 쓰기 과제를 제시하고 학습자 텍스트(글)에 드러난 오류를 분석하는 연구가 많았음을 알 수 있다. 그러나 학위논문의 경우 '오류'와 '피드백'이 각각 1, 2위를 차지한 것에 비해 소논문의 경우 '오류'가 4위, '피드백'이 14위를 차지한다. 또 학위논문과 달리 '실험'이라는 단어가 상위 빈도로 등장하지 않았는데, 다만 '조사'가 30위에 올라 있다.

학위논문과 달리 소논문에서는 '능력'이 1위를 차지함으로써 쓰기 능력 신장에 보다 초점을 두는 연구가 진행되었을 것으로 추측해 볼 수 있다. '평가(2위), 교재(23위)' 등에 대한 연구도 활발했음을 알 수 있다. 학위논문에서는 '중국인'이 핵심 키워드로 등장한 데 비해 소논문에서는 '외국인(12위)'이 높은 순위로 제시되어 있다. 그 외 학위논문에서는 등장하지 않았던 '지식(9위)', '대학(26위)', '논문(29위)' 등의 단어들이 상위 빈도로 등장하여 학문 목적 한국어 쓰기 교육 연구가 더 활발하게 진행되었음을 알 수 있다.

3.2.2. 중심성 분석

중심성이 강한 키워드가 무엇인지 알기 위해 중심성 분석을 실행하였다. 논문 전체 중심성 분석 결과인 <표 Ⅲ-4>를 중심으로 보면, 학위논문은 '오류'가 가장 중심성이 높았으며 그 뒤로 '피드백', '집단', '조사', '텍스트'가 뒤를 이었다. 소논문에서는 '텍스트'가 가장 높았으며 '평가', '능력', '내용', '오류'의 순서이다. '오류'는 학위논문에서는 1위에 해당하였는데 소논문에서는 5위에 해당하고 반대로 소논문 1위에 해당하는 '텍스트'가 학위논문에서는 5위에 해당했다.

표 Ⅲ-4 중심성 분석 결과

순위	학위논문		소논문	
	단어	중심성	단어	중심성
1	오류	0.138614	텍스트	0.122624
2	피드백	0.118812	평가	0.118821

순위	단어	중심성	단어	중심성
3	집단	0.069307	능력	0.117871
4	조사	0.069307	내용	0.116920
5	텍스트	0.039604	오류	0.113118
6	대상	0.039604	과정	0.112167
7	능력	0.039604	사용	0.096008
8	내용	0.039604	결과	0.084601
9	구성	0.039604	방법	0.081749
10	결과	0.039604	구성	0.081749
11	제시	0.029703	지식	0.079848
12	유형	0.029703	제시	0.076996
13	영향	0.029703	과제	0.070342
14	어휘	0.029703	학생	0.069392
15	어미	0.029703	문장	0.069392
16	실험	0.029703	문법	0.06749
17	실시	0.029703	표현	0.063688
18	설문	0.029703	필요	0.060837
19	사용	0.029703	단계	0.059886
20	담화	0.029703	유형	0.057985

다음은 시기별 중심성 분석 결과이다. 2000년 이전, 2000-2004년, 2005-2009년, 2010-2014년, 2015-2019년 다섯 시기로 분류했다. 다음 <표 Ⅲ-5>는 학위논문의 시기별 중심성 분석 결과이다.

표 Ⅲ-5 학위논문 시기별 중심성 분석(상위 20개)

순위	2000년 이전		2000-2004년		2005-2009년		2010-2014년		2015-2019년	
	단어	중심성	단어	중심성	단어	중심성	단어	중심성	단어	중심성
1	오류	0.414	피드백	0.143	오류	0.158	오류	0.150	내용	0.147

2	아이디어	0.121	텍스트	0.107	텍스트	0.116	사용	0.141	오류	0.138
3	조사	0.097	표지	0.086	집단	0.108	텍스트	0.135	과정	0.123
4	적용	0.097	교사	0.086	결과	0.104	과정	0.128	결과	0.120
5	사용	0.097	평가	0.064	내용	0.102	내용	0.110	사용	0.118
6	모국어	0.097	과정	0.064	구조	0.098	제시	0.103	텍스트	0.116
7	단순	0.097	내용	0.057	피드백	0.094	결과	0.099	능력	0.106
8	전이	0.073	학생	0.050	사용	0.078	평가	0.087	피드백	0.105
9	대치	0.073	오류	0.050	평가	0.07	구조	0.085	제시	0.103
10	논문	0.073	수정	0.043	방법	0.066	방법	0.084	평가	0.099
11	과잉	0.073	구조	0.043	효과	0.062	능력	0.084	과제	0.096
12	결과	0.073	결과	0.043	실험	0.062	구성	0.084	집단	0.093
13	훈련	0.048	효과	0.035	대상	0.06	표현	0.083	유형	0.085
14	한국	0.048	표현	0.035	능력	0.058	문법	0.077	방법	0.080
15	원인	0.048	조사	0.035	대학	0.056	집단	0.073	단계	0.080
16	오용	0.048	요구	0.035	형태	0.054	유형	0.072	지식	0.077
17	설정	0.048	문법	0.035	제시	0.052	활동	0.067	구성	0.077
18	생성	0.048	대화	0.035	구성	0.05	효과	0.066	대상	0.072
19	빈도	0.048	능력	0.035	교재	0.05	장르	0.066	표현	0.070
20	범주	0.048	현장	0.028	필요	0.048	대상	0.063	어휘	0.070

'오류'는 전 시기에 걸쳐 중요 단어로 등장하고 있다. 학습자 작문 과제에 드러난 오류 분석 연구는 한국어 쓰기 교육이 시작된 이래 지금까지 꾸준히 연구되고 있다(최우영, 1997; 정예랜, 2005; 신설화, 2012; 나랑치멕, 2015). '텍스트'와 '내용'은 2000년부터 등장하기 시작했으며 특히 '내용'은 시간이 지날수록 점점 높은 중심성을 보이고 있다. 이로 보건데 '텍스트 및 쓰기 내용'과 관련된 연구가 점점 관심을 받고 있음을 알 수 있다(김미경, 2007; 김혜경, 2012; 서전, 2015; 풍문정, 2016).

다음 <표 III-6>은 소논문의 시기별 중심성 분석 결과이다.

표 III-6 소논문 시기별 중심성 분석(상위 20개)

순위	2000년 이전		2000-2004년		2005-2009년		2010-2014년		2015-2019년	
	단어	중심성	단어	중심성	단어	중심성	단어	중심성	단어	중심성
1	학회	0.143	평가	0.152	평가	0.131	평가	0.108	내용	0.129
2	특집	0.143	능력	0.121	내용	0.087	텍스트	0.099	오류	0.112
3	배양	0.143	내용	0.121	오류	0.067	능력	0.081	과정	0.109
4	방법	0.143	고급	0.121	텍스트	0.063	오류	0.065	텍스트	0.104
5	발전	0.143	서사	0.091	방법	0.060	사용	0.064	지식	0.098
6	능력	0.143	생산	0.091	능력	0.060	내용	0.064	능력	0.094
7	과제	0.143	부모	0.091	기준	0.056	구성	0.062	사용	0.090
8	창립	0.095	방법	0.091	문법	0.052	과정	0.057	제시	0.082
9	이론	0.095	구조	0.091	담화	0.052	학생	0.053	결과	0.082
10	외국어	0.095	결속	0.091	사용	0.048	과제	0.051	평가	0.077
11	방향	0.095	행위	0.061	차이	0.044	어휘	0.044	피드백	0.072
12	대회	0.095	텍스트	0.061	동포	0.044	결과	0.044	구성	0.070
13	담화	0.095	치료	0.061	이야기	0.040	문항	0.042	문장	0.066
14	기념	0.095	일본인	0.061	지식	0.036	문장	0.042	단계	0.065
15	국민학교	0.095	이야기	0.061	중국	0.036	외국인	0.041	학생	0.060
16	구체	0.095	의미	0.061	유형	0.036	지식	0.039	방법	0.060
17	개선	0.095	수준	0.061	논문	0.036	요소	0.039	과제	0.058
18	요지	0.048	레벨	0.061	구성	0.036	문법	0.039	필요	0.056
19	세기	0.048	개발	0.061	차원	0.032	수행	0.037	활동	0.054
20	모음	0.048	한국인	0.030	집단	0.032	대학	0.037	논문	0.053

전반적으로 중심 단어로 등장하는 단어는 '평가', '능력', '내용', '오류'이다. 학위논문처럼 학습자 작문에 드러난 쓰기 오류를 분석하는 연구가 소논문에서도

나타나지만 '평가(진대연, 2004; 오택환, 2009; 최혜민, 2011; 리순녀, 2019)'나 '쓰기 능력(진대연, 2004; 오기원, 2007; 김혜진, 2010; 김은정, 2018)', '쓰기 내용(이미혜, 2010; 동동 외, 2014; 전미화, 2016)'에 대한 관심도 꽤 높았음을 알 수 있다. 의외로 '피드백'은 2015-2019년에 11위에 한 번 등장할 뿐 다른 시기에서는 나타나지 않았다.

3.2.3. 단어쌍 분석

학위논문과 소논문에서 단어와 단어 간의 연결도가 높은 단어쌍 상위 30개의 키워드를 각각 비교하여 살펴보았다. 결과는 〈표 Ⅲ-7〉과 같다.

표 Ⅲ-7 학위논문과 소논문의 단어쌍 비교

순위	학위논문 단어쌍	Weight	소논문 단어쌍	Weight
1	능력-향상	372	내용-지식	85
2	결혼-이민자여성	265	능력-향상	81
3	교사-피드백	200	구성-내용	78
4	구조-텍스트	179	어휘-오류	69
5	제공-피드백	175	외국인-유학생	63
6	설문-조사	165	문법-오류	54
7	실험-집단	148	기준-평가	53
8	오류-조사	141	능력-평가	47
9	동료-피드백	141	보조-용언	45
10	오류-유형	130	구성-지식	44
11	어휘-오류	139	과제-수행	44
12	구성-내용	134	오류-조사	43
13	집단-통제	130	교사-피드백	42

14	개발-교재	125	문항-평가	41
15	모어-화자	124	구조-텍스트	39
16	피드백-효과	123	문법-어휘	39
17	응결-장치	118	구성-능력	33
18	문법-오류	117	결혼이민자-여성	31
19	집단-피드백	111	오류-유형	31
20	내용-지식	106	구성-요소	31

학위논문에서 '능력'과 '향상'의 단어간 연결 강도는 매우 높다. 이는 '능력-향상' 즉 쓰기 능력 향상이 매우 중요한 핵심 연구 주제였음을 보여 준다. 그 뒤로 '결혼-이민자여성, 교사-피드백, 구조-텍스트' 등의 순서를 보이고 있다. '피드백'과 강한 연결을 가지고 있는 단어는 '교사, 제공, 동료, 효과, 집단' 총 5개이다. 이는 '교사와 동료의 피드백, 피드백 제공의 중요성, 피드백의 효과' 등에 대한 연구가 많았음을 암시한다. '오류'와 강한 연결을 보인 단어는 '어휘, 문법, 조사, 유형' 총 4개이다. 이는 '오류'에 관한 연구가 '어휘 오류', '문법 오류', '오류 유형 조사' 등을 중심으로 이루어졌음을 보여 준다.

소논문을 분석해보면 '내용-지식'이 1위로 나왔으며 '능력-향상'이 2위를 보이고 있다. 연결 강도가 높은 단어는 '구성'과 '오류'이다. '구성'은 '내용', '지식', '능력', '요소' 총 4개와 강한 연결을 지니고 있으며 '오류'는 '어휘', '문법', '조사', '유형'의 총 4개와 긴밀한 연결성을 지니고 있다. '오류의 구성, 내용의 구성, 지식의 구성, 쓰기 능력의 구성' 등에 대한 연구가 이루어졌음을 보여준다. '오류'의 경우 학위논문과 같다.

시기별 단어쌍 분석 결과는 다음 <표 Ⅲ-8>과 같다. 앞의 분석에서 드러난 것처럼 한국어 쓰기 교육 연구의 핵심어는 '오류'였다. 다음 <표 Ⅲ-8>을 보면 '오류'는 '조사, 원인, 사용, 발생, 문법, 어휘' 등의 단어와 긴밀한 연관이 있다. 눈에 띄는 것은 2010년 이후로 '결혼이민자, 여성, 능력, 향상' 등의 단어가 등장하기 시작했다는 점이다.

2000년 이전에는 한국어 학습자의 오류와 함께 원인, 유형, 발생, 사용 등에 대한 연구가 진행되었음을 볼 수 있다. 2000-2004년에는 포트폴리오가 평가의 도구로 사용되었으며(이향무, 2003), 교사의 피드백이 학생에게 미치는 영향 등과 같은 연구가 나타났다(이수민, 2002). 2005-2009년에는 피드백에 대한 연구가 더 많아졌다. 교사(박주현, 2007)와 동료(강현경, 2008)의 피드백이 학습자 쓰기에 미치는 영향 연구뿐만 아니라 내용 피드백을 통한 쓰기 향상 연구(노혜남, 2008)가 나타났다. 2010-2014년에는 피드백에 대한 연구는 줄었으며 오류에 대한 연구가 더 활발하게 진행되었다. 학습자 대상으로 결혼이민자 여성(박서영, 2011)이 자주 등장했으며, 중국인(오경화, 2011), 인도인(ANJALI SINGH, 2012), 베트남인(딩티투히엔, 2014) 같은 외국 유학생들도 등장하기 시작했다. 마지막으로 2015-2019년에는 한국어 학습자의 쓰기 능력 향상에 관한 연구가 많이 진행되었다. 교사(이지영, 2015)나 동료(김희연, 2015)에 대한 피드백 연구가 다시 활발하게 진행되었으며, 중국인 학습자(박영희, 2015), 다문화 가정 자녀(김미란, 2015), 결혼이민자(황신희, 2015)를 대상으로 하는 연구들도 나타났다.

표 III-8 학위논문 시기별 단어쌍 분석(상위 20개)

순위	2000년 이전		2000-2004년		2005-2009년		2010-2014년		2015-2019년	
	단어쌍	Weight	단어쌍	Weight	단어쌍	Weight	단어쌍	Weight	단어쌍	Weight
1	생성-아이디어	7	구조-표지	17	구조-텍스트	67	결혼이민자여성	154	능력-향상	185
2	오류-조사	6	교사-피드백	17	교사-피드백	59	능력-향상	140	결혼이민자여성	102
3	사용-조사	4	평가-포트폴리오	16	집단-통제	48	마디-이동	94	응결-장치	85
4	오류-원인	4	피드백-학생	14	실험-집단	48	구조-텍스트	69	실문-조사	84
5	아이디어-조직	4	구조-의미	14	제공-피드백	44	다문화-자녀	66	제공-피드백	84

6	사용-오류	4	구성-내용	14	능력-향상	43	오류-유형	65	어휘-오류	83
7	발생-오류	4	구조-텍스트	13	오류-형태	40	설문-조사	63	교사-피드백	81
8	모국어-전이	4	의미-텍스트	12	피드백-효과	39	개발-교재	61	오류-조사	80
9	빈도-오류	4	의미-표지	10	설명-텍스트	38	실험-집단	57	모어-화자	67
10	누락-오류	3	수정-학생	10	집단-피드백	37	모어-화자	56	동료-피드백	66
11	오류-유형	3	제공-피드백	9	동료-피드백	34	어미-연결	55	문법-오류	61
12	발견-아이디어	3	수정-피드백	9	방법-피드백	31	오류-조사	47	구성-내용	61
13	과잉-모국어	3	교사-학생	8	단일어-사전	27	문법-오류	47	내용-지식	60
14	과잉-단순	3	대학-수학	7	사용-사전	26	구성-내용	47	집단-피드백	59
15	논문-오류	3	종류-표지	7	구조-표지	25	결속-기제	44	피드백-효과	58
16	의미-조사	3	대화-일지	7	사전-집단	24	교사-피드백	43	피드백-활동	57
17	모국어-발생	3	개관-표지	7	감소-오류	24	집단-통제	42	오류-유형	56
18	과잉-적용	3	어휘-차원	6	피드백-형태	23	긍정-영향	41	과제-수행	52
19	관심-한국	2	수정-활동	6	교사-제공	21	국문-초록	41	동포-재외	51
20	대치-발음	2	적용-현장	6	유형-피드백	21	내용-지식	41	긍정-영향	47

다음 <표 Ⅲ-9>는 소논문 시기별 단어쌍 분석 결과이다. <표 Ⅲ-9>를 보면 '능력, 평가, 내용, 오류'와 관련된 연구들이 진행되었음을 볼 수 있다. 2000년 이전의 경우 수치가 적어서 분석이 큰 의미가 없으나 '아이디어 생성' 등 쓰기 과정에 관한 연구와 '오류'에 관한 연구가 있었음을 알 수 있다. 2000-2004년에는 하이퍼텍스트를 활용한 쓰기 교육이 진행되었으며 평가가 중요한 부분을 차지하였다(김영만, 2003). 2005-2009년에는 한국어 능력 시험 평가 문항에 대한 연구가 이루어졌다(전은주, 2008). 문법 관련해서는 고급 학습자를 대상으로 하는 논문들이 나왔다(오지혜, 2008). 2010-2014년에는 쓰기 교육의 대상으로 여성 결혼이민자(박선옥, 2011)뿐만 아니라 다문화 가정의 자녀(홍은실 외, 2010)를 대상으로 하는 연구도 많이 진행되었다. 마지막으로 2015-2019년에는 중국인(김영일, 2019), 베트남인(김정자, 2016), 러시아인(함계임, 2019) 등 외국인 유학생을 대상으로 한 쓰기 능력 향상에 관한 연구가 많이 진행된 것을 볼 수 있다.

표 Ⅲ-9 소논문 시기별 단어쌍 분석(상위 20개)

순위	2000년 이전 단어쌍	Weight	2000-2004년 단어쌍	Weight	2005-2009년 단어쌍	Weight	2010-2014년 단어쌍	Weight	2015-2019년 단어쌍	Weight
1	대회-특집	2	능력-평가	7	기준-평가	18	어휘-오류	38	내용-지식	64
2	창립-학회	1	능력-텍스트	6	문항-평가	15	보조-용언	35	능력-향상	56
3	과제-이론	1	능력-생산	6	능력-시험	15	구성-내용	35	외국인-유학생	51
4	모음-요지	1	생산-텍스트	5	능력-평가	14	문법-오류	31	구성-내용	41
5	국제-학회	1	생산-평가	4	내용-타당도	12	결혼이민자-여성	20	구조-텍스트	33
6	구체-방법	1	내용-평가	4	문법-이야기	11	문항-평가	20	구성-지식	33

7	국민학교-대회	1	개발-교재	4	시험-평가	10	능력-향상	20	어휘-오류	28
8	기념-학회	1	내용-방법	3	동포-재중	9	능력-신장	19	과제-수행	28
9	과제-발전	1	고급-수준	3	실험-집단	9	다문화-학생	19	교사-피드백	27
10	과제-방향	1	결속-행위	2	집단-통제	9	내용-지식	19	오류-조사	26
11	발전-방향	1	대안-평가	2	조선어-중국	8	보조-사용	19	제공-피드백	24
12	국민학교-특집	1	부모-치료	2	도구-평가	8	사용-용언	19	신뢰도-채점	22
13	개선-구체	1	사용-오류	2	제시-평가	8	문법-어휘	17	대학생-외국인	21
14	기념-창립	1	구조-행위	2	집단-평균	7	능력-평가	17	문법-오류	21
15	발전-세기	1	부사-접속	2	담화-문법	7	오류-조사	17	텍스트-학술	20
16	과정-이론	1	부모-이야기	2	담화-표지	7	과제-수행	16	외국인-유학	20
17	담화-배양	1	고급-일본인	2	능력-담화	7	북한-학생	15	기준-평가	20
18	능력-배양	1	하이퍼미디어 하이퍼텍스트	2	기준-제시	6	기준-평가	15	내용-피드백	19
19	능력-담화	1	구조-의미	2	능력-향상	6	구성-요소	15	문법-어휘	19
20	개선-방법	1	단어-레벨	2	문항-시험	6	제한-주목	14	구성-단락	18

3.2.4. 시각화 분석

언어 네트워크의 중심성 분석 결과를 시각화해 보았다. 우선 학위논문의 시각화 결과는 <그림 Ⅲ-5>와 같다. <그림 Ⅲ-5>를 보면 크게 '오류'와 '피드백'을 중심으로 2개의 네트워크 그룹이 생성되었음을 알 수 있다. 먼저 왼쪽 그룹은 '오류'를 중심으로 한 연구들이다. '형태 오류(박주현, 2007), 어휘 오류(장슈샤오, 2017; Dong Fangyuan, 2017; 곽혼연, 2019), 문법 오류(마정, 2012; 문진희, 2013; 이서진, 2014), 오류 감소(이현희, 2011; Xu Mingyue, 2017) 등 오류에 관한 연구가 진행됐음을 볼 수 있다. 또한 오른쪽 그룹은 '피드백'을 중심으로 한 연구들이다. '교사 피드백(이수민, 2002; 명민경, 2009; 채상이, 2011; 서정민, 2015; 동동, 2016) 동료 피드백(강현경, 2008; 박영지, 2009; 배외순, 2014; 김희연, 2015) 서면 피드백(박영지, 2013; 안상희, 2016; 김상희, 2018)' 등 피드백에 관한 연구가 진행됐음을 알 수 있다.

그림 Ⅲ-5 학위논문 언어 네트워크 시각화

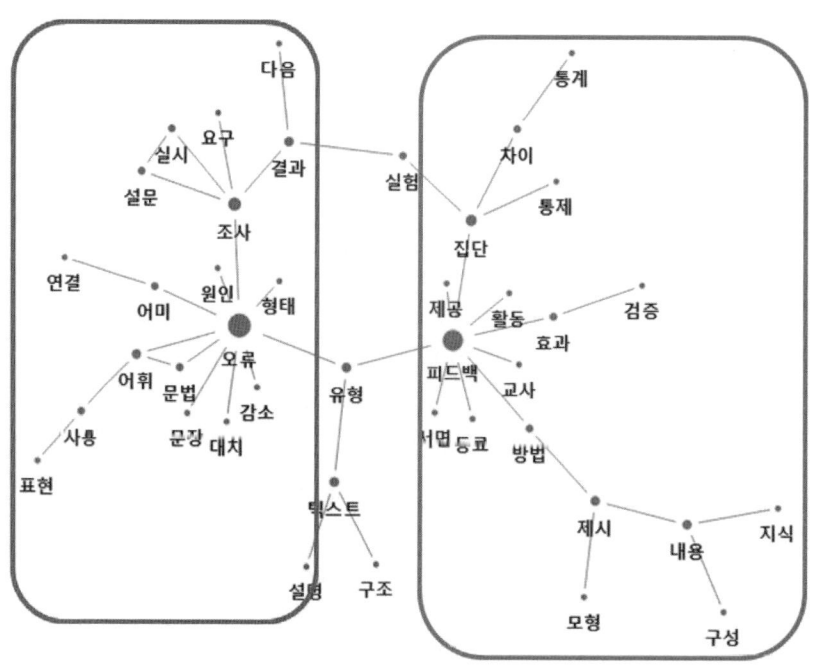

그림 III-6 학위논문 핵심어 시각화

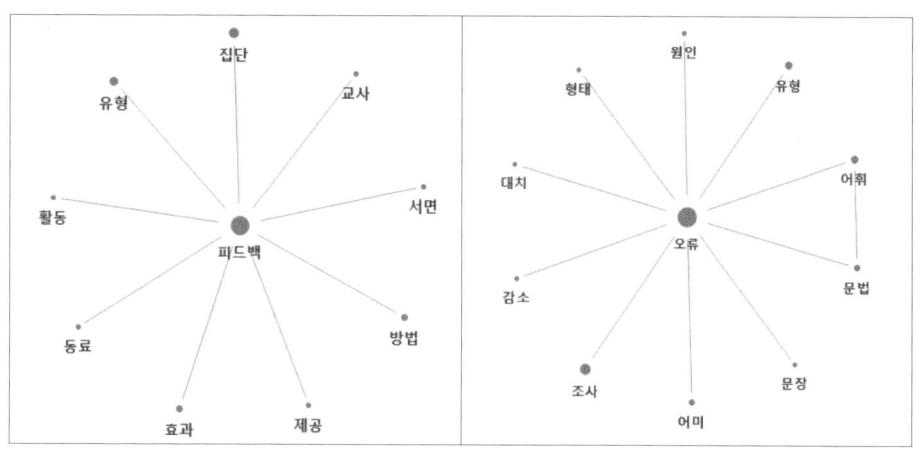

 소논문의 언어 네트워크 시각화 결과는 다음 <그림 III-7>과 같다. 크게 3그룹으로 나뉘는 것을 볼 수 있다. 첫 번째 왼쪽 그룹은 '능력'과 '구성'을 중심으로 링크가 생성된 것을 볼 수 있다. '능력 향상(오기원, 2007; 박미선, 2008; 김은정, 2018; 진송수 외, 2018), 능력 평가(임채훈, 2014), 의사소통 능력(김은혜, 2010; 김혜진, 2010)' 등에 관한 연구가 진행되었음을 추론할 수 있다. 오른쪽 그룹에는 '평가'와 '내용'을 중심으로 링크가 연결되어 있다. '능력 평가(김성숙, 2011), 내용 평가(최혜민, 2011), 문항 평가(리순녀, 2019), 과제 평가(김성숙, 2013)' 등에 관한 연구가 이루어졌음을 볼 수 있다. 마지막으로 위 그룹에는 '오류'를 중심으로 링크가 형성되어 있나. '오류 유형(임은하, 2009; 쑹웨이; 2018), 어휘 오류(차숙정, 2006; 이유림 외, 2013; 노병호, 2015; 왕훼이, 2019), 문법 오류(신성철, 2010; 김정자, 2016)' 등 오류 관련 연구가 진행되었음을 볼 수 있다.

그림 III-7 소논문 언어 네트워크 시각화

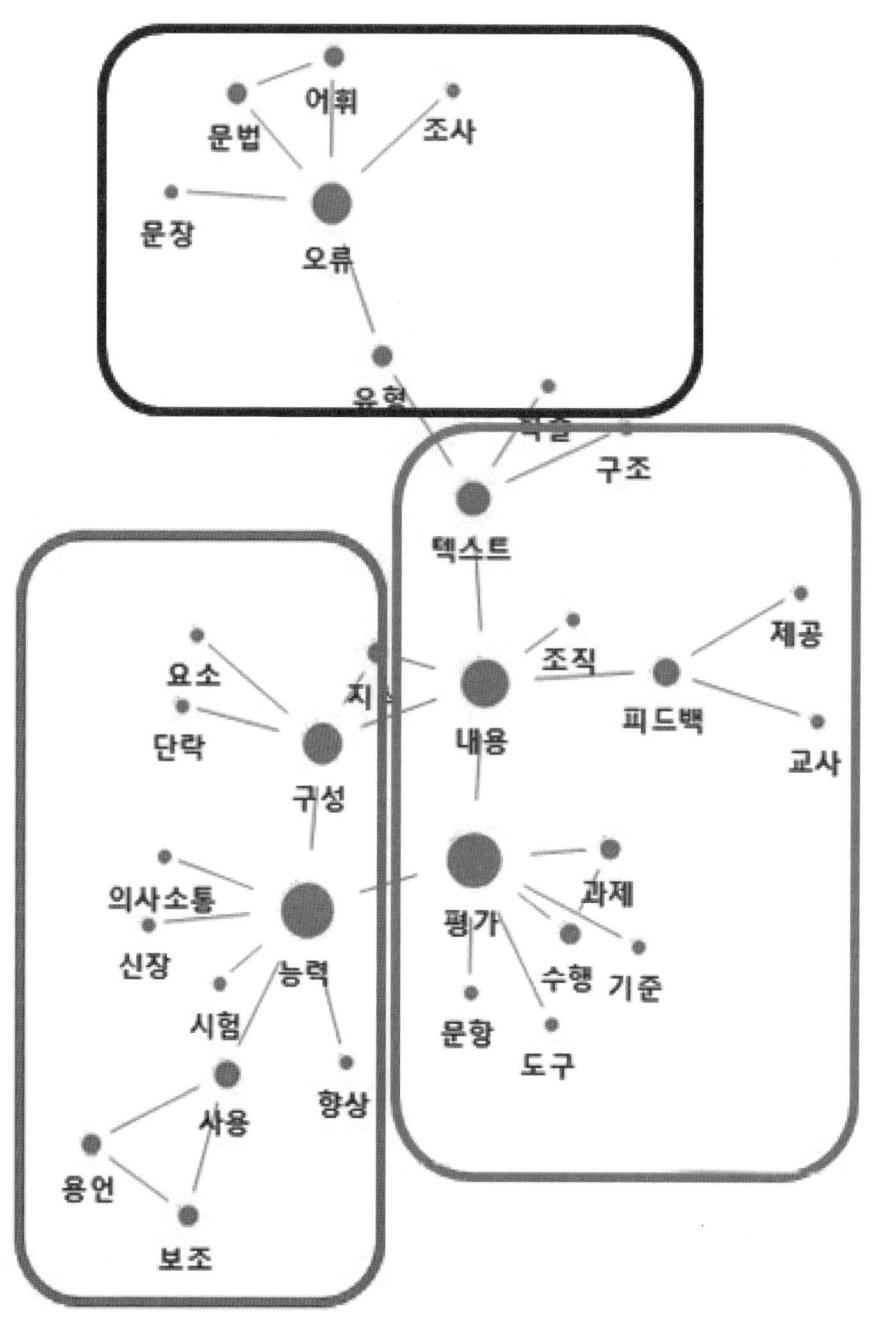

그림 III-8 소논문 핵심어 시각화

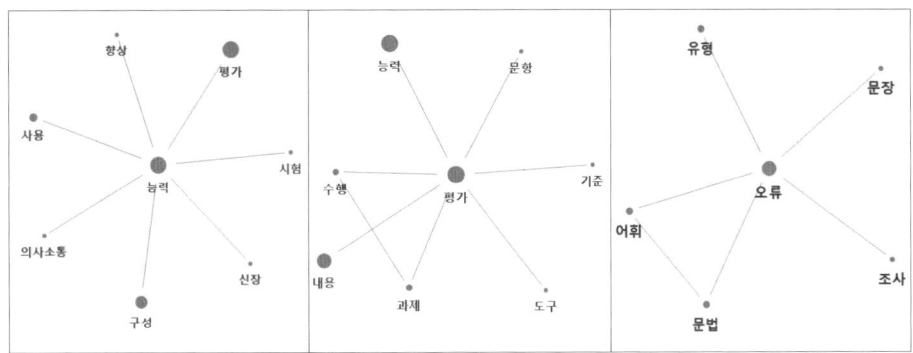

3.3. 토픽 모델링 분석 결과

한국어 쓰기 교육 분야에서 토픽 모델링 분석 결과 20개의 소주제에 대한 키워드들을 추출했고 각 소주제를 다시 대주제로 분류했다. 학위논문 중심으로 분류된 결과는 〈표 III-10〉과 같다. 크게 내용학(23.9%)과 방법학(76.1%)으로 나누었는데 방법학이 내용학보다 많다. 방법학은 다시 교육 내용(23.9%), 교육 방법(23.2%), 교육 대상(19.7%), 교육 평가(13.1%), 교육 과정(11.2%), 교육 자료(8.9%) 순으로 연구가 진행되었다.

교육 내용을 살펴보면 문법, 조사, 오류, 어휘 등 다양한 내용들이 다루어졌다. 방법학에서는 중국인, 결혼이민자, 다문화 자녀, 외국인 유학생 등 교육 대상이 다양하다. 교육 방법 측면에서는 실험 연구나 집단 비교, 과제 분석 등 다양한 방법을 시도한 것을 볼 수 있다. 교육 평가에서는 교사의 피드백, 동료의 피드백 등을 통한 평가 연구가 진행되었다. 또한 교재 개발과 교육 활동에 관한 연구도 적지만 연구되었음을 볼 수 있다.

표 III-10 학위논문 토픽 모델링 분석 결과

키워드1	키워드2	키워드3	키워드4	백분율	주제별	소주제	대주제
의미	응결	장치	문법	2.9	응결 장치에 관한 의미 연구	교육 내용 (23.9%)	내용학 (23.9%)
문장	사용	연결	동포	4.2	문장 사용에 있어서 연결 어미		
텍스트	구조	논설문	장르	7.8	텍스트 구조를 통한 교육		
오류	조사	어휘	문법	9.1	조사와 어휘 문법의 오류 분석		
문화	한글	패턴	철자	1.8	문화를 통한 작문 패턴	교육 방법 (23.2%)	방법학 (76.1%)
집단	차이	결과	비교	2.5	집단내에서의 차이 비교		
과제	구성	정보	활동	2.5	과제 구성 방안 연구		
표현	사용	독자	효과	2.7	자기 표현 사용의 연구		
장르	논문	단계	이동	3.8	논문 장르 분석 연구		
통합	지식	담화	내용	4.0	담화 통합 쓰기 교육 연구		
고급	협력	능력	그룹	5.8	고급 학습자의 협력 쓰기 능력		
사용	중국인	관계	요인	2.4	중국인 학습자의 쓰기 사용	교육 대상 (19.7%)	
대학	중국인	외국인	기능	3.1	외국 대학생의 쓰기 교육		
유학생	외국인	작성	담화	3.3	외국인 유학생의 담화 쓰기		
결혼 이민자	여성	대상	한국	3.8	결혼이민자 여성 대상 쓰기 교육 연구		
학생	다문화	능력	자녀	7.2	다문화 가정 학생의 쓰기 능력		
평가	과정	변화	방법	3.1	평가 과정 연구	교육 평가 (13.1%)	
피드백	교사	효과	실험	10	교사 피드백을 통한 효과 연구		
능력	내용	제시	과정	11.2	내용 제시 과정에서 쓰기 연구	교육 과정 (11.2%)	
교재	개발	불안	과정	8.9	교재 개발 연구	교육 자료 (8.9%)	

학위논문의 토픽 모델링 분석 결과 주요 주제별 비율과 시기별 변화는 〈그림 Ⅲ-9〉, 〈그림 Ⅲ-10〉과 같다. 쓰기 교육 시기별 변화율을 살펴보면 다른 주제와 비교해 볼 때 교육 내용에 대한 연구가 가파른 성장을 보이고 있다. 문법, 조사, 어휘 등에 관한 교육이 이루어졌다. 교육 방법에 있어서는 2009년 이후로 높은 증가율을 보이고 있다. 외국인 유학생을 대상으로 하는 연구가 2005년부터 활발하게 이루어졌음을 알 수 있다. 교육 평가와 교육 과정 역시 꾸준히 연구되어가고 있는 주제이다.

그림 Ⅲ-9 학위논문 주제별 비율

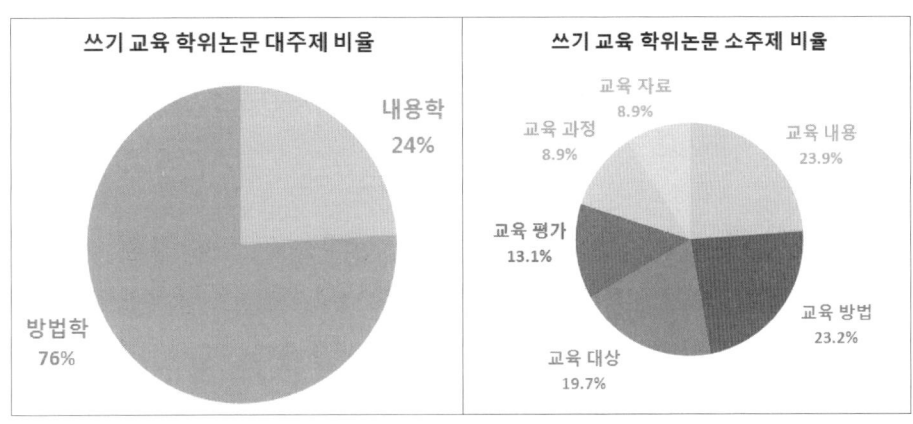

그림 Ⅲ-10 학위논문 소주제 시기별 변화율

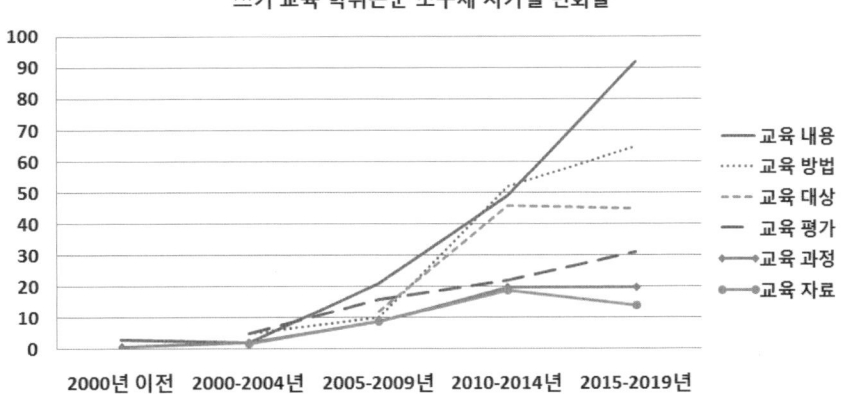

소논문의 토픽 모델링 분석 결과는 다음 <표 Ⅲ-11>과 같다. 분석 결과 크게 내용학(33.8%)과 방법학(66.2%)이 1:2의 비율을 보이고 있어 1:3의 비율을 보이고 있는 학위논문과 차이가 있다. 방법학은 다시 교육 방법(25.9%), 교육 평가(15%), 교육 대상(10%), 교육 과정(9.7%) 순으로 연구가 진행되었다.

교육 내용 측면에서는 학위논문에서처럼 문법, 내용, 오류, 문장 등 다양한 내용들이 소개가 되었다. 교육 방법에서는 실험 연구나 과제 분석 등과 관련된 연구가 진행되었다. 교육 평가에서는 교사 피드백, 동료 피드백에 대한 연구가 이루어졌다. 교육 대상에서는 중국인 학습자에 대한 연구가 가장 많은데 그 뿐 아니라 베트남인, 몽골인 등 유학생을 대상으로 한 연구도 진행되었음을 알 수 있다. 교육 과정과 한국어능력시험의 쓰기 평가에 대한 연구도 진행되었다. 또한 비록 비율은 적지만 교육 과정과 교육 자료에 대한 연구도 있었다.

표 Ⅲ-11 소논문 토픽 모델링 분석 결과

키워드1	키워드2	키워드3	키워드4	백분율	주제별	소주제	대주제
차원	대상	체계	철자	2.3	철자와 품사의 체계	교육 내용 (33.8%)	내용학 (33.8%)
실제	표현	실시	대상	3.5	표현적 쓰기의 실제		
사용	고급	용언	빈도	4.7	고급 학습자의 보조용언 빈도		
내용	지식	구성	정보	5.3	내용 지식 구성에 관한 쓰기 교육		
오류	문법	어휘	문장	8.9	문법과 어휘에 관한 오류		
텍스트	장르	구조	접근	9.2	텍스트의 구조에 관한 접근		
능력	향상	학생	개발	3.1	학습자의 능력 향상 개발	교육 방법 (25.9%)	방법학 (66.2%)
논문	표현	필요	결과	3.1	논문에서의 표현 문형		
효과	집단	영향	결과	3.2	집단 비교간 효과와 영향 연구		
방법	기능	문화	한자	3.7	문화와 한자를 통한 교육 방법		
과제	제시	수행	요구	6.1	과제 수행에 관한 연구		
활동	통합	담화	구성	6.8	담화 통합 쓰기 교육 연구		

피드백	교사	제공	형태	5.6	교사 피드백을 통한 평가	교육 평가 (15%)	방법학 (66.2%)
평가	문항	기준	내용	9.3	토픽 문항의 내용 평가		
다문화	학년	학생	채점	2.7	다문화 가정 학생 쓰기 채점	교육 대상 (10%)	
한국	중국	경우	학생	3.4	중국인 학생 대상 쓰기 교육		
유학생	외국인	조사	중국인	3.9	중국인 유학생 대상 쓰기 조사		
과정	대학	학술	사회	4.7	대학에서의 학술적 쓰기 과정	교육 과정 (9.7%)	
단계	과정	모형	인지	5.0	과정 중심 단계별 쓰기 모형 교육		
교재	외국인	필요	요약	5.6	외국인을 위한 교재 필요	교육 자료 (5.6%)	

소논문 토픽 모델링 주요 주제별 비율과 시기별 변화는 〈그림 Ⅲ-11〉, 〈그림 Ⅲ-12〉에서 볼 수 있다. 쓰기 교육 시기별 변화율을 살펴보면 쓰기 교육에 대한 연구가 지속적으로 상승하고 있으며 이 증가율은 앞으로도 계속 지속될 것이다. 가장 많은 연구가 진행되었던 부분은 '교육 내용'임을 알 수 있다. 2009년까지 완만하게 연구가 진행되다가 2009년 이후 폭발적으로 증가하였다. 두 번째로 가파른 상승세를 보인 주제는 '교육 방법'이다.

그림 Ⅲ-11 소논문 주제별 비율

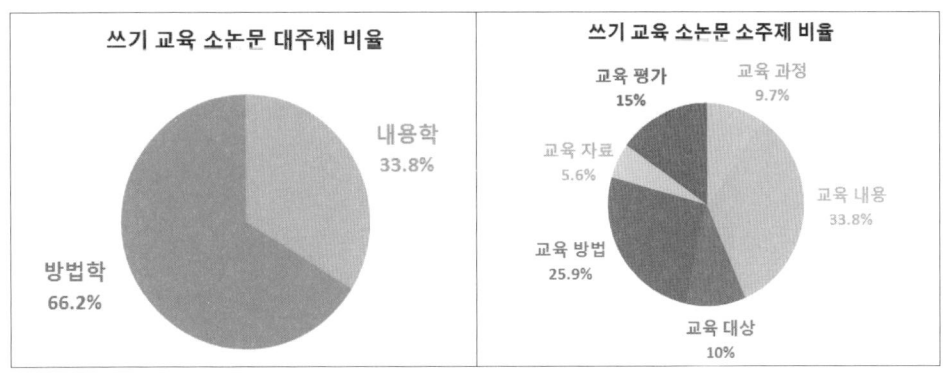

그림 III-12 소논문 소주제 시기별 변화율

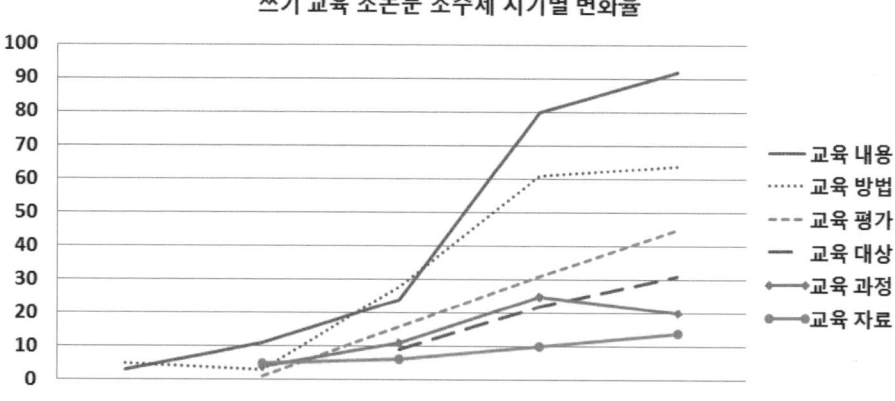

4. 논의

한국어 쓰기 교육에 관한 연구는 학위논문과 소논문 둘 다 2000년 이후 연구가 본격화되었다. 먼저 학위논문 등장 빈도 상위 30개 순위 결과를 보면, 학위논문의 경우 '오류, 피드백, 결과, 텍스트, 능력' 순으로 많이 사용됐다. 소논문의 경우 '능력, 평가, 내용, 오류, 텍스트' 순서로 많이 사용됐다.

중심성을 분석을 통해서는 학위논문에서는 '오류'와 '피드백'이 소논문에서는 '텍스트'와 '평가'가 각각 1,2위를 차지하고 있었다. 쓰기 교육에 있어서 텍스트를 중심으로 오류 평가가 이루어지고 있음을 발견하게 되었다. 중심성을 시기별로 살펴보았을 때 학위논문에서 '오류'는 모든 시기에서 중요하게 등장하는 단어였다. 2000년 이후로 '텍스트'와 '내용'이 새롭게 등장했다. '텍스트 및 쓰기 내용'과 관련된 연구가 점점 많아지고 있음을 알 수 있다. 소논문의 경우 '능력'은 모든 시기에서 등장하였고 2000년 이후로 '텍스트'와 '평가'가 새롭게 등장했다. '텍스트 평가', '쓰기 능력'에 관한 연구가 진행되고 있음을 알 수 있다.

중심성에 이어서 단어쌍을 살펴보았다. 학위논문에서 '능력-향상' 단어쌍 연결이 다른 단어쌍보다 연결 강도가 높게 나온 것을 발견하게 되었다. 대표적으로 '한국어 쓰기 능력 향상'에 관한 연구가 그 예라 볼 수 있다. '피드백'이 중요한 단어로 등장하는데 '교사의 피드백, 동료의 피드백, 피드백 효과, 집단 피드백'에 관한 연구도 진행되었음을 알 수 있다. 소논문에서 살펴보면 연결 강도가 높은 단어는 '구성'과 '오류'이다. '구성'은 '내용', '지식', '능력', '요소' 총 4개와 강한 연결을 지니고 있으며 '오류'는 '어휘', '문법', '조사', '유형'의 총 4개와 긴밀한 연결성을 지니고 있다.

시각화 결과를 살펴보면, 학위논문의 경우 크게 '오류'와 '피드백' 두 개의 큰 그룹을 중심으로 연구가 진행되고 있음을 알 수 있었다. 오류는 '문법 오류, 어휘 사용 오류, 문장 오류' 등 교육 내용과 관련된 부분이 많았다. 소논문의 경우에는 '능력, 오류, 평가' 크게 3그룹으로 연구 경향을 나눌 수 있었다. '능력'은 대표적으로 '쓰기 능력 향상 방안, 의사소통 능력' 등과 관련된 연구가 진행되었고 '오류'는 '오류 유형, 문장 오류' 등 내용과 관련된 연구들이 있었다. '평가'의 경우에는 '수행 평가, 평가 도구, 과정 평가' 등의 연구가 진행되었다.

마지막으로 토픽 모델링으로 분석했을 때 학위논문은 내용학(23.9%)과 방법학(76.1%)이 1:3 정도의 비율이 되었다. 방법학은 다시 교육 내용(23.9%), 교육 방법(23.2%), 교육 대상(19.7%), 교육 평가(13.1%), 교육 과정(11.2%), 교육 자료(8.9%) 순으로 연구가 진행되었다. 교육 대상에 관한 연구는 2005년부터 외국인을 연구 대상으로 한 연구가 시작되었으며 지금까지도 꾸준히 상승하고 있다. 소논문의 경우 내용학(33.8%)과 방법학(66.2%)이 대략 1:2의 비율을 보이고 있었다. 방법학은 다시 교육 방법(25.9%), 교육 평가(15%), 교육 대상(10%), 교육 과정(9.7%) 순으로 연구가 진행되었다.

앞서 언급했던 내용을 토대로 하여 향후 쓰기 교육에 있어서 나아가야 할 방향을 몇 가지 제안하고자 한다. 첫째, 내용적인 부분이 더 추가되어야 하겠다. 내용적인 부분과 관련해서는 주로 문법과 어휘라는 범주에서 벗어나지 못하고 있는 것을 보게 된다. 이 부분은 오류하고도 연관이 깊은데 오류 분석이 대부분 문법과 어휘안에서 이루어지고 있는 한계점이 있다. 하지만 오류 분석의 범주를 문법과 어휘에서 벗어나 다양한 내용으로 구성해 보기를 바란다. 둘째, 교육 자료 즉, 교재 개발에 대한 연구가 활발하게 이루어지길 바란다. 소주제의 '교육 내용'과 '교육 방법', 그리고 '교육 대상' 등과 비교해 볼 때 교재는 상대적으로 연구가 적게 되었다. 하지만 앞으로 교육 대상에 따른 맞춤형 교재, 교육 방법에 따른 알맞은 교재가 더 개발되어야 할 것이다. 마지막으로 쓰기와 타 영역 간의 통합 연구가 진행되어야 할 것이다. 한 가기 기능만을 향상시키는 교육보다 고른 능력 발달을 위해 통합 활동 중심의 연구가 더 활발히 이루어지기를 바란다.

Ⅳ. 어휘 교육

1. 도입

한국어 어휘 교육 연구의 시작에 대하여 학술연구정보서비스(RISS)에서 '한국어 어휘 교육'을 검색할 시 아래와 같이 두 가지 논문이 확인된다.

> 김명순(1986), 한국어 어휘와 품사의 빈도에 관한 연구: 외국어로서의 한국어 교재를 중심으로, 연세대 석사학위논문.
> 이영숙(1992), 신체 관용어와 외국어로서의 한국어교육에의 활용, 외국어로서의 한국어교육 17-1, 연세대 한국어학당, 95-117.

김명순(1986)은 한국어 교재에 나타난 어휘들의 의사소통적 실제성이 낮음을 지적하고 학습용 어휘 선정의 필요성을 제기하며 외국인을 위한 한국어교육용 어휘 목록을 선정한 연구이다. 이영숙(1992)은 신체 관용어를 어휘 의미와 은유 의미로 나타나는 경우와 은유 의미로만 나타나는 두 가지 경우로 나누어 신체 부위에 따른 관용어의 항목을 제시하였다. 두 연구 모두 어휘 목록 선정의 필요성을 제기하고 실제 어휘 목록을 선정한 연구라는 공통점이 있다.

위와 같이 그간 이루어진 모든 한국어 어휘 교육 논문을 대상으로 한국어 어휘 교육 연구 동향을 세부적으로 분석하고자 한다. 연구 문제는 다음과 같다.

- 한국어 어휘 교육의 논문 수의 추이는 어떻게 되는가? 언제부터 활발하게 논의되기 시작했는가?
- 한국어 어휘 교육의 핵심 연구 키워드는 무엇이며 이들 키워드들은 서로 어떤 관련성을 맺고 있는가? 시기에 따라 핵심 연구 키워드들은 어떻게 변화하였는가?
- 한국어 어휘 교육의 주요 연구 주제는 무엇이며 이 주제들은 시기별로 어떻게 변화하였는가?
- 한국어 어휘 교육의 수준별(초급, 중급, 고급) 학습자에 대한 연구 동향은 어떻게 다른가?

2. 연구 방법

연구 자료를 수집하기 위해 학술연구정보서비스(RISS)에서 '한국어 어휘 교육'으로 검색한 후, '유의어, 다의어, 반의어, 속담, 연어, 관형어, 한자어, 외래어' 등 어휘 교육 연구와 관련된 다양한 키워드로 검색하여 최종적으로 총 2,313편을 수집하였다. 가능한 많은 연구를 포함하기 위해 어휘 교육을 간략히 다룬 연구들, 예컨대 대조 분석, 교재 분석, 오류 분석 등에서 어휘를 다룬 연구 등도 모두 포함하였다.

한국어 어휘 교육 연구 동향을 파악하기 위하여 학위논문과 소논문 전체를 하나의 말뭉치로 처리하여 종합적으로 분석할 필요가 있다. 그러나 각각의 특성을 드러내기 위해 종합적인 연구 동향을 분석한 것 외에 학위논문과 소논문 각각의 연구 동향에 대한 특징을 밝히고자 이들을 다시 분리하여 분석하였다.

표 IV-1 연구 대상

구분	학위논문	소논문	합계
편수	1484	829	2313

자료 수집 후 유의어, 제외어, 지정어 사전을 작성하여 데이터 필터링 과정을 거쳤다.

표 IV-2 유의어, 제외어, 지정어 사전을 사용한 어휘 정제 작업

구분	사전	노드 설정	교정 어휘
교정	유의어	교육 방안	지도안, 교수법, 교수 모형, 개선 방안, 활용 방안, 수업지도안, 교수학습모형
		다의어	다의 관계
		유의어	유의관계, 유사관계
		관용어	관용구, 관용 표현
		대조	대비, 비교
		신조어	신어, 유행어
		학문 목적	학문 목적, 대학 수학 목적
		문화어휘	문화어
		한국어능력시험	토픽, TOPIK, 토픽시험
		다문화가정	다문화 자녀, 다문화 아동
		색채어	색채 어휘
		학술어	학술 어휘
		결혼이민자	결혼 여성, 결혼 이민자, 결혼 이주 여성, 결혼여성이민자, 여성결혼이민자
		이주노동자	이주 노동자, 근로자, 이주 근로자, 노동자
		직업 목적	직무 목적
		등급	수준, 숙달도
		모국어	모어

제거	제외어	한국어, 어휘, 학습, 연구, 분석, 중심, 대상, 양상, 사용, 한국, 논문, 발표, 방향, 이용, 내용, 언어, 관련, 고찰, 과정, 과제, 이해, 제시, 향상, 문제, 주제, 효과, 외국어, 습득, 구성, 영향, 단어, 연습, 실시, 동향, 유창, 실행, 외국어 등
통제	지정어	교육 방안, 동형이의어, 설문조사, 학문 목적, 동형부분이의어, 다문화가정, 결혼여성이민자, 이주노동자, 전문어휘, 문화어휘, 기본어휘, 사고도구어, 한국어능력시험, 학문 목적, 직업목적 등

분석 대상은 논문 제목, 키워드, 국문 초록이며 언어는 한국어, 품사는 명사에 한정하여 프로그램을 세팅하였다. '유의어 사전'에서는 동일한 대상을 가리키는데 띄어쓰기나 연구자별 용어 차이로 인해 서로 다른 단어로 식별할 가능성이 있는 단어들을 포함시켰다. '제외어 사전'에서는 '한국어, 어휘' 등 본 연구 대상으로서 당연히 최고 빈도로 나오는 단어들과 '연구, 분석, 대상, 관련' 등 연구 주제로 보기 힘든 단어들을 포함하였다. '지정어 사전'에는 띄어쓰기로 인해 단어의 원래 의미로 분석하기 어려운 '교육 방안, 다문화가정, 전문어휘, 문화어휘, 학문 목적, 설문조사' 등이 포함되었다. 예를 들면 '한국어능력시험'이라는 개념이 지정어 처리를 안 하면 넷마이너(Netminer 4.0) 프로그램에서 명사로만 자동 처리하게 되어 '한국어', '능력', '시험'으로 23개의 단어로 인식하면 원래의 의미를 잃게 된다.

3. 연구 결과

3.1 논문 수의 추이

먼저 한국어 어휘 교육에 대한 모든 논문의 연도별 추이는 〈그림 IV-1〉과 같이 20년 동안 전반적으로 비약적인 발전이 있었음을 알 수 있다. 2000년 초에는 간헐적으로 작성이 되었으나, 2000년 중·후반부터 증가하기 시작하여 2010년부터 본격적으로 폭발적인 상승세를 보였다. 특히 2014년에는 209편으로 최고 수치를 차지하였다.

그림 IV-1 한국어 어휘 교육 전체 논문의 추이

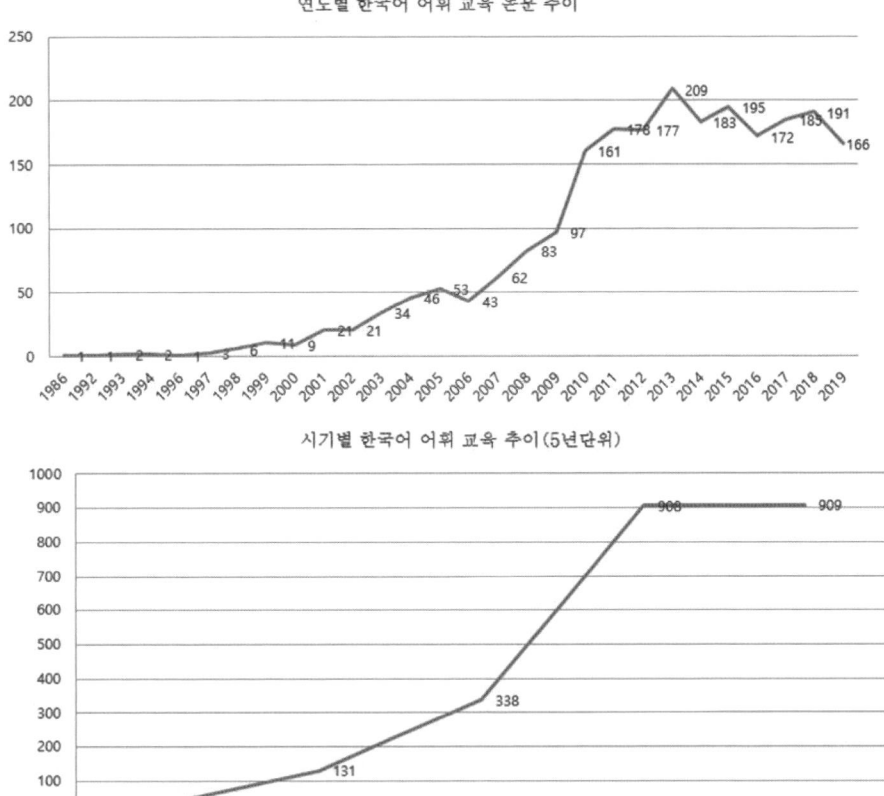

 5년 단위로 나누어 분석한 결과 2000년 이후 10년 사이에 10배 이상 증가했음을 알 수 있다. 하지만 2015년부터 2019년 5년 동안에는 어휘 교육 연구 수가 변함없이 유지되는 것을 알 수 있다.

 다음으로 〈그림 IV-2〉는 연도별로 자세히 분석한 결과이다. 2010년부터 학위논문 수는 2009년 60편에서 101편으로 증가한 반면에 소논문은 37편에서 60편으로 비교적 크게 증가하였다. 그러나 5년 단위로 분석할 시 학위논문과 소논문의 연구 추세는 전체적으로 비슷하여 큰 차이가 없는 것을 알 수 있다. 다만 학위논문의 경우 2005-2009년과 2010-2014년 사이에 가파르게 상승세를 보이고 소논문의 경우 오히려 완만한 증가세를 보여준다.

그림 IV-2 한국어 어휘 교육 학위논문과 소논문의 별도 추이

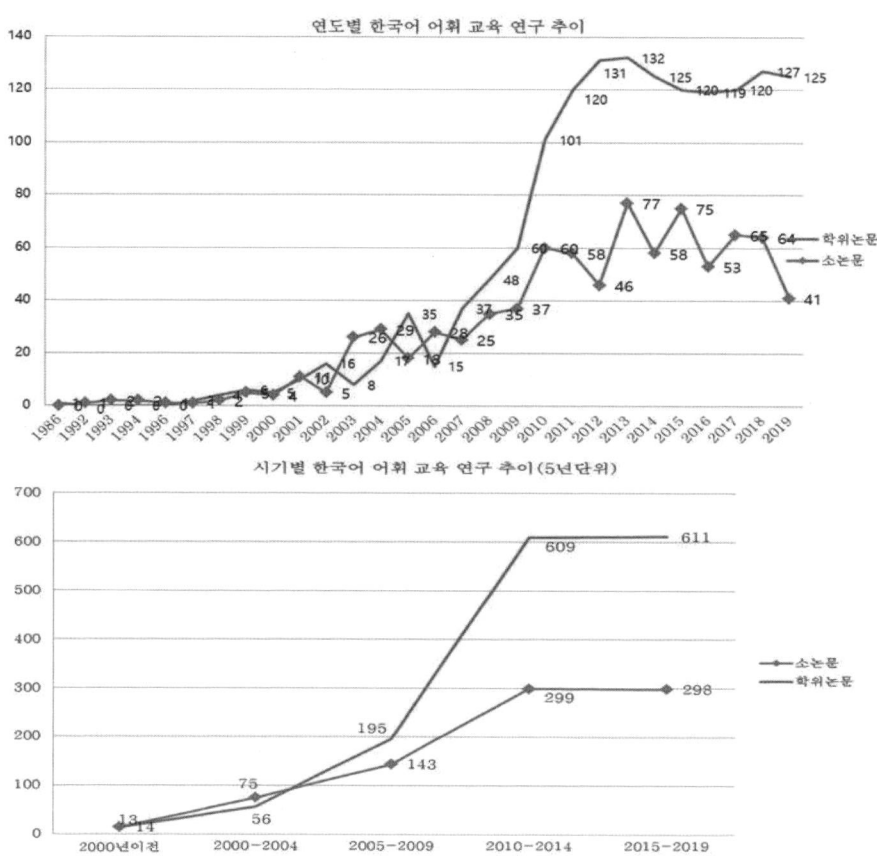

3.2 언어 네트워크 분석 결과

3.2.1 워드 클라우드(Word Cloud)

학위논문과 소논문을 모두 포함한 2,313편을 대상으로 빈도가 가장 많은 단어 상위 280개로 만든 워드 클라우드는 다음 〈그림 IV-3〉과 같다. 이어지는 〈표 IV-3〉은 빈도가 가장 많은 단어 상위 100개 목록이다.

그림 IV-3 한국어 어휘 교육 전체의 논문 빈도 상위 단어 280개의 워드 클라우드

표 IV-3 한국어 어휘 교육 전체 논문의 빈도 상위 단어 100개 목록

순위	단어	순위	단어	순위	단어	순위	단어
1	의미	26	등급	51	말뭉치	76	맥락
2	교육 방안	27	형태	52	결합	77	생활
3	한자어	28	동사	53	신조어	78	변화
4	선정	29	중국	54	인식	79	통사
5	대조	30	기본	55	평가	80	인지
6	교재	31	초급	56	전공	81	품사
7	유형	32	명사	57	이론	82	용언
8	속담	33	개념	58	기초	83	표기법
9	관용어	34	형용사	59	영어	84	학생
10	문화	35	빈도	60	발음	85	기능
11	유의어	36	실제	61	사자성어	86	감정형용사
12	중국어	37	교육용	62	다의어	87	파생어
13	차이	38	기준	63	유사점	88	한국어능력시험

14	연어	39	의사소통	64	동형	89	친족
15	외래어	40	고급	65	교사	90	항목
16	오류	41	결혼이민자	66	텍스트	91	학교
17	의성어·의태어	42	대학교	67	신체	92	공통점
18	호칭어	43	조사	68	다문화가정	93	문장
19	표현	44	사회	69	부사	94	지칭어
20	설문조사	45	중급	70	시간부사	95	변별
21	사전	46	문법	71	양태부사	96	고유어
22	관계	47	모국어	72	감정	97	기관
23	단계	48	개발	73	어휘력	98	일본인
24	전략	49	원인	74	학문 목적	99	용어
25	목록	50	일본어	75	기본어휘	100	색채어

위의 빈도가 가장 많은 단어 상위 10개를 보면 '의미, 교육 방안, 한자어, 선정, 대조, 교재, 유형, 속담, 관용어, 문화' 등이 핵심 단어이다. 한국어 어휘 교육 연구는 주로 어휘의 의미, 어휘 교육 방안, 어휘 선정, 한국어와 다른 언어권의 어휘 대조, 어휘 교재 개발, 어휘 유형, 속담과 관용어를 통한 문화 어휘 교육 등 인 것을 추론해 볼 수 있다. 특히 1위 자리가 '의미'인 것으로 유추하여 어휘 교육의 핵심은 단어의 '의미'인 것을 알 수 있다.

구체적인 어휘 교육 내용을 순서대로 나열하면 '한자어> 속담> 관용어> 유의어> 연어> 외래어> 의성어·의태어> 호칭어> 명사> 형용사> 조사> 신조어> 사자성어> 다의어> 부사> 시간부사> 양태부사> 감정 형용사> 파생어> 지칭어> 고유어> 색채어' 순으로 확인된다. 교수 학적 내용과 관련된 단어는 '교육 방안> 선정> 전략> 평가> 맥락', 어휘 선정과 관련된 단어는 '선정> 교재> 사전> 목록> 교육용> 개발> 전공> 학문 목적> 기본 어휘> 한국어능력시험> 항목'이다. 등급별 연구와 관련된 단어는 '단계> 등급> 초급> 기준> 고급> 중급', 언어권별 단어 순은 '중국어> 일본어', 연구 방법론과 관련된 단어 순은 '대조> 오류> 설문조사> 말뭉치> 텍스트'이다.

학위논문과 소논문으로 구분해 보면, 학위논문에서 총 4,031개, 소논문에서 총 1,683개의 단어가 추출되었으며, 이 중 학위논문 상위 단어 265개와 소논문 상위 단어 284개의 워드 클라우드는 다음 <그림 Ⅳ-4>와 같다.

한국어 어휘 교육 학위논문과 소논문의 각 상위 100개 단어 목록을 정리한 표는 다음 <표 Ⅳ-4>와 같다.

그림 Ⅳ-4 한국어 어휘 교육 학위논문과 소논문 빈도 상위 단어 워드 클라우드 (좌: 학위논문, 우: 소논문)

표 Ⅳ-4 한국어 어휘 교육 학위논문과 소논문의 상위 100개 단어 목록

학위논문									
1	의미	21	단계	41	조사	61	시간부사	81	변화
2	교육 방안	22	사전	42	대학교	62	일본어	82	공통점
3	한자어	23	목록	43	교육용	63	기초	83	기능
4	선정	24	전략	44	중급	64	발음	84	감정형용사
5	대조	25	등급	45	사회	65	다의어	85	친족
6	교재	26	관계	46	원인	66	교사	86	학생
7	유형	27	형태	47	문법	67	유사점	87	품사
8	속담	28	동사	48	모국어	68	신체	88	문장
9	관용어	29	부사	49	개발	69	감정	89	인지

10	문화	30	기본	50	전공	70	텍스트	90	변별
11	중국어	31	개념	51	평가	71	정도	91	고유어
12	차이	32	초급	52	이론	72	다문화가정	92	표기법
13	유의어	33	실제	53	결합	73	기본어휘	93	기관
14	연어	34	명사	54	말뭉치	74	어휘력	94	용어
15	외래어	35	의사소통	55	신조어	75	생활	95	일본인
16	의성어·의태어	36	고급	56	영어	76	학문 목적	96	파생어
17	오류	37	결혼이민자	57	사자성어	77	맥락	97	활동
18	설문조사	38	빈도	58	동형한자어	78	통사	98	학교
19	표현	39	기준	59	인식	79	용언	99	일상생활
20	호칭어	40	형용사	60	양태부사	80	한국어능력시험	100	색채어
소논문									
1	한자어	21	표현	41	대학교	61	인지	81	맥락
2	의미	22	자료	42	사회	62	표기법	82	음절
3	교육 방안	23	의성어·의태어	43	부사	63	파생어	83	접두사
4	교재	24	중국어	44	기초	64	의사소통	84	사자성어
5	대조	25	형용사	45	설문조사	65	항목	85	접사
6	활용	26	명사	46	조사	66	교사	86	초등
7	유의어	27	일본어	47	말뭉치	67	텍스트	87	변화
8	연어	28	동사	48	형태	68	지칭어	88	학문 목적
9	선정	29	초급	49	실제	69	다문화가정	89	어휘력
10	외래어	30	전략	50	기본	70	작문	90	기능
11	문화	31	문법	51	발음	71	학교	91	교과서
12	속담	32	교육용	52	뉴사점	72	품사	92	수출
13	유형	33	단계	53	고급	73	정도	93	음운
14	관계	34	등급	54	결합	74	신체	94	토론

15	중국인	35	빈도	55	반의어	75	영어	95	번역
16	관용어	36	개발	56	개념	76	확장	96	감정형용사
17	사전	37	기준	57	다의어	77	원인	97	통사
18	오류	38	목록	58	결혼이민자	78	담화	98	기본어휘
19	호칭어	39	인식	59	중급	79	학생	99	이론
20	차이	40	모국어	60	신조어	80	평가	100	공기관계

학위논문 단어들의 빈도 순위를 보면 '의미, 교육 방안, 한자어, 선정, 대조, 교재, 유형, 속담, 관용어, 문화'가 상위 10개이다. 소논문 단어들의 상위 10개를 보면 '한자어, 의미, 교육 방안, 교재, 대조, 활용, 유의어, 연어, 선정, 외래어'이다. 학위논문과 소논문의 공통 연구 키워드는 '의미, 교육 방안, 한자어, 대조, 교재, 선정'으로 총 6개이다. 학위논문에는 어휘의 의미에 중점을 두었으며, 속담 교육, 관용어를 통한 문화 어휘 교육 연구가 상당히 많은 것을 알 수 있다. 이에 비해 소논문은 한자어 연구에 중점을 두고 유의어, 연어와 외래어 교육 연구가 더 주목을 받고 있음을 알 수 있다. 학위논문과 소논문 모두 중첩되는 핵심 키워드가 확인되었는데 그 순위 차이가 두 배 정도로 나타나는 단어들이 있다. 예를 들어 '의성어·의태어, 설문조사, 목록, 부사, 기본, 고급, 결혼이민자, 평가, 이론, 사자성어'와 같은 단어들은 학위논문 연구 빈도가 소논문 연구 빈도보다 더 높다. 반면에 '관계, 일본어, 표기법, 파생어'와 같은 단어들은 소논문 연구 빈도가 더 높다. 한편 학위논문 연구에서는 '동형한자어, 양태부사, 시간부사, 한국어능력시험, 변별, 색채어' 단어가 있으나 소논문에는 나타나지 않았고 소논문 연구에서는 '표현, 자료, 문법, 반의어, 작문, 담화, 교과서, 번역, 공기 관계'가 있으나 학위논문에는 나타나지 않음을 알 수 있다.

3.2.2 단어쌍 분석 결과

모든 논문 중 학위논문과 소논문을 종합하여 언어 네트워크 분석을 한 결과는 다음 〈표 IV-5〉와 같다. 동시 출현 빈도를 연결 강도 기준으로 정리한 목록이다.

표 IV-5 한국어 어휘 교육 전체 논문의 언어 네트워크 상위 단어쌍

순위	단어쌍	중심성	순위	단어쌍	중심성
1	의미-차이	231	21	고유어-한자어	109
2	의미-형태	201	22	문화-사회	107
3	공통점-차이	197	23	관계-연어	104
4	친족-호칭어	197	24	오류-유형	104
5	대조-중국어	194	25	외래어-표기법	103
6	목록-선정	186	26	관용어-교육 방안	100
7	개발-교재	173	27	단계-초급	96
8	교육 방안-한자어	147	28	변별-의미	96
9	교육 방안-전략	141	29	교육 방안-속담	92
10	관계-의미	138	30	고급-중급	91
11	중국어-한자어	128	31	동사-형용사	89
12	대조-의미	126	32	관용어-대조	89
13	기본-선정	125	33	관계-대조	89
14	고급-단계	123	34	기준-선정	87
15	동형-한자어	122	35	관용어-속담	86
16	시간부사-유의어	121	36	대조-속담	85
17	지칭어-호칭어	119	37	동사-유의어	84
18	유의어-의미	115	38	촉각-형용사	83
19	선정-한자어	112	39	기본-의미	82
20	교육 방안-유의어	111	40	교육 방안-외래어	82

의미-7개	차이	형태	관계	대조	유의어	변별	기본
교육 방안-5개	한자어	유의어	관용어	속담	외래어		
대조-5개	중국어	의미	관용어	관계	속담		
한자어-5개	교육 방안	중국어	동형	선정	고유어		
선정-4개	목록	기본	한자어	기준			
유의어-3개	시간부사	교육 방안	동사				
관계-3개	의미	연어	대조				
속담-3개	교육 방안	관용어	대조				
관용어-3개	교육 방안	대조	속담				

한국어 어휘 교육 연구에서 '의미'는 네트워크의 중심이며 '차이, 형태, 관계, 대조, 유의어, 변별, 기본' 등의 단어와 긴밀한 연관을 맺고 있다. '교육 방안, 대조, 한자어' 같은 경우 각 5개의 키워드와 연결되어 대규모 커뮤니티가 완성됐다. 다음으로 '유의어, 관계, 속담 그리고 관용어'도 각 3개의 키워드와 연결을 맺고 있다. 아래는 주요 단어들(의미, 교육 방안, 대조, 한자어, 선정)의 시각화 결과이다.

그림 IV-5 '의미, 교육 방안, 대조, 선정, 한자어'의 연결 단어쌍

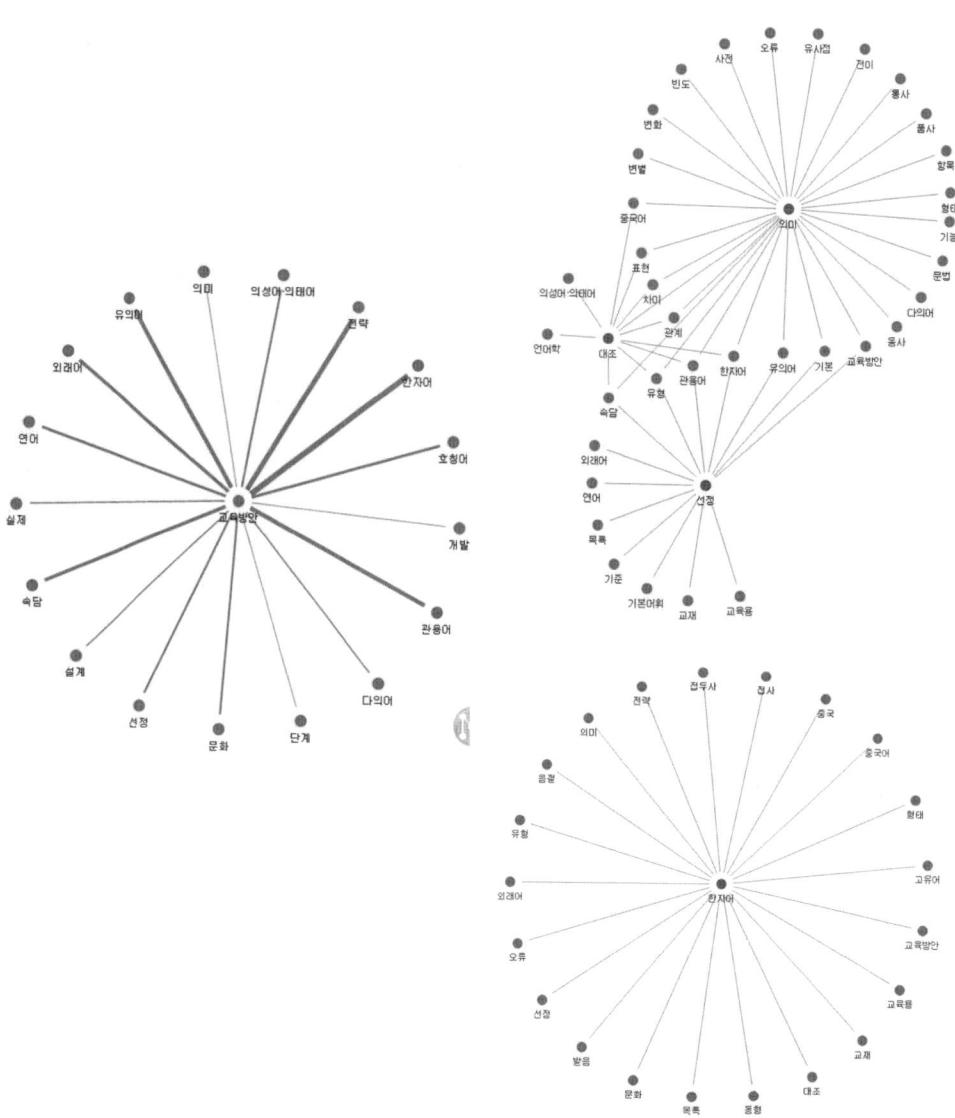

150 어휘 교육

시기별 특성을 살펴보기 위해 전체 논문을 시기별로 나누어 분석하였다. 2000년 이전 논문의 수는 너무 적기 때문에 2000년 이전 논문들은 하나로 묶었으며, 2000년 이후 논문들은 5년 단위로 분류하였다.

표 IV-6 한국어 어휘 교육 전체 논문의 시기별 언어 네트워크 상위 단어쌍

2000년이전		2000-2004년		2005-2009년		2010-2014년		2015-2019년	
단어쌍	연결강도	단어쌍	연결강도	단어쌍	연결강도	단어쌍	연결강도	단어쌍	연결강도
관계-의미	34	관용어-동사	26	개발-교재	32	의미-형태	99	친족-호칭어	164
관용어-대조	6	모국어-일본어	15	접사-한자어	27	의미-차이	96	대조-중국어	120
다의어-항목	5	단계-초급	12	교육 방안-전략	26	공통점-차이	94	의미-차이	99
중국어-한자어	4	음성-인식	11	의미-차이	24	목록-선정	87	공통점-차이	97
개발-사전	4	사전-편찬	11	관계-의미	24	교육 방안-한자어	84	목록-선정	94
문법-문형	4	오류-유형	10	단일어-사전	23	고급-단계	67	의미-형태	80
관계-상하	4	교육 방안-속담	10	다의-동사	22	중국어-한자어	66	시간부사-유의어	79
교재-대학교	4	맥락-종속	8	기본-선정	21	고유어-한자어	63	개발-교재	79
번역-영어	4	대조-한자어	8	의미-항목	21	조선어-중국	62	교육 방안-전략	77
관계-대립	4	의미-차이	8	중국어-한자어	20	동형-한자어	62	대조-의미	77
검사기-문법	4	속담-의미	7	동사-형용사	19	외래어-표기법	62	동사-유의어	66
빈도-사전	4	메타언어-활동	7	관용어-속담	19	대조-중국어	61	관용어-대조	60

관용어-의미	4	사전-헝가리어	7	심리-형용사	17	개발-교재	60	지칭어-호칭어	59
관용어-신체	4	유의어-의미	7	의미-형태	16	지칭어-호칭어	56	동형-한자어	58
대학교-연세	4	일본어-한자어	6	변별-의미	15	초등-학교	56	관용어-교육 방안	54
대조-중국어	4	중국어-한자어	6	어휘추론-전략	15	문화-사회	55	기본-선정	54
기본어휘-의미	4	맥락-음소	6	조선-학교	14	선정-연어	52	교육 방안-한자어	53
빈도-의미	4	의미-형태	6	고급-단계	14	교육 방안-유의어	52	선정-한자어	53
의미-차이	4	관계-통합	5	유의어-의미	14	선정-한자어	52	어휘력-표현	53
대학교-서울	3	기준-유형	5	몽골-전래동화	13	유의어-의미	51	교육 방안-유의어	49
신체-일본어	3	교육용-속담	5	유의어-형용사	12	오류-유형	51	관계-연어	49
대조-속담	2	일본-한자어	5	교육 방안-다의어	11	고급-중급	48	사회-호칭어	46
관용어-루마니아어	2	교육용-기본어휘	5	관계-연어	11	관계-대조	45	용어-전문	45
교육용-기본	2	생성-음절	5	조선족-중국	11	기본-선정	45	문화-사회	44
일본어-한자어	2	유의어-한자어	5	간섭-의미	11	관계-연어	44	변별-유의어	44
문화-영어	2	기본-일상생활	5	전략-활동	11	촉각-형용사	44	대조-표현	43
감정형용사-신체	2	선정-유의어	5	동사-의미	11	대조-속담	43	목록-연어	42
동사-유의어	2	속담-표현	4	시간부사-유의어	10	단계-초급	43	고유어-한자어	42
독특-문화	2	뉴스-방송	4	관용어-의미	10	관계-의미	42	변별-의미	42
부사-순서	2	관용어-일본어	4	기준-유형	10	교육 방안-속담	42	유의어-의미	41

2000년 이전 논문을 대상으로 분석한 결과에서 어휘의 '의미-관계' 단어쌍 연결이 가장 높았다. 그 외 기타 단어쌍의 경우 연결 강도가 낮아 의미가 없는 것으로 확인된다. '일본어-한자어'에 대한 논의는 2004년까지 이루어졌는데 2005년 이후에는 나타나지 않았다. 2000년 이후 지속적으로 등장하는 4개의 단어쌍은 '의미-차이, 유의어-의미, 중국어-한자어, 의미-형태'이다. 2005년 이후 '관계-언어' 단어쌍이 등장하는 것으로 보아 이때에 '연어-관계'에 대한 관심이 높았음을 알 수 있다. 또한 2010년부터 '지칭어-호칭어'에 관한 연구가 대두되기 시작했음을 확인할 수 있다.

표 IV-7 한국어 어휘 교육 학위논문의 언어 네트워크 상위 단어쌍

순위	단어쌍	연결 강도	순위	단어쌍	연결 강도
1	부사-양태	299	21	유의어-의미	95
2	공통점-차이	192	22	관용어-교육 방안	93
3	의미-형태	188	23	오류-유형	91
4	의미-차이	183	24	선정-한자어	88
5	목록-선정	172	25	부사-정도	86
6	친족-호칭어	170	26	기준-선정	85
7	대조-중국어	166	27	대조-속담	84
8	개발-교재	124	28	고급-중급	83
9	시간부사-유의어	120	29	촉각-형용사	83
10	교육 방안-한자어	117	30	교육 방안-속담	83
11	기본-선정	115	31	관용어-대조	83
12	교육 방안-전략	114	32	지칭어-호칭어	81
13	대조-의미	114	33	변별-의미	79
14	중국어-한자어	108	34	단계-초급	77
15	고급-단계	107	35	목록-연어	75
16	관계-의미	105	36	교육 방안-외래어	74

17	동형-한자어	105	37	중급-초급	74
18	고유어-한자어	101	38	기본-의미	73
19	문화-사회	97	39	관계-연어	72
20	교육 방안-유의어	95	40	조선어-중국	72

의미-7개	형태	차이	대조	관계	유의어	변별	기본
한자어-5개	교육 방안	중국어	동형	고유어	선정		
대조-4개	중국어	의미	속담	관용어			
교육 방안-3개	한자어	전략	유의어				
유의어-3개	시간부사	교육 방안	의미				
선정-3개	목록	기본	기준				

 학위논문 단어쌍을 분석한 결과는 '양태-부사, 공통점-차이, 의미-형태, 의미-차이, 목록-선정, 친족-호칭어, 중국어-대조, 교재-개발, 시간부사-유의어, 한자어-교육 방안'이 상위 10위의 단어들이다. 상위 40개의 단어쌍 중 어휘의 의미와 강한 연결을 가지고 있는 단어는 총 7개이다. 학위논문은 의미 형태, 의미 차이, 의미 대조, 유의어 의미, 의미 변별, 기본 의미에 대한 어휘의 의미 연구 내용이 가장 많다. 다음으로 한자어와 연결이 강한 단어는 총 5개이다. 한자어 교육 방안, 한자어와 중국어 대조, 한자어와 고유어 비교, 동형 한자어 교육, 그리고 한자어 선정에 대한 논의도 주목을 받고 있다. 또한 대조와 연결된 4개의 단어를 바탕으로 한국어 어휘와 중국어의 대조, 어휘의 의미 대조, 속담 대조, 그리고 관용어 대조를 통한 어휘 교육에 대한 내용이 확인된다. 나머지 단어쌍은 단어 3개와 연결되어 있으며 각 '교육 방안', '유의어' 및 '선정'이다.

표 IV-8 한국어 어휘 교육 학위논문의 시기별 언어 네트워크 상위 단어쌍

2000년이전		2000-2004년		2005-2009년		2010-2014년		2015-2019년	
단어쌍	연결강도	단어쌍	연결강도	단어쌍	연결강도	단어쌍	연결강도	단어쌍	연결강도
관계-의미	17	관용어-동사	26	접사-한자어	27	부사-양태	106	부사-양태	193
관용어-대조	3	모국어-일본어	15	교육 방안-전략	24	목록-선정	105	친족-호칭어	144
대학교-연세	2	단계-초급	11	단일어-사전	23	의미-형태	93	목록-선정	119
교재-대학교	2	음성-인식	11	의미-차이	23	공통점-차이	92	대조-중국어	101
번역-영어	2	교육 방안-속담	10	관계-의미	22	교육 방안-한자어	83	공통점-차이점	94
관계-상하	2	오류-유형	10	다의-동사	22	의미-차이	80	시간부사-유의어	78
관용어-의미	2	맥락-종속	8	기본-선정	21	중국어-한자어	62	의미-형태	74
관계-대립	2	의미-차이	8	의미-항목	21	조선어-중국	62	의미-차이	72
관용어-신체	2	대조-한자어	7	동사-형용사	19	대조-중국어	58	대조-의미	69
생활-실제	2	속담-의미	7	심리-형용사	17	고급-단계	57	개발-교재	67
관용어-루마니아어	1	맥락-음소	6	관용어-속담	16	고유어-한자어	56	동사-유의어	63
말뭉치-부착	1	중국어-한자어	6	추론-전략	15	동형-한자어	51	관용어-대조	57

감정형용사-신체	1	일본어-한자어	6	의미-형태	15	오류-유형	48	어휘력-표현	53
동사-명사	1	의미-형태	6	변별-의미	14	교육 방안-유의어	47	동형-한자어	52
부사-순서	1	생성-음절	5	조선-학교	14	문화-사회	47	관용어-교육 방안	50
관용어-교재	1	기본-일상생활	5	유의어-의미	13	고급-중급	45	지칭어-호칭어	46
대조-설문조사	1	선정-유의어	5	개발-교재	13	개발-교재	44	국어-사전	45
모국어-학생	1	일본-한자어	5	고급-단계	13	외래어-표기법	44	사회-호칭어	45
소설-잡지	1	유의어-한자어	5	몽골-전래동화	13	촉각-형용사	44	목록-한자어	44
대화-드라마	1	기준-유형	5	유의어-형용사	12	선정-연어	43	용어-전문	42
결합-의미	1	교육용-속담	5	동사-의미	11	대조-속담	43	문화-사회	42
단서-맥락	1	유의어-의미	4	전략-활동	11	유의어-의미	43	교육 방안-유의어	41
소설-수필	1	고유어-유의어	4	중국어-한자어	11	문화-한자어	42	목록-연어	41
문법-암기	1	표기법-한자어	4	간섭-의미	11	관계-연어	41	고유어-한자어	41
단계-전이	1	명사-유형	4	조선족-중국	11	부사-정도	40	대조-표현	40
대학교-서울	1	연속-음성	4	시간부사-유의어	10	목록-연어	38	부사-정도	40

단계-중급	1	개발-사전	4	기준-유형	10	교육 방안-속담	37	의미-유의어	40
감정형용사-관용어	1	교육 방안-유의어	4	교육 방안-다의어	10	대조-의미	37	관용어-신체	39
등급-유의	1	속담-표현	4	경영학-기본	10	중급-초급	37	교육 방안-한자어	38
대조-속담	1	관용어-일본어	4	교과서-학교	9	초등-학교	37	개념-유형	37

2000년 이전 논문의 경우 자료의 수가 적어 단어쌍 연결 수치가 낮아 유의미하다고 판단하기 어렵다. 2000년부터 네 시기로 나누어 분류한 결과는 시간의 흐름과 상관없이 지속적으로 '의미-차이, 중국어-한자어, 유의어-의미' 총 3개가 확인된다. 2000-2004년 연구 단어쌍은 주로 '일본어-한자어, 관용어-한자어'가 있고 2005-2009년 일본인 학습자보다 조선족 중국인 학습자가 많아지기 시작하여 이 시기에 '조선-학교, 조선족-중국' 단어쌍이 드러났으며, 이외에 '경영학-기본어휘' 연구도 있었다. 또한 몽골 학습자를 위한 어휘 교육에서 '몽골-전래동화'의 단어쌍도 주목을 받았다. 2010-2014년 조선어보다 중국어의 중심성이 높아지면서 중국인 학습자를 위한 '고급-단계, 고급-중급, 중급-초급' 등급별로 진행된 어휘 교육도 체계화가 되었다는 점을 파악할 수 있다. 2015-2019년 단어쌍 '지칭어-호칭어, 사회-호칭어'는 다문화가정 학습자를 대상으로 한 사회생활 어휘 교육의 중요성을 보여주고 있다.

표 IV-9 한국어 어휘 교육 소논문의 언어 네트워크 상위 단어쌍

순위	단어쌍	연결 강도	순위	단어쌍	연결 강도
1	개발-교재	49	21	다문화가정-초등학생	18
2	의미-차이	48	22	다의어-의미	18
3	지칭어-호칭어	38	23	오류-한자어	18

4	관계-의미	33	24	동사-형용사	17
5	관용어-속담	33	25	선정-한자어	17
6	관계-연어	32	26	동형-한자어	17
7	외래어-표기법	32	27	변별-의미	17
8	교육 방안-한자어	30	28	부사-정도	16
9	초등-학교	29	29	목록-외래어	16
10	관계-대조	28	30	공간-형용사	16
11	대조-중국어	28	31	고급-단계	16
12	친족-호칭어	27	32	교육 방안-유의어	16
13	교육 방안-전략	27	33	사전-편찬	15
14	문법-연어	25	34	대조-한자어	14
15	교재-한자어	20	35	대명사-인칭	14
16	유의어-의미	20	36	동사-유의어	14
17	중국어-한자어	20	37	변화-의미	14
18	의미-한자어	19	38	속담-활용	14
20	중국인-초급	18	40	오류-유형	13

한자어-8개	교육 방안	교재	중국어	의미	오류	선정	동형	대조
의미-7개	차이	관계	유의어	한자어	다의어	변별	변화	
관계-3개	의미	연어	대조					
교육 방안-3개	한자어	전략	유의어					

유의어-3개	의미	교육 방안	동사				
대조-3개	관계	중국어	한자어				

  소논문 연구에서 가장 많은 단어쌍은 '교재-개발, 의미-차이, 지칭어-호칭어, 의미-관계, 관용어-속담, 연어-관계, 외래어-표기법, 한자어-교육 방안, 초등-학교, 관계-대조' 등이다. 그 중에 '한자어'와 연결된 어휘 교육 내용은 주로 한자어 교육 방안, 한자어 교재, 중국어와 한자어, 한자어 의미, 한자어 오류, 한자어 선정, 동형 한자어, 한자어 대조로 총 8개임을 알 수 있다. 어휘 '의미'와 연결된 내용은 주로 어휘의 의미 차이, 의미관계, 유의어 의미, 한자어 의미, 다의어의 의미, 의미 변별, 그리고 의미 변화로 총 7개이다. '관계, 교육 방안, 유의어, 대조'도 상기 〈표 IV-9〉와 같이 각각 3개의 단어와 연결되어 있다.

  소논문도 5년 단위로 나누어 시기별 단어쌍의 연결 강도 순위를 제시하면 다음 〈표 IV-10〉과 같다.

표 IV-10 한국어 어휘 교육 소논문의 시기별 언어 네트워크 상위 단어쌍

2000년이전		2000-2004년		2005-2009년		2010-2014년		2015-2019년	
단어쌍	연결 강도	단어쌍	연결 강도	단어쌍	연결 강도	단어쌍	연결 강도	단어쌍	연결 강도
의미-차이	2	사전-헝가리어	7	개발-교재	19	문화-한자어	24	의미-차이	27
대조-중국어	2	메타언어-활동	7	중국어-한자어	9	지칭어-호칭어	23	관용어-속담	27
기본어휘-의미	2	사전-편찬	7	독일-외래어	7	초등-학교	19	관계-연어	24
중국어-한자어	2	관계-통합	5	관계-연어	5	외래어-표기법	18	교육 방안-한자어	22
빈도-의미	2	유의어-형용사	4	유의어-의미	5	의미-차이	16	친족-호칭어	20

빈도-사전	2	변별-의미	4	대학교-한자어	5	오류-한자어	16	대조-중국어	19
개발-사전	2	교육용-기본어휘	4	교재-속담	4	개발-교재	16	문법-연어	18
교육-어휘	1	유의어-의미	3	교재-한자어	4	공간-형용사	16	관계-의미	18
유의어-의미	1	교재-한자어	3	전문-학술	4	다문화가정-초등학생	16	의미-한자어	16
동사-한자어	1	사전-유의어	2	접두사-한자어	3	관계-대조	15	대명사-인칭	13
관계-높임법	1	관계-의미	2	접두파생어-중국어	3	목록-선정	14	외래어-표기법	13
관용어-신체	1	대명사-호칭어	2	다의어-전략	3	교재-한자어	13	덩어리-표현	13
구어-텍스트	1	문화-터키	2	사전-편찬	3	기본-색채어	12	지칭어-호칭어	13
동사-유의어	1	교육 방안-한자어	2	기초-한자어	3	관계-의미	11	베트남어-속담	12
교육-유의어	1	독일어-헝가리어	2	공학-전공	3	동형-한자어	11	개발-교재	12
동사-소리	1	주관식-평가	2	오류-유형	3	동사-형용사	10	목록-선정	12
속담-텍스트	1	교육 방안-변별	2	명사-한자어	3	의미-항목	10	목록-외래어	12
일본어-한자어	1	방언-사전	2	관용어-속담	3	다의어-의미	10	웃음-의성어·의태어	11
기능-어휘	1	초급-터키	2	사전-외래어	3	관용어-속담	10	난세-초급	11
교육-활용	1	선정-한자어	2	파생어-한자어	3	교육학-사전	9	관계-대조	11

텍스트-활용	1	접두-파생	2	공학-컴퓨터	3	동사-유의어	9	교재-한자어	9
		객관식-평가	2	유사점-일본어	3	대조-일본어	8	대조-한자어	9
		대학교-연세	2	기관-대학교	3	선정-한자어	8	의미-유의어	9
		대조-일본어	2	경영학-문학	2	유의어-의미	8	접두사-한자어	9
		관용어-속담	2	교재-문학	2	문화-사회	8	초등-학교	9
		한자어-형태소	2	목록-접두사	2	기준-유형	7	부사-양태	9
		사전-어원	2	교육용-한자어	2	동사-명사	7	자동사-타동사	8
		조사-조어력	2	의미-관계	2	개발-기준	7	부정-양태	8
		학습전략-한자어	2	선정-전문	2	의미-전이	7	대조-의미	8
		개발-교재	2	경영학-컴퓨터	2	단계-초급	7	개념-은유	8

단어쌍 중 '유의어-의미'가 지속적으로 연구되고 있고 2000년부터 '교재-한자어, 의미-관계, 관용어-속담'에 대한 관심은 시간의 흐름과 상관없이 지속적으로 이어져 왔음을 알 수 있다. 시기마다 공통적으로 논의되고 있는 단어를 제외하고 각 시기별 특성을 드러내는 단어쌍을 정리하면 다음과 같다. 2000년 이전에는 '한자어-일본어', 2000-2004년에는 '문화-터키, 독일어-헝가리어, 초급-터키, 대조-일본어', 2005-2009년에는 '전문-학술, 접두사-한자어, 파생어-한자어, 접두파생어-중국어, 공학-전공, 공학-컴퓨터, 경영학-문학, 교재-문학, 목록-접두사, 선정-전문, 경영학-컴퓨터', 2010-2014년에는 '초등-학교, 다문화가정-초등학생, 기본-색채어, 문화-사회', 2015-2019년에는 '베트남어-속담, 웃음-의성어의태어, 자동사타동사' 등이다.

2000년 전에는 일본인 학습자를 위하여 일본어와 한국어의 한자어 의미 차이를 대조하여 연구한 내용이 많았다. 2000년대 초기에 일본인 학습자뿐만 아니라 독일, 터키, 헝가리 학습자가 늘어나면서 초급 어휘, 어휘 대조, 어휘 문화에 대한 연구가 논의되었다. 2000년대 후반에는 중국인 학습자들이 지속적으로 증가하며 대학·대학원에 진학하려는 학문 목적의 한국어 학습자가 많아지자, 전문 학술 어휘, 특히 공학, 경영학 관련 전공 어휘에 대한 논의가 많아졌다. 2010년대 초기부터 다문화 가정 특히 초등학생을 위한 어휘 교육이 급격히 늘었다. 2015-2019년대에는 베트남인 결혼이주여성을 위한 속담 교육, 웃음소리를 표현하는 의성어 의태어에 대한 연구 등이 부각되었다.

3.2.3 단어 중심성 분석

전체 논문을 대상으로 단어의 연결 정도 중심성을 분석한 결과는 <표 Ⅳ-11>과 같다.

표 Ⅳ-11 한국어 어휘 교육 전체 논문의 중심성 상위 단어

순위		중심성	순위		중심성
1	의미	0.215054	11	유의어	0.075269
2	한자어	0.172043	12	연어	0.075269
3	선정	0.154122	13	속담	0.075269
4	교육 방안	0.139785	14	관용어	0.075269
5	대조	0.125448	15	오류	0.0681
6	중국어	0.096774	16	동사	0.0681
7	유형	0.096774	17	목록	0.064516
8	교재	0.00310	18	형용사	0.060932
9	외래어	0.082437	19	사전	0.060932
10	표현	0.078853	20	형태	0.057348

그림 IV-6 한국어 어휘 교육 전체 논문의 중심성 시각화

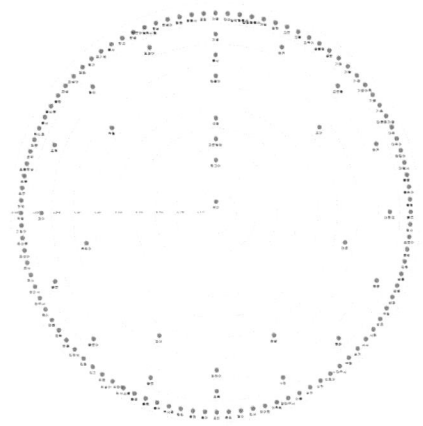

위와 같은 단어 네트워크 분석 결과를 살펴보면 '의미'가 한 가운데를 차지하고 있고 다음으로 '한자어-선정-교육 방안-대조-중국어-유형-교재-외래어-표현' 등이 점차 더 큰 동심원을 그리고 있음을 확인할 수 있다.

시기별 단어의 중심성을 5년 단위로 나누어 분석한 결과는 다음 〈표 IV-12〉와 같다.

표 IV-12 한국어 어휘 교육 전체 논문의 시기별 중심성 상위 단어

2000년이전		2000-2004년		2005-2009년		2010-2014년		2015-2019년	
	중심성		중심성		중심성		중심성		중심성
의미	0.135135	한자어	0.160494	의미	0.168	의미	0.191336	의미	0.1875
일본어	0.067568	의미	0.135802	한자어	0.096	선정	0.140794	한자어	0.147059
문법	0.047297	속담	0.098765	교육 방안	0.096	한자어	0.137184	선정	0.132353
대조	0.047297	대조	0.08642	선정	0.088	대조	0.129964	교육 방안	0.125
관용어	0.047297	유의어	0.074074	대조	0.08	교육 방안	0.126354	대조	0.113971

관계	0.047297	일본어	0.061728	관용어	0.072	중국어	0.097473	유형	0.091912
항목	0.040541	선정	0.061728	형용사	0.064	유형	0.083032	관용어	0.091912
문화	0.033784	사전	0.061728	유형	0.064	유의어	0.079422	교재	0.088235
동사	0.033784	교육 방안	0.061728	연어	0.064	속담	0.079422	외래어	0.084559
유사점	0.027027	유형	0.049383	전략	0.056	교재	0.072202	중국어	0.077206
속담	0.027027	중국어	0.037037	속담	0.056	외래어	0.068592	연어	0.077206
성서	0.027027	인식	0.037037	외래어	0.048	오류	0.064982	표현	0.073529
번역	0.027027	음절	0.037037	교재	0.048	연어	0.064982	유의어	0.069853
형용사	0.02027	기본	0.037037	형태	0.04	관용어	0.061372	속담	0.066176
한자어	0.02027	교육용	0.037037	중국어	0.04	형용사	0.057762	목록	0.058824
신체	0.02027	관용어	0.037037	유의어	0.04	호칭어	0.054152	동사	0.055147
빈도	0.02027	활동	0.024691	오류	0.04	표현	0.054152	호칭어	0.051471
대학교	0.02027	형태	0.024691	사전	0.04	문화	0.054152	오류	0.051471
기능	0.02027	형용사	0.024691	빈도	0.04	동사	0.054152	문화	0.051471
형태	0.013514	표현	0.024691	관계	0.04	목록	0.050542	등급	0.047794

시간의 흐름과 상관없이 지속적으로 '의미, 대조, 관용어, 한자어'라는 단어 4개가 도출되었으며, 2000년부터 '속담, 관용어, 중국어, 유형, 교육 방안, 유의어' 등도 지속적으로 등장하였다. 2005년부터 '연어, 외래어, 교재, 오류' 등의 단어 중심 지수가 높아지기 시작하였고, 2015-2019년에는 계속 연구해왔던 '형용사'의 중심성이 20위 밑으로 떨어졌음을 알 수 있다.

표 IV-13 한국어 어휘 교육 학위논문과 소논문의 언어 네트워크 중심성

학위논문			소논문		
순위	단어	중심성	순위	단어	중심성
1	의미	0.181818	1	의미	0.188406

2	교육 방안	0.181818	2	한자어	0.130435
3	한자어	0.163636	3	대조	0.072464
4	선정	0.145455	4	교육 방안	0.057971
5	대조	0.127273	5	관계	0.057971
6	유의어	0.109091	6	초급	0.043478
7	속담	0.109091	7	유의어	0.043478
8	관용어	0.090909	8	속담	0.043478
9	호칭어	0.072727	9	선정	0.043478
10	유형	0.072727	10	동사	0.043478
11	연어	0.072727	11	기본	0.043478
12	목록	0.072727	12	교재	0.043478
13	중급	0.054545	13	호칭어	0.028986
14	외래어	0.054545	14	형용사	0.028986
15	단계	0.054545	15	중국어	0.028986
16	관계	0.054545	16	외래어	0.028986
17	형용사	0.036364	17	오류	0.028986
18	표현	0.036364	18	연어	0.028986
19	초급	0.036364	19	목록	0.028986
20	차이	0.036364	20	단계	0.028986

위의 〈표 IV-13〉에서 볼 수 있듯이 학위논문과 소논문 양쪽에서 동시에 출현한 상위 중심성 단어들은 '의미, 교육 방안, 한자어' 등 총 15개이다. 그 중에 '의미, 한자어, 대조, 교육 방안'이 5위 안에 있다. 이는 그동안 어휘의 의미나 의미관계, 한자어 교육, 어휘 대조와 교육 방안 등에 관한 연구가 많았기 때문으로 볼 수 있다. '관계'와 '초급'은 소논문에서 단어의 중심성이 학위논문보다 훨씬 높다. 한편 학위논문은 '관용어, 유형, 중급, 표현, 차이'와 연결된 내용이 많이 나타났는데

소논문은 '동사, 기본, 교재, 중국어, 오류'와 연결된 내용이 더 많다.

시기별 논의 중심을 알기 위해 중심성(Centrality) 분석을 시행한 결과는 다음 〈표 IV-14〉와 같다.

표 IV-14 한국어 어휘 교육 학위논문의 시기별 중심성 상위 단어

2000년이전		2000-2004년		2005-2009년		2010-2014년		2015-2019년	
	중심성		중심성		중심성		중심성		중심성
관용어	0.104478	한자어	0.142857	의미	0.150685	의미	0.141026	의미	0.291667
문화	0.074627	의미	0.142857	교육방안	0.09589	교육방안	0.141026	한자어	0.208333
관계	0.074627	유의어	0.119048	전략	0.068493	한자어	0.128205	대조	0.1875
의미	0.059701	속담	0.095238	선정	0.054795	선정	0.115385	교육방안	0.166667
신체	0.044776	일본어	0.071429	관용어	0.054795	대조	0.102564	선정	0.125
대학교	0.044776	유형	0.071429	형용사	0.041096	속담	0.089744	목록	0.125
대조	0.044776	사전	0.047619	유의어	0.041096	연어	0.064103	유의어	0.104167
교재	0.029851	맥락	0.047619	연어	0.041096	교재	0.064103	관용어	0.104167
영어	0.029851	대조	0.047619	속담	0.041096	차이	0.051282	속담	0.104167
속담	0.029851	단계	0.047619	사전	0.041096	중국어	0.051282	외래어	0.104167
소설	0.029851	교육방안	0.047619	동사	0.041096	유의어	0.051282	차이	0.083333
설문조사	0.029851	관용어	0.047619	형태	0.027397	외래어	0.051282	중국어	0.083333
부사	0.029851	형태	0.02381	한자어	0.027397	목록	0.051282	교재	0.083333
번역	0.029851	표현	0.02381	학교	0.027397	교육용	0.051282	유형	0.0625
모국어	0.029851	표기법	0.02381	파생어	0.027397	호칭어	0.038462	교육용	0.0625

맥락	0.029851	편찬	0.02381	초급	0.027397	형태	0.038462	호칭어	0.041667
드라마	0.029851	초급	0.02381	차이	0.027397	중급	0.038462	표현	0.041667
동음	0.029851	차이	0.02381	접사	0.027397	유형	0.038462	오류	0.041667
동사	0.029851	중국어	0.02381	유형	0.027397	문화	0.038462	연어	0.041667
대화	0.029851	종속	0.02381	유사점	0.027397	단계	0.038462	사회	0.041667
단계	0.029851	일상생활	0.02381	오류	0.027397	관용어	0.038462	사전	0.041667
내포	0.029851	일본	0.02381	심리	0.027397	관계	0.038462	부사	0.041667
기초	0.029851	인식	0.02381	빈도	0.027397	초급	0.025641	문화	0.041667
기본	0.029851	음절	0.02381	발음	0.027397	중국	0.025641	동사	0.041667
교재	0.029851	음소	0.02381	대조	0.027397	학문목적	0.025641	기본	0.041667
결합	0.029851	오류	0.02381	단계	0.027397	부사	0.025641	개발	0.041667
감정형용사	0.029851	연속	0.02381	다의	0.027397	동형	0.025641	형태	0.020833
학생	0.014925	선정	0.02381	기준	0.027397	고급	0.025641	형용사	0.020833
품사	0.014925	모국어	0.02381	고급	0.027397	형용사	0.012821	통사	0.020833
중급	0.014925	음성	0.02381	경영학	0.027397	한국어능력시험	0.012821	친족	0.020833

학위논문에서 시기와 상관없이 지속적으로 논의된 범주는 '관용어, 의미, 대조, 속담'이며 2000년 이후 '한자어, 유의어, 유형, 차이, 선정, 교육 방안'이 공통 키워드로 추가되었다. 종합적으로 학위논문은 주로 '유의어의 의미, 어휘 유형과 차이, 관용어, 속담, 한자어' 등을 분석하여 어휘를 선정하거나 교육 방안을 모색하는 논의를 하였다.

중심성 지표를 바탕으로 시기별 중요 연구 주제를 도출해 보면 다음과 같다. 일단 2000년 이전에는 번역을 기반으로 진행된 어휘 교육이 있었으나 2000-2004년에는 일본인 학습자가 증가하면서 일본인 대상 한국어교육이 다수 진행된 것으로 보인다. 2005-2009년에는 어휘 학습 전략과 단어 형성법에 따른 어휘 교육이 주목을 받은 것으로 보이며 또한 경영학 전문 어휘도 하나의 특징으로 지적할 수 있다. 2010-2014년에는 중국인 학습자 수가 증가하면서 '중국어'의 중심성 지표수가 0.51로 올라가 10위를 차지하였다. 별도로 학습자의 한국어 수준을 고려한 연구가 늘면서 '초급, 중급, 고급'이라는 단어의 중심성이 높게 드러나기 시작하고 한국어 능력시험과 학문 목적 중심성 수치도 높게 나타났다. 2015-2019년에는 '사회'와 '통사'가 이 시기 어휘 교육의 특징임을 보여준다.

다음의 〈표 Ⅳ-15〉는 한국어 어휘 교육 소논문의 시기별 중심성 단어 상위 목록이다.

표 Ⅳ-15 한국어 어휘 교육 소논문의 시기별 중심성 상위 단어

2000이전	중심성	2000-2004년	중심성	2005-2009년	중심성	2010-2014년	중심성	2015-2009년	중심성
의미	0.173913	사전	0.105263	한자어	0.161905	의미	0.217391	의미	0.134146
한자어	0.130435	한자어	0.090226	중국어	0.085714	한자어	0.130435	한자어	0.085366
텍스트	0.130435	의미	0.067669	의미	0.085714	유의어	0.057971	관계	0.060976
유의어	0.130435	교육 방안	0.06015	연어	0.066667	단계	0.057971	오류	0.04878
동사	0.130435	대조	0.052632	접두사	0.057143	교육 방안	0.057971	대조	0.04878
활용	0.086957	호칭어	0.045113	외래어	0.057143	호칭어	0.043478	교재	0.04878
중국어	0.086957	형용사	0.045113	교재	0.057143	지칭어	0.043478	유형	0.036585
속담	0.086957	헝가리어	0.045113	교육 방안	0.047619	외래어	0.043478	유의어	0.036585
사전	0.086957	초급	0.045113	오류	0.038095	선정	0.043478	외래어	0.036585
빈도	0.086067	유의어	0.045113	관용어	0.038095	동사	0.043478	연어	0.036585
교육	0.086957	문화	0.045113	선정	0.038095	교재	0.043478	부사	0.036585
표현	0.043478	파생	0.037594	대조	0.038095	형태	0.028986	목록	0.036585
차이	0.043478	교재	0.037594	속담	0.038095	형용사	0.028986	교육 방안	0.036585

일본어	0.043478	관용어	0.037594	품사	0.038095	학교	0.028986	호칭어	0.02439
신체	0.043478	관계	0.037594	차이	0.028571	초등	0.028986	형태	0.02439
소리	0.043478	평가	0.030075	전략	0.028571	청자	0.028986	형용사	0.02439
대조	0.043478	선정	0.030075	유형	0.028571	유형	0.028986	표현	0.02439
높임법	0.043478	반의어	0.030075	사전	0.028571	유사점	0.028986	타동사	0.02439
기본어휘	0.043478	교육용	0.030075	교육용	0.028571	사전	0.028986	초급	0.02439

소논문에서 지속적으로 논의된 범주는 '한자어, 의미, 유의어, 대조 및 관계'였으며 2000년 이후 공통 연구 내용으로 '선정, 교재, 호칭어, 교육 방안'이 추가되었다. 종합적으로 소논문에서는 '한자어, 호칭어, 유의어의 의미관계'를 중심으로 어휘 내용을 대조 분석하여 어휘를 선정하거나 어휘 교재의 개발 및 어휘 교육 방안을 논의하는 경우가 많았음을 알 수 있다. 위의 중심성 지표를 바탕으로 시기별 연구 내용의 특징을 도출해 보면 다음과 같다. 2000년 이전에는 '일본어와의 어휘 대조, 기본어휘' 등에 집중되었으나 2000-2004년에는 일본어뿐만 아니라 헝가리어, 터키어, 영어 등 다양한 어휘와의 대조 연구 내용이 풍부해졌다. 2005-2009년에는 다양한 국가의 유학생 수가 증가함에 따라 학술 전문 용어와 같은 어휘 교육이 주목을 받았으며 '일본어'의 중심성 지표가 30위를 차지하였고 '중국어'가 2위로 급상승하였다. 2010-2014년에는 다문화가정을 위한 초등학교 교과서 개발 및 명사, 동사와 같은 어휘 교육의 중심성이 높게 나타났다. 2015-2019년에는 '사자성어, 중국어, 부사, 형용사, 타동사' 등에 대한 범주의 중심성이 높았다.

3.2.4 단어 네트워크 시각화

한국어 어휘 교육 언어 네트워크 상황을 시각화한 결과는 다음 〈그림 Ⅳ-7〉과 같다. 크고 작은 동그라미는 노드(node)로서 단어를 뜻하며, 큰 동그라미는 중심성이 높은 단어이다.

그림 IV-7 한국어 어휘 교육 학위논문 언어 네트워크 시각화

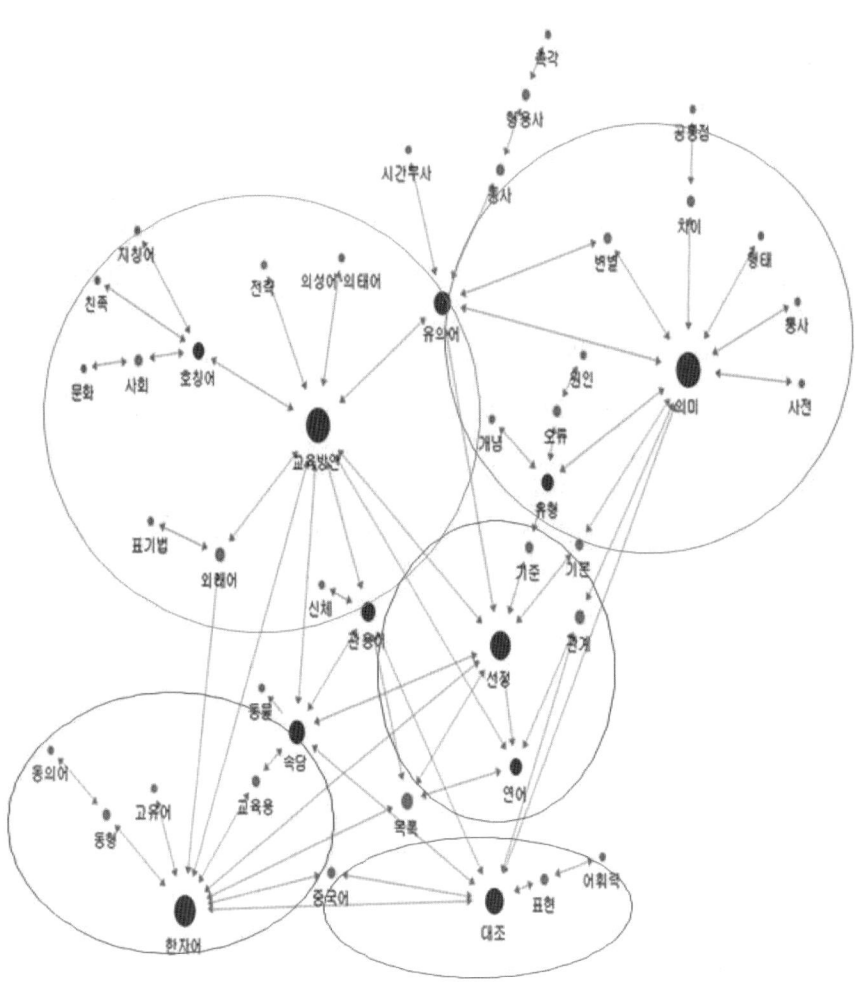

그림 IV-8 　 한국어 어휘 교육 소논문 언어 네트워크 시각화

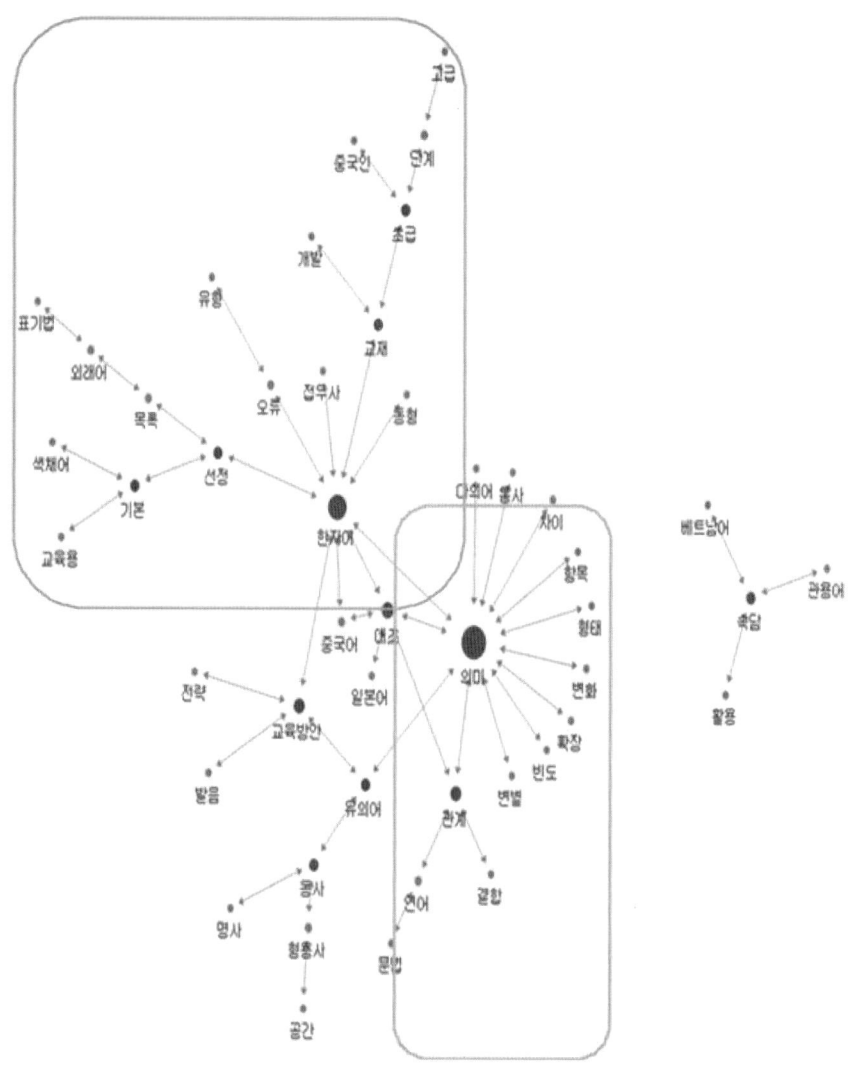

학위논문의 경우 '의미, 교육 방안, 한자어, 대조, 선정'을 중심으로 크게 5개 연구 그룹으로 나눌 수 있으며 각 부분을 나누기 어려울 정도로 서로 간에 아주 복잡하게 연결된 것을 확인할 수 있다. '대조'와 '선정'에 대한 키워드 보다 '의미, 교육 방안, 한자어'에 관련된 링크가 더 많은 것으로 보아 이러한 것들에 연구자들의 관심이 더 쏠렸음을 알 수 있다. '의미'는 특히 '유의어, 대조'와 강하게 네트워크를 형성하고 있어 다른 언어와 한국어 어휘의 의미 대조 연구와 유의어 의미에 대한 연구가 많았음을 보여준다. 의미 연구(이지혜, 2006; 이유경, 2011; 엄성호, 2015; 김자영, 2019 등), 유의어 연구(최화정, 2010; 김정숙, 2015; 왕단, 2015; 이나현, 2018; 최영, 2019 등), 대조 연구(김수희, 2005; 조미선, 2012; 고한찬, 2014; ZhangGuanghui, 2019 등), '교육 방안'은 '한자어, 유의어, 속담, 호칭어, 관용어' 등과 강하게 네트워크를 형성하여 한자어 외에 어휘 의미관계를 고려한 교육 방안 연구가 많았음을 알 수 있다. 한자어 교육 방안(김민경, 2007), 유의어 교육 방안 (한성희, 2011),속담 교육 방안 (박주영, 2018), 호칭어 교육 방안(미가, 2011), 관용어 교육 방안(강유화, 2018) '한자어'는 '대조, 선정, 동형, 중국어, 고유어' 등과 연계되어 중국어의 동형 한자어와 대조하는 연구가 많았음을 보여 준다. 한자어 연구 (MaJinshan, 2012; 조효뢰, 2013; 왕천기, 2016; 김은지, 2018; 최지영, 2019 등)

  소논문의 경우, 학위논문에 비해 상대적으로 '한자어'와 '의미' 두 개의 연구 그룹으로 명확하게 나뉜다. '한자어'와 연계된 '대조, 의미, 교육 방안, 선정, 교재'를 통해 학위논문보다 소논문 연구자들이 한자어 선정과 교재 편찬에 대하여 높은 관심을 가졌음을 알 수 있다. 한자어 연구 (문근현, 2003; 양원석, 2008; 오성애, 2008; 호철, 2015; 박상숙, 2018 등). 학위논문에 비해 소논문에서 '의미'가 '관계'와 더 긴밀히 연결되어 있으며 소논문 연구자들은 어휘의 결합 관계, 연어 관계에 깊은 관심을 보여 주었다. 의미 연구(문근현, 2004; 신명선, 2004; 왕단, 2006; 이유경, 2011; 임춘매, 2019 등)

  다음 <그림 Ⅳ-9>는 한국어 어휘 교육 연구의 시기별 변화 동향을 한눈에 확인할 수 있도록 시각화한 결과이다.

그림 IV-9 한국어 어휘 교육 학위논문 시기별 키워드 시각화

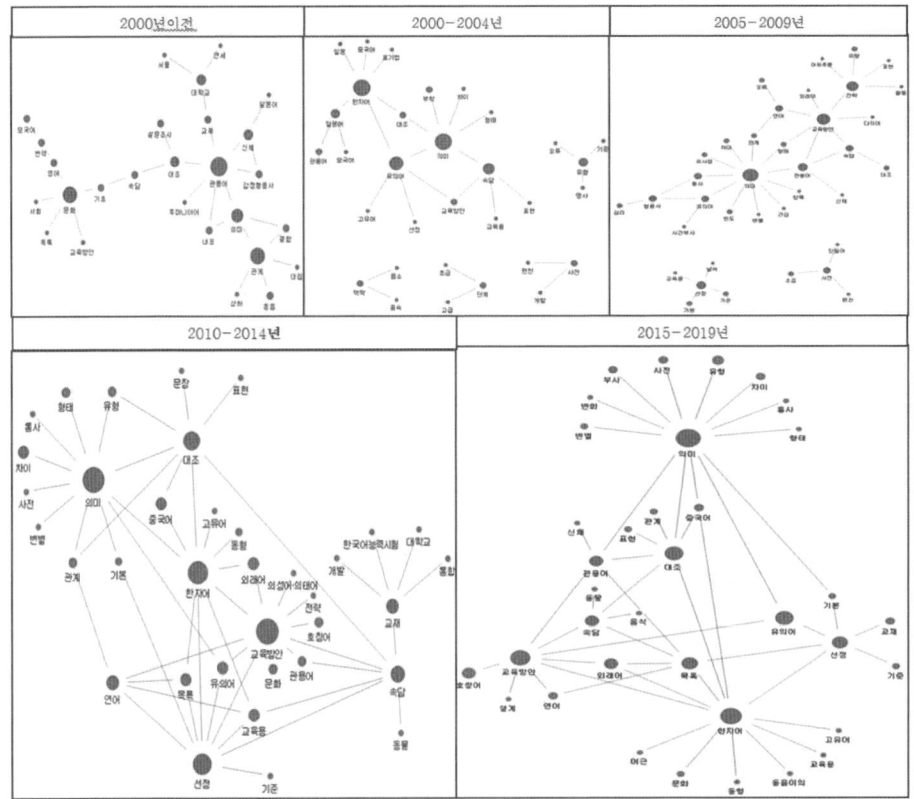

학위논문 시기별 키워드 시각화를 보면 시간에 흐름에 따라 핵심어의 노드 사이즈가 점점 커지면서 링크 수도 갈수록 많아지고 복잡한 네트워크로 형성되고 있다. 이는 핵심어들에 대한 연구도 그만큼 다양하게 나타나고 있음을 표상된다 연구 동향의 내용을 자세히 살펴보기 위해 화면을 확대하여 확인하겠다. 화면의 한계로 시기별 순위에 따라 10개를 선정하여 시각화한 것은 다음 <그림 IV-10>과 같다.

그림 IV-10 한국어 어휘 교육 학위논문 시기별 키워드 시각화 확대 화면

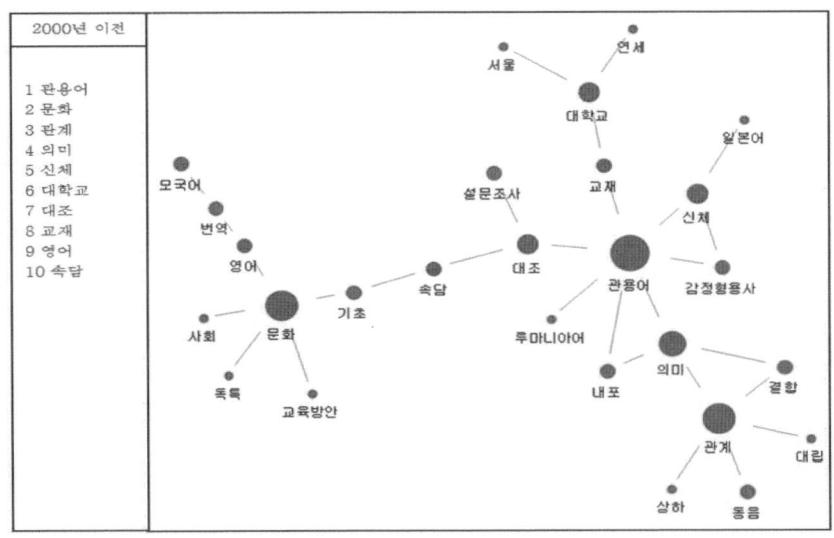

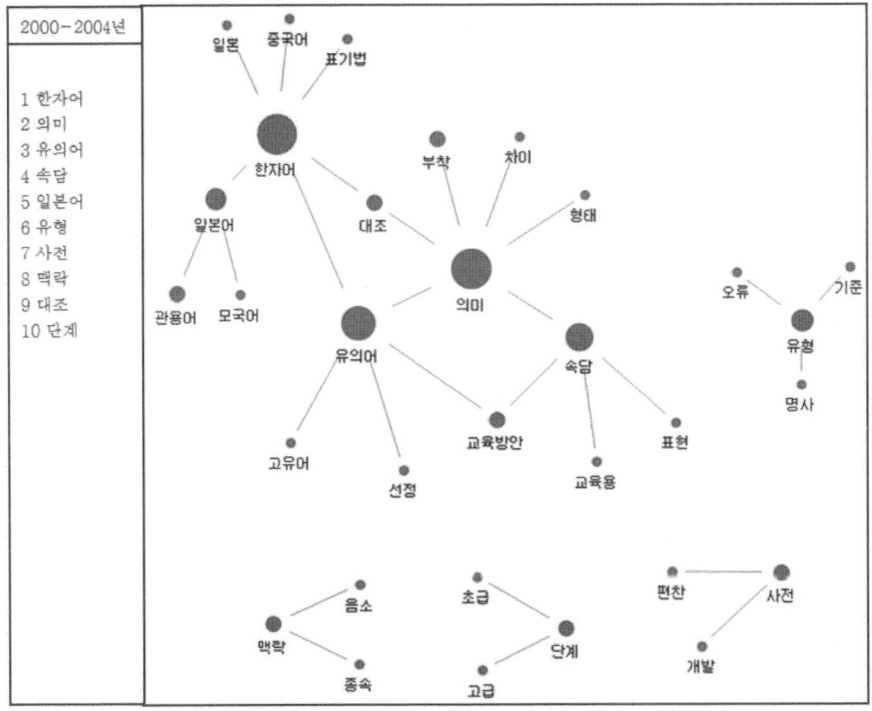

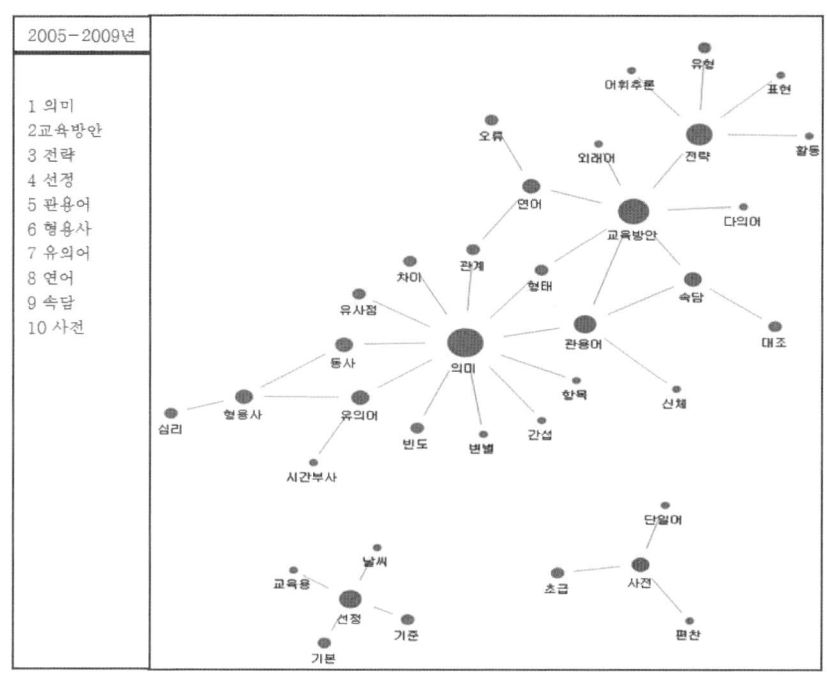

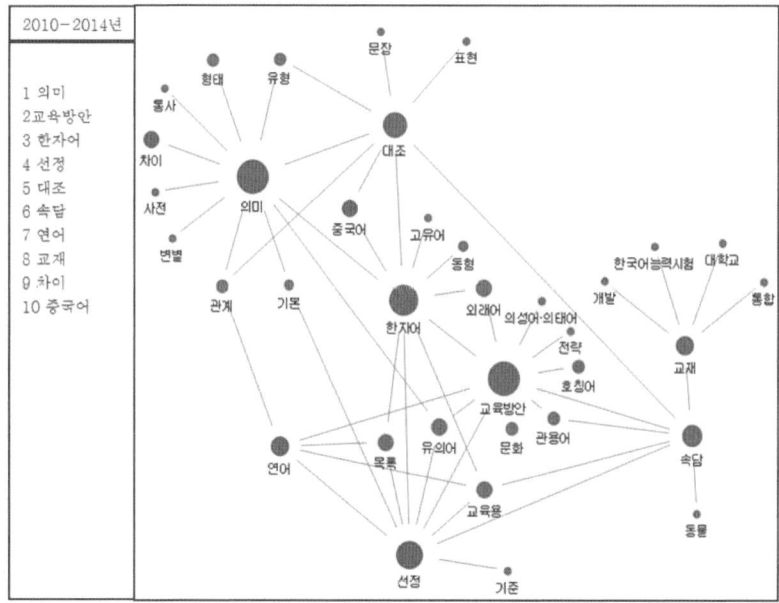

학위논문 시기별 핵심어 동향을 보면 시간의 흐름과 상관없이 '의미' 중심 연구 그룹이 지속되었음을 알 수 있다. 2000년 이전의 시각화를 보면 주로 '관용어, 문화'를 중심으로 한 연구와 '신체 관용어, 영어 번역' 등에 관한 연구가 특징적이다(유덕자, 1997; 황정남, 1999 등). 2000-2004년 시각화의 경우 한자어 의미가 등장하며 일본어 한자어에 관한 연구가 중국어 한자어 연구보다 많았으며(사노 데루아키, 2004) 2000년 전 관심을 받았던 관용어보다 어휘 의미의 중심성이 더 높아 2위를 차지하였다. 2005-2009년에는 연구 그룹이 3개로 증가하며 한자어 대신에 더 많은 새로운 키워드가 등장하고 특히 어휘 교육 방안과 교수·학습 전략이 핵심어로 부각되었다(윤유선, 2007; 서희연, 2009 등). 2010-2014년에 핵심어 그룹이 총 6개가 나타난 것이 확인되며 이 시기의 어휘 교육 주제가 풍성했음을 알 수 있다. 또한 '선정' 관련 링크가 많아지고 '대조'와 '교재'도 등장하였다(이주영, 2012;. 정소영, 2014 등). 2015-2019년에는 기존에 없었던 '외래어'가 새로 등장하였고 관용어 그룹도 다시 등장하였다(이은숙, 2017; 문소나, 2019 등).

다음으로 소논문 기간별 키워드 네트워크를 보면 시간이 지날수록 노드 수와 링크 수가 늘어나고 있음을 알 수 있으며, 이는 한국어 어휘 교육 연구의 주제가 다양하고 풍성해졌음을 알 수 있다. 소논문의 연구 동향을 자세히 살펴보기 위해 화면을 확대하여 검토하겠다. 각 시기별 순위에 따라 10개를 선정하여 시각화한 결과는 다음 〈그림 Ⅳ-11〉과 같다.

그림 IV-11 한국어 어휘 교육 학위논문 시기별 키워드 시각화 확대 화면

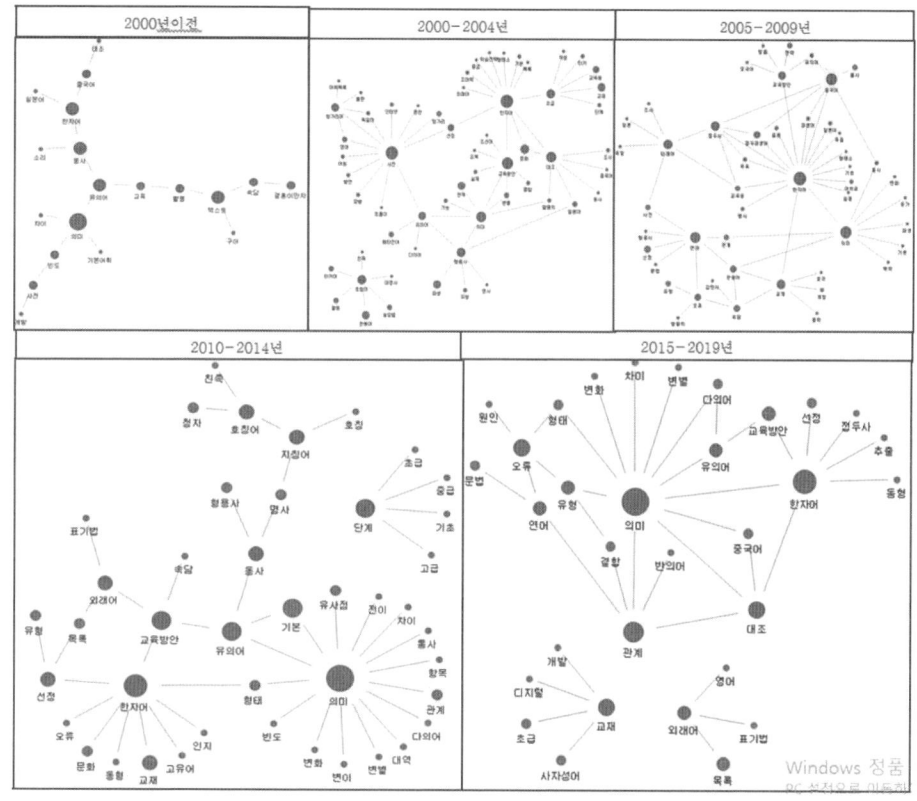

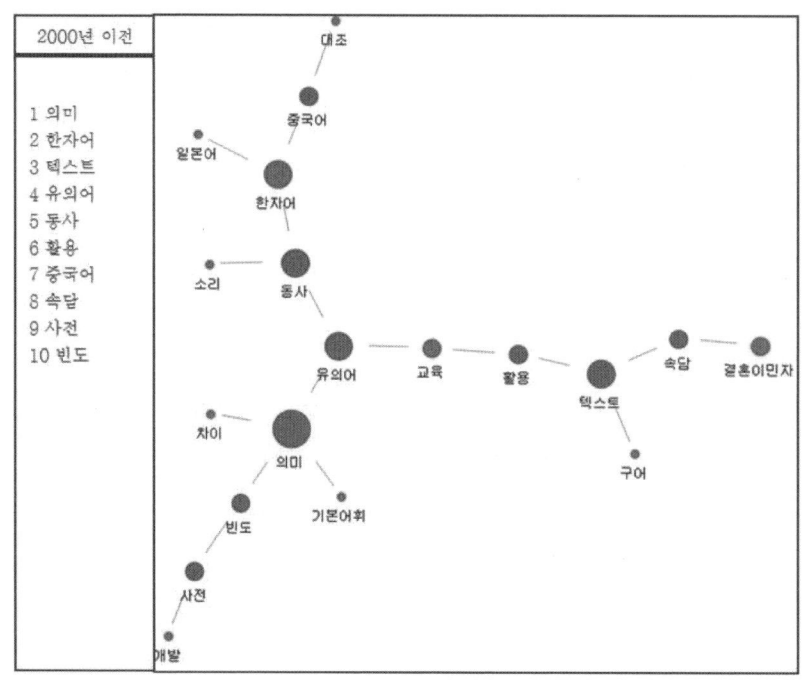

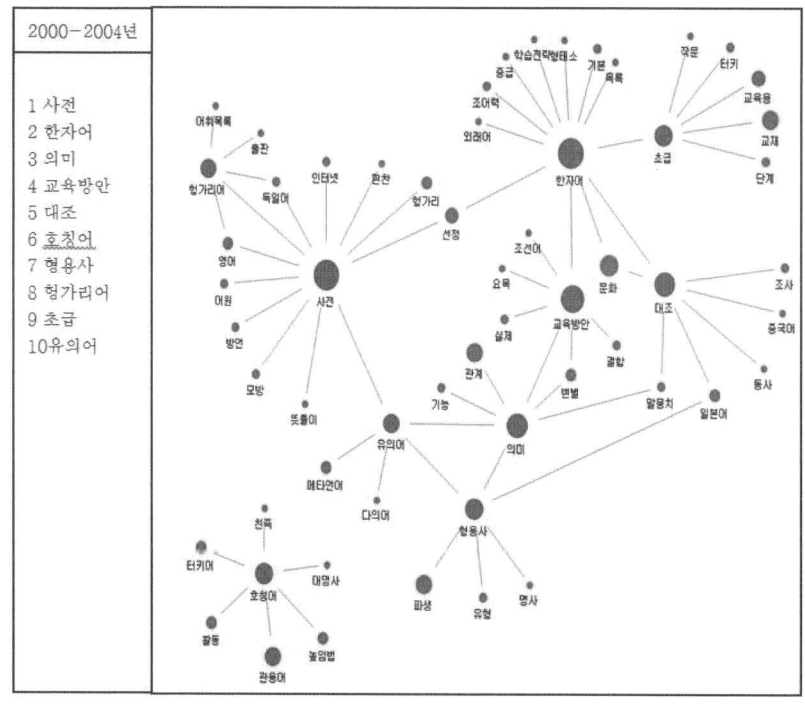

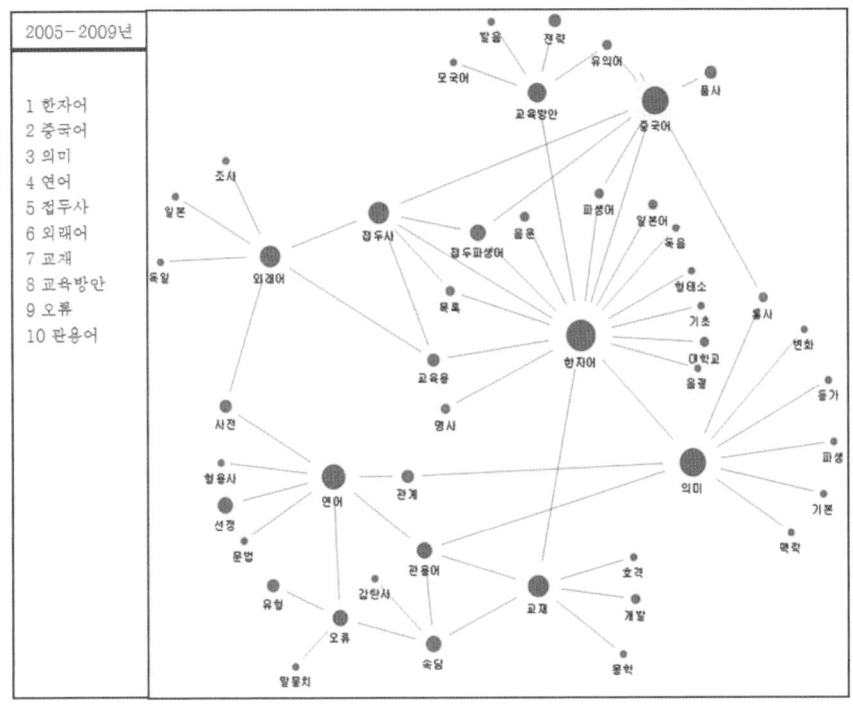

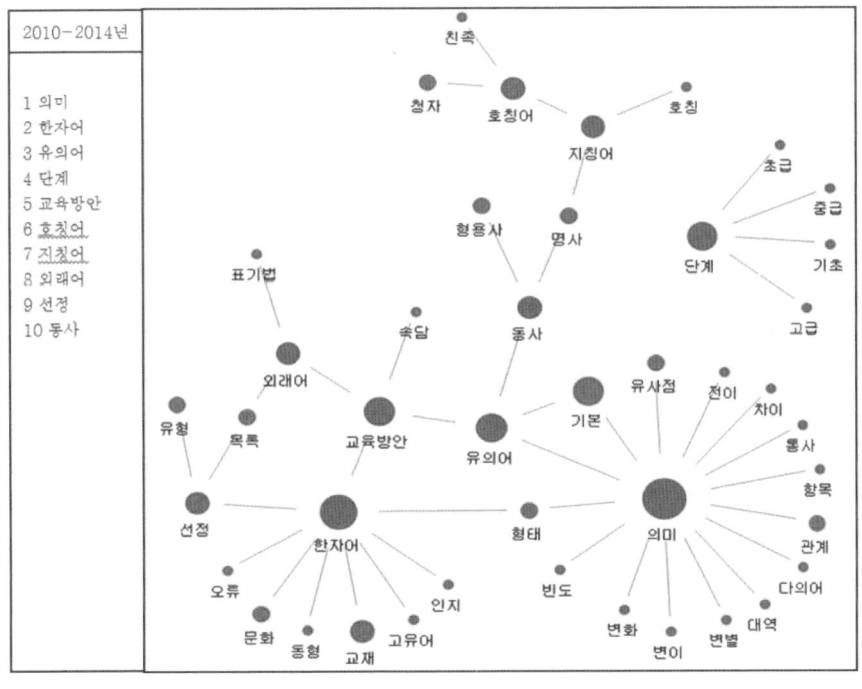

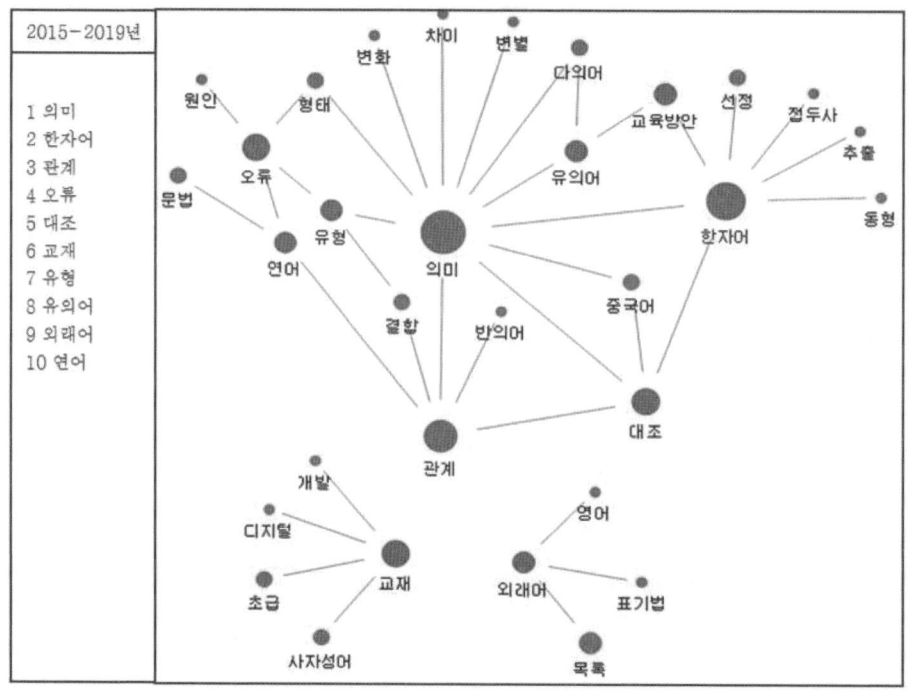

소논문 시기별 핵심어 동향을 보면 시간의 흐름과 상관없이 '한자어'를 중심으로 한 연구 그룹이 지속되었음을 알 수 있고 매 시기마다 새로 등장한 핵심어 그룹이 학위논문보다 훨씬 더 다양하다. 2000년 이전의 시각화를 보면 단순한 선형으로 이루어져 '의미'와 '한자어'가 핵심 연구 주제였다(이득춘, 1994). 2000-2004년 시각화의 경우 '사전, 한자어, 의미, 형용사, 호칭어, 초급' 등 핵심어 그룹이 다양하게 등장하며 그중에 '사전'과 연계된 연구 분야가 강하게 형성되어 있다(임승연, 2001; 김미정, 2004). 이에 비해 2005-2009년에는 새로 등장한 그룹이 많으며 순위로 보면 '외래어', '연어', '교육 방안'이 핵심어이다(이은영, 2005; 최선영, 2009 등). 2010-2014년에는 핵심어 그룹이 총 6개가 나타났으며 이 시기에 어휘 교육 주제가 다양했음을 알 수 있다. 또 '호칭어. 지칭어' 관련 링크가 많아지고 '단계'와 연계된 '조급, 중급, 고급'이 등장하였다(왕혜, 2012; 님희징, 2013 등). 2015-2019년에는 어휘의 의미 관계, 결합 관계 등과 어휘 간 대조 연구 등 다양한 연구 주제가 논의되었다(김용범, 2017; 이민우, 2018 등).

학위논문과 소논문의 시각화 결과를 비교해 보면 학위논문의 경우 '의미'를 중심으로 한 연구 그룹이 핵심이었다면 소논문의 경우는 '한자어'이다. 시기별로 살펴보면, 학위논문의 경우 기존에 있었던 핵심어 그룹이 시간의 흐름에 따라 점점 커지면서 같은 주제에 대한 깊이 있는 연구가 이루어졌음을 알 수 있다. 이에 비하면 소논문의 경우 지속적인 핵심어 그룹이 많지 않고 시기에 따라 기존이 있던 그룹이 커지는 것보다 새로운 핵심어 그룹이 계속 형성되고 있는 것을 확인할 수 있었다. 소논문의 경우 시기별 핵심 이슈나 변화에 능동적이고 적극적으로 대처하면서 연구 주제를 다양화시켜 왔다고 볼 수 있다.

3.3 토픽 모델링

한국어 어휘 교육 논문에 대한 토픽 모델링 분석으로 총 31개의 토픽 그룹이 산출되었다. 각 그룹별 핵심 키워드를 보면서 관련 논문의 제목, 초록, 키워드를 일일이 하나하나 검토하고 분석하여 31개의 토픽 그룹을 동일 키워드의 소주제로 묶은 후 다시 연구 주제의 유사성에 따라 5개의 대주제(어휘의 의미 관계, 사회언어학적 어휘, 기타 어휘 군, 어휘 교수 방법론, 어휘 교수 자료 구축)로 분류하였고, 마지막으로 다시 내용학과 교수학으로 분류하였다.

의미 관계를 주제로 한 연구에는 단어의 형성법과 품사, 유의어, 다의어, 반의어, 연어, 관용어, 속담을 포함하고, 사회언어학적 어휘에는 호칭어와 지칭어 그리고 신조어를, 기타 어휘 군에는 한자어를 비롯한 외래어, 익성어, 의태어, 문화어 등을 넣었다. 어휘 교수 방법론은 주로 교육 방안, 학습 전략, 그리고 오류 분석 자료를 이용한 언어권별 교수법, 어휘 평가를 포함한다. 어휘 교수 자료 구축은 교재와 어휘 선정을 넣었다.

한국어 어휘 교육의 영역별, 주제별 비율은 다음 〈표 Ⅳ-16〉과 같다.

표 IV-16 한국어 어휘 교육 전체 논문의 토픽

키워드	키워드	키워드	키워드	비율	주제별	소주제	대주제	영역별
동사	결혼이민자	조사	빈도	2.5%	품사별	단어(5.7%)		
발음	접미사	파생어	접사	3.2%	단어 형성			
촉각형용사	품사	유사점	대조	2.7%	촉각형용사 유의어	계열관계 (15.6%)	의미관계 (38.4%)	
시간부사	양태부사	부사	정도부사	1.6%	부사 유의어			
유의어	의미	차이	변별	5.6%	유의어 의미 변별			
의미	다의어	항목	다의	3.6%	다의어 의미 항목			
반의어	차이	텍스트	교사	2.1%	반의어			
연어	초급	관계	용어	4.7%	연어 관계	통합관계 (17.1%)		내용학 (69.7%)
속담	문화	사회	동물	6.6%	속담			
관용어	표현	신체	대조	5.8%	관용어 표현			
호칭어	친족	지칭어	사회	4.3%	호칭어와 지칭어	사회언어학적 어휘(7.8%)	사회언어학적 어휘 (7.8%)	
사회	신조어	변화	개념	3.5%	신조어			
대조	한중	동형	공통점	3.1%	동형 한자어	한자어 (11.7%)		
한자어	동형	동의어	동형이의어	8.6%	한자어 교육		기타 어휘군 (23.5)	
의성어·의태어	교육 방안	음절	문장	4.3%	의성어·의태어	한자어 외 기타어휘군 (11.8%)		
외래어	일본어	표기법	일본인	4.1%	외래어 표기법			
의사소통	실제	교육 방안	문화어휘	1.3%	문화어휘 교육			
명사	색채어	의미	표현	2.1%	색채어 의미표현			

교육 방안	설문조사	실제	이론	2.9%	교육 방안	어휘교수 방법론 (11.9%)	어휘 교수 방법론 (11.9%)	
전략	관계	표현	어휘력	2.2%	학습전략			
오류	원인	모국어	간섭	2.9%	모국어 간섭으로 인한 오류 분석 자료를 이용된 언어권별 교수법			
한국어 능력시험	어휘력	고급	중급	1.2%	한국어능력시험 어휘력을 증진하기 위한 교수학적 방법			
평가	설계	개발	통합	2.7%	어휘 평가	평가(2.7%)		교수학 (30.3%)
사전	말뭉치	기초	편찬	2.3%	사전 편찬		교재(7%)	
다문화 가정	어휘력	교과서	아동	2.9%	교과서편찬			
교재	중국	대학교	개발	4.1%	교재개발			
선정	전공	학문 목적	유학	3.8%	학문 목적 어휘선정		어휘 교수 자료구축 (18.4%)	
선정	목록	교육용	기본어휘	1.8%	교육용 어휘 목록 선정	어휘 선정 (11.4%)		
유형	기준	빈도	선정	0.7%	어휘 선정 기준			
기본	선정	이주 노동자	직장	1.4%	기본어휘 선정			
전문	학생	용어	선정	1.4%	전문용어 선정			
합계				100.0%				100%

| 그림 IV-12 | 한국어 어휘 교육 분포 비율

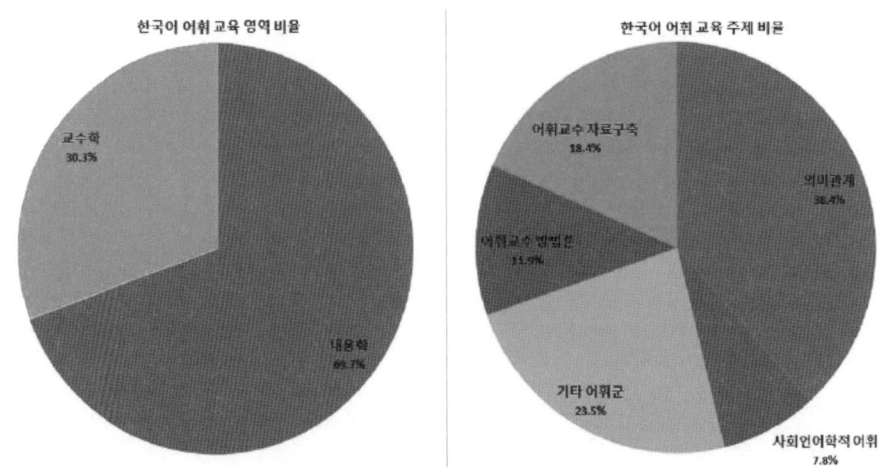

<표 Ⅳ-16>과 <그림 Ⅳ-12>에서 드러난 바로는 내용학(69.7%)이 교수학(30.3%)의 두 배가 넘는다. 내용학 부분에서는 '어휘의 의미 관계(38.4%)' 연구가 가장 많은 것을 알 수 있다. 의미 관계 연구 중에 통합 관계(연어, 속담, 관용어)가 17.1%, 계열 관계(유의어, 다의어, 반의어)가 15.6%, 품사 및 단어 형성법이 5.7%이다.

구체적으로 살펴보면 유의어에 대한 연구가 상대적으로 많았다. 다음으로 기타 어휘 군이 23.5%, 사회언어학적 어휘가 7.8%를 차지하였다. 기타 어휘 군 연구에서는 특히 한자어가 높은 비율을 차지하는데, 동형 한자어에 대한 연구가 많이 이루어졌고, 최근에는 사회언어학적 특성을 다룬 연구 내용들이 증가하고 있음을 알 수 있다.

교수학 연구는 어휘 교수 자료 구축(18.4%)과 어휘 교수 방법론(11.9%)으로 나누어진다. 어휘 교수 자료 구축 연구에는 한국어교육용 기본어휘, 학문 목적 어휘 등 어휘 목록 선정 연구가 많은 비중을 차지하였으며, 어휘 선정 외에 학습자를 위한 교재 개발, 사전 편찬에 대한 논의도 주목을 받았다.

그림 IV-13 학위논문 한국어 어휘 교육 분포 비율

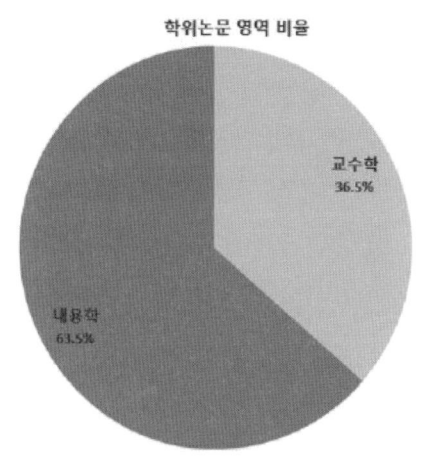
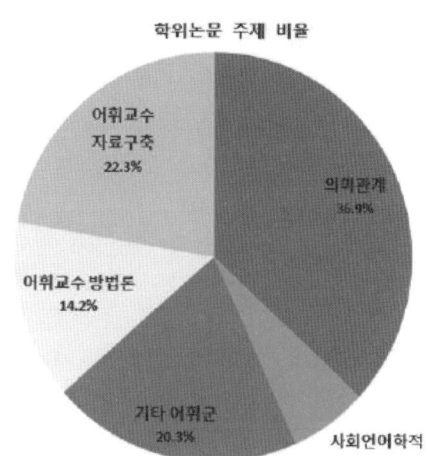

표 IV-17 한국어 어휘 교육 학위논문 토픽

키워드	키워드	키워드	키워드	주제별	비율	소주제	대주제	영역별
명사	동사	다의어	품사	품사별	4.5%	단어(7.5%)		
접사	파생어	통사	합성어	단어형성	3.0%			
정도부사	형용사	부사	촉각	촉각형용사와 정도부사	2.3%	계열관계 (10.4%)	의미관계 (36.9%)	내용학 (63.5%)
유의어	차이	변별	동사	유의어 변별	5.1%			
대조	다의어	의미	공통점	다의어 의미	1.9%			
반의어	관계	표현	의미	반의어	1.1%			
연어	결합	문법	용언	연어 문법적 결합	1.9%	통합관계 (19%)		
연어	일본어	일본인	높임법	일본인 대상 연어 교육	5.0%			
속담	문화	동물	교육 방안	속담 속에 문화	6.5%			
관용어	신체	의미	표현	신체 관용어 표현의 의미 연구	5.6%			
호칭어	친족	지칭어	사회	호칭어와 지칭어	4.2%	사회언어학적 어휘 (6.3%)	사회언어학적 어휘 (6.3%)	
신조어	유형	고유어	교육 방안	신조어 교육 방안	2.1%			

의성어·의태어	발음	교육 방안	음운	의성어·의태어 교육 방안	4.6%	한자어외 기타어휘 (12.3%)	기타 어휘군 (20.3%)	내용학 (63.5%)
문화	의사소통	사회	문화어휘	문화어휘	1.7%			
외래어	영어	표기법	조사	영어 외래어의 표기법	4.4%			
형태	차이	사자성어	대조	사자성어 교육	1.6%			
한자어	동형	동의어	동형이의어	동형 한자어 교육	8.0%	한자어(8.0%)		
전략	이주노동자	활동	실제	학습 전략	3.0%	어휘 교수 방법론 (10.7%)	어휘 교수 방법론 (14.2%)	교수학 (36.5%)
교육 방안	실제	기본	프로그램	프로그램을 통한 실제 어휘 교육 방안	2.8%			
단계	고급	중급	교육 방안	중급 고급 단계의 어휘 교육 방안	1.1%			
오류	모국어	원인	유사점	모국어로 인한 어휘 오류 원인과 유사점 자료를 이용된 교수법	2.3%			
관계	어휘력	한국어 능력시험	변화	한국어능력시험 어휘력을 증진하기 위한 교수학적 방법	1.5%			
평가	다문화 가정	학교	학생	어휘 평가	3.5%	평가(3.5%)		
중국어	대조	사전	표제어	표제어 사전 구축	3.2%	교재(7.1%)	어휘교수 자료구축 (22.3%)	
교재	초급	등급	대학교	대학교 어휘 교재 개발	3.9%			
개념	감정	용어	전문	전문용어 선정	1.1%	어휘 선정 (15.2%)		
선정	전공	학문 목적	기본어휘	학문 목적 어휘 선정	4.7%			
의미	관계	기본	사전	기본어휘사전	2.0%			
결혼 이민자	선정	기초	일상생활	기초 일상생활 어휘 선정	2.5%			
선정	교육용	기본	등급	교육용 어휘 선정	3.2%			
목록	선정	빈도	개발	어휘 목록 선정	1.7%			
합계					100.0%		100.0%	

학위논문의 경우 내용학(63.5%)의 비중이 교수학(36.5%)보다 많은데, 내용학 중 어휘의 의미 관계(36.9%) 연구가 가장 많은 것을 알 수 있다. 의미관계 연구 중에는 통합 관계(연어, 속담, 관용어)가 19%, 계열 관계(유의어, 다의어, 반의어)가 10.4%, 그리고 품사와 단어 형성법이 7.5%로 학위논문 연구자들이 어휘의 계열 관계보다 통합 관계에 더 연구의 초점을 두었음을 알 수 있으며, 계열 관계 연구 중에는 유의어에 대한 연구가 상대적으로 많았다. 다음으로 기타 어휘 군(20.3%), 사회언어학적 어휘(6.3%) 순이다. 기타 어휘 군 연구에서는 특히 한자어가 많은 비중을 차지하는데, 역시 동형 한자어에 대한 연구가 많이 이루어졌고, 최근에는 사회언어학적 특성을 다룬 연구 내용들이 증가하고 있음을 알 수 있다.

교수학 연구 중 어휘 교수 자료 구축 연구는 22.3%, 어휘 교수 방법론 연구는 14.2%이다. 마찬가지로 어휘 교수 방법론에 대한 연구는 상대적으로 적은 편이다. 어휘 교수 자료 구축에 대한 연구는 주로 한국어교육용 기본어휘, 학문 목적 어휘, 어휘 목록 선정 연구가 많은 비중을 차지하였으며, 학습자를 위한 대학교 어휘 교재 개발 연구, 표제어 사전 구축 연구도 주목을 받았다.

그림 IV-14 한국어 어휘 교육 소논문 한국어 어휘 교육 분포 비율

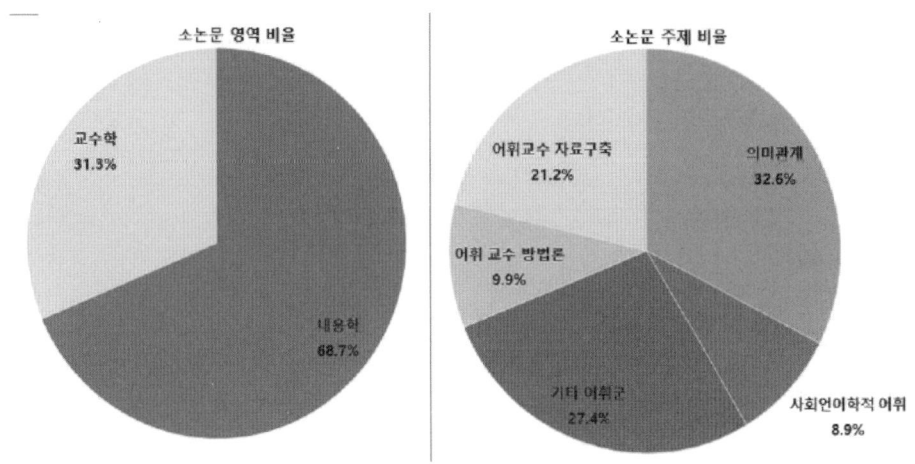

표 IV-18 한국어 어휘 교육 소논문 토픽

키워드	키워드	키워드	키워드	비율	주제별	소주제	대주제	영역별
활용	파생어	접미사	접사	4.8%	단어 형성	단어 형성 (11.5%)		
형용사	명사	부사	동사	6.7%	품사별			
유의어	의미	차이	공기관계	6.5%	유의어의 공기관계	계열관계(6.5%)	의미관계 (32.6%)	
연어	관계	의미	등급	6.2%	연어 관계	통합관계(14.6%)		
의미	관용어	신체	빈도	3.7%	신체 관용어			
속담	문화	대조	유서점	4.7%	속담			
일본어	신조어	유사점	의미	3.5%	신조어	사회언어학적 어휘(8.9%)	사회언어학적 어휘 (8.9%)	내용학 (68.7%)
호칭어	문화	친족	지칭어	5.4%	호칭어와 지칭어			
한자어	동형	비한자어권	한자어권	11.4%	한자어 교육	한자어(11.4%)	기타어휘군 (27.4%)	
의성어·의태어	발음	교육 방안	모국어	2.9%	의성어·의태어	한자어 외 기타어휘군(16%)		
외래어	표기법	영어	사전	5.7%	영어 외래어 표기법			
대조	중국어	번역	차이	4.5%	어휘 번역			
인지	인식	중급	사자성어	2.9%	사자성어			
중국인	오류	모국어	차이	4.5%	어휘 학습 오류분석 자료를 이용된 교수법	어휘 교수방법론 (9.9%)	어휘 교수방법론 (9.9%)	교육학 (31.3%)
교육 방안	기순	넥스트	실세	1.2%	실제 교육 방안			
교육 방안	전략	활용	용언	4.2%	어휘 학습 전략과 활용			

선정	교육용	목록	자료	5.7%	교육용 어휘 선정	어휘선정 (10%)	어휘교수 자료구축 (21.2)	교육학 (31.3%)
학문 목적	목록	전공	고급	4.3%	학문 목적 어휘목록			
사전	기초	자료	편찬	3.1%	기초 자료와 사전 편찬	교재 (11.2%)		
교재	개발	대학교	기관	5.0%	교재 개발			
다문화 가정	학교	초등	교과서	3.1%	교과서 편찬			
합계							100%	

 소논문의 경우 내용학이 68.7%, 교수학이 31.3%로 내용학 연구의 비중이 압도적으로 많은데, 내용학 중 어휘의 의미 관계(32.6%)에 대한 연구가 가장 많다. 의미관계 연구 중 통합 관계(연어, 속담, 관용어) 연구가 14.6%, 계열 관계(유의어, 다의어, 반의어) 연구가 6.5%, 그리고 품사 및 단어 형성법 연구가 11.5%로 학위논문처럼 통합 관계 연구가 많음을 알 수 있으며 또한 유의어에 대한 공기 관계의 논의도 많았다. 다음으로 기타 어휘 군(27.4%), 사회언어학적 어휘(8.9%) 순이다. 기타 어휘 군 연구에서는 역시 한자어 관련 연구가 많이 이루어졌으며 신조어, 호칭어와 지칭어와 같은 사회언어학적 어휘 특성을 다룬 연구들도 늘고 있다.

 교수학 연구에서 어휘 교수 자료 구축 연구는 21.2%, 어휘 교수 방법론 연구는 9.9%로 어휘 교수 방법론에 대한 연구가 상대적으로 적은 편이다. 어휘 교수 자료 구축에 대한 연구는 한국어교육용 어휘 선정, 학문 목적 어휘 선정, 기초 어휘 자료 구축 연구가 많은 비중을 차지하였으며 학습자를 위한 교재 개발, 사전 편찬에 대한 논의도 주목을 받았다.

 앞의 논의를 통해 드러난 바에 따라 한국어 어휘 교육 연구는 학위논문과 소논문 모두 2000년부터 본격화되었음을 알 수 있다. 논의 결과를 재검토하여 전반적인 흐름을 개괄하도록 하기 위하여 시기별 연구 주제 변화를 살펴보면 다음 <그림 Ⅳ-15>와 같다.

그림 IV-15 한국어 어휘 교육 전체 논문 연도별 주제 변화 추이

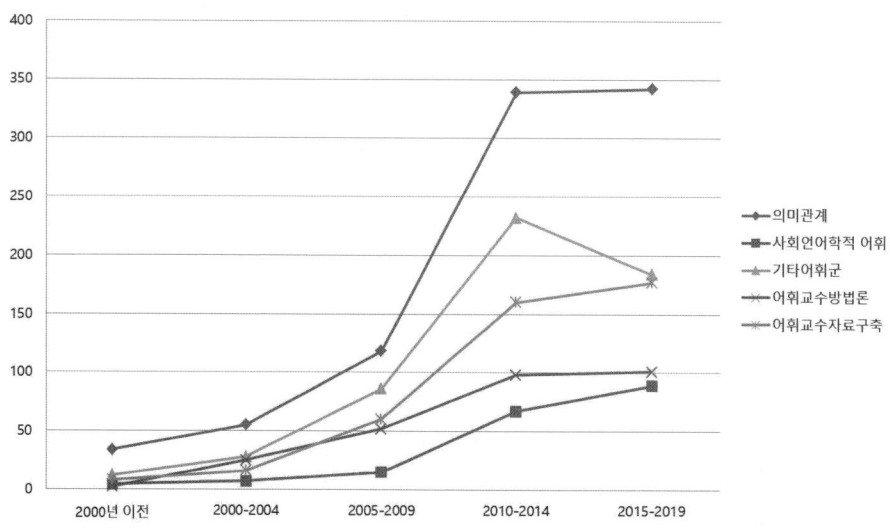

한국어 어휘 교육 연구 주제 변동 현황을 보면 기타 어휘 군에 대한 연구는 2015-2019년에 줄어드는 대신 다른 주제들에 대한 연구는 동일하게 증가하고 있으며 어휘의 의미관계 연구는 2014년 이후 비슷한 수준을 유지하고 있다. 그에 비해 어휘 교수 자료 구축 연구와 사회언어학적 어휘에 대한 연구는 시간의 흐름에 따라 상대적으로 지속적인 상승세를 보여 주었다. 이 분야들의 논의도 갈수록 많아지고 있는데 학습자를 위한 어휘 교수 방법론 연구는 다른 분야의 연구보다 더 활발하게 진행되어야 할 것으로 보인다.

그림 IV-16 한국어 어휘 교육 학위논문 연도별 주제 변화 추이

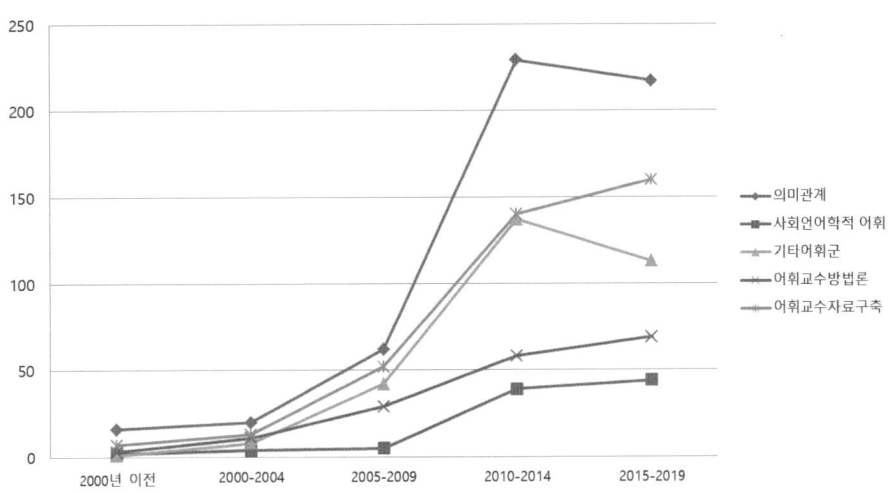

그림 IV-17 한국어 어휘 교육 학위논문 연도별 주제 변화 추이

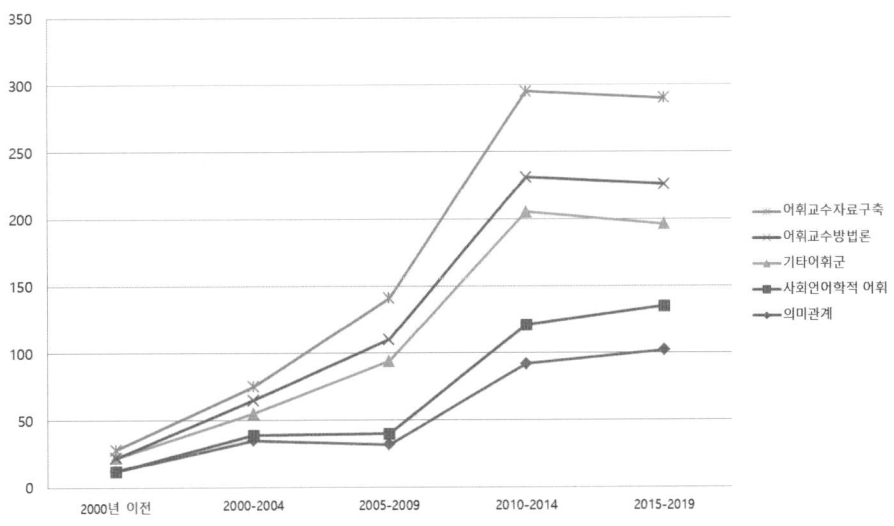

학위논문의 경우 어휘의 '의미 관계' 연구가 전반적으로 활발하게 연구되어 왔으며 어휘 교수 자료 구축에 대한 논의는 갈수록 많아지고 있다. 사회언어학적

어휘 연구와 어휘 교육 방법론 연구가 가장 낮게 드러났으나 점점 상승하고 있는 추세이다.

소논문의 경우 2000-2010년 사이에 한자어를 비롯한 기타 어휘 군에 대한 논의가 지속적으로 가장 많았다. 흥미로운 점은 2010년 이후에 어휘의 의미 관계에 대한 연구가 기타 어휘 군 연구를 초월하여 압도적으로 증가하고 있음을 확인할 수 있다. 한자어에 집중되어 왔던 연구 주제가 새로운 연구 주제로 세분화되어 연구 주제의 다변화를 꾀하고 있다는 신호로도 읽힌다. 또한 호칭어와 지칭어에 대한 연구도 비슷한 시기에 어휘 교육 방법론의 논의보다 더 많아졌다. 이를 통해 한국 사회의 독특한 문화를 반영한 호칭어와 지칭어에 대한 관심이 높아지고 있음을 확인할 수 있다.

3.4 대상별 연구 동향

3.4.1 등급별 분석 결과

학습자의 초·중·고급 단계별 수준을 고려하여 어휘 교육 연구를 다시 정리하고자 한다. 중·고급을 함께 다룬 연구는 중급과 고급으로 각각 나누어 중복 분류를 하였고 논문 제목이나 키워드에서 명시적으로 학습자 단계를 표시한 논문만 선택하여 초급, 중급, 고급 단계에서 공통적으로 논의되고 있는 중심성이 높은 키워드를 10위까지 선정하였다. 조사 결과 '한자어'가 학습자의 단계와 상관없이 가장 중심성이 높은 키워드로 드러났다. 다음으로 유의어 교육과 어휘 의미를 중심으로 하는 교육도 활발하게 진행되었다. 초급 학습자를 대상으로 한 '체언+용언'형 연어 교육, 반의어 교육, 중급 학습자를 위한 동사 유의어 교육, 고급 학습자를 위한 파생어, 속담, 의성어, 의태어 교육이 각각 주목을 받았다.

표 IV-19 한국어 어휘 교육 등급별 언어 네트워크 중심성

순위	초급		중급		고급	
	중심성		중심성		중심성	
1	선정	0.148148	한자어	0.235294	한자어	0.096774
2	한자어	0.135802	의미	0.137255	교육 방안	0.096774
3	언어	0.111111	유형	0.117647	유형	0.080645
4	교육용	0.08642	유의어	0.117647	오류	0.080645
5	의미	0.074074	선정	0.117647	파생어	0.064516
6	유의어	0.061728	오류	0.098039	의미	0.064516
7	교육 방안	0.061728	대조	0.098039	유의어	0.064516
8	교재	0.049383	교재	0.098039	속담	0.064516
9	표현	0.037037	차이	0.078431	선정	0.064516
10	반의어	0.037037	동사	0.078431	의성어·의태어	0.048387

표 IV-20 한국어 어휘 교육 등급별 언어 네트워크 단어쌍

순위	초급		중급		고급	
	단어쌍	연결 강도	단어쌍	연결 강도	단어쌍	연결 강도
1	목록-언어	39	동형-한자어	29	촉각-형용사	21
2	개발-교재	28	교육 방안-한자어	16	영상-자믹	18
3	목록-선정	28	감정형용사-유의어	15	관용어-속담	16
4	의미-차이	24	개발-교재	14	동물-속담	16
5	용언-체언	20	중국어-한자어	14	목록-선정	10
6	교육 방안-언어	19	교육 방안-전략	11	접사-한자어	10
7	선정-언어	17	의미-차이	10	교육 방안-전략	9
8	조선-학교	14	목록-선정	10	오류-한자어	9
9	지칭어-호칭어	12	동사-유의어	10	사전-유의어	9
10	의미-형태	11	의미-한자어	9	교육 방안-설계	8

위의 중심성 분석 결과를 살펴보면, 초급의 경우 언어 교육 방안 논의가 활발하다. 중급의 경우 동형 한자어, 한자어 교육 방안, 중국어와 한자어 대조 연구, 한자어 목록 선정 그리고 한자어의 의미에 대한 연구 등이 이루어졌으며, 또한 유의어 중 동사 및 감정 형용사와 관련된 연구도 진행되었다. 고급 단계에서는 한자어 외 속담과 관용어 등에 대한 연구가 이루어졌으며 촉각 형용사나 화자의 심리 변화를 나타내는 어휘들에 대한 연구도 이루어졌다.

그림 IV-18 한국어 어휘 교육 등급별 언어 네트워크 시각화

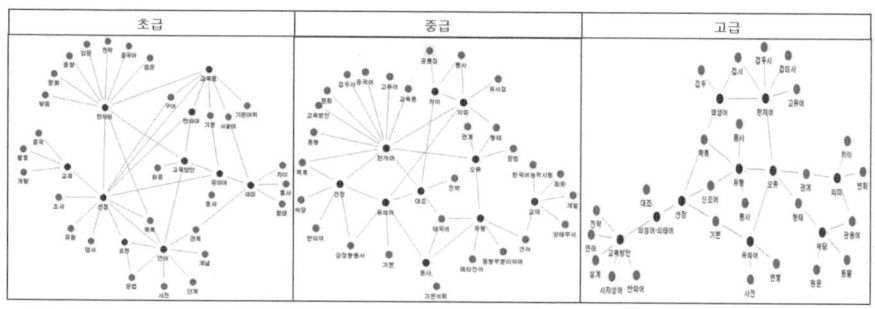

그림 IV-19 등급별 언어 네트워크 시각화 확대

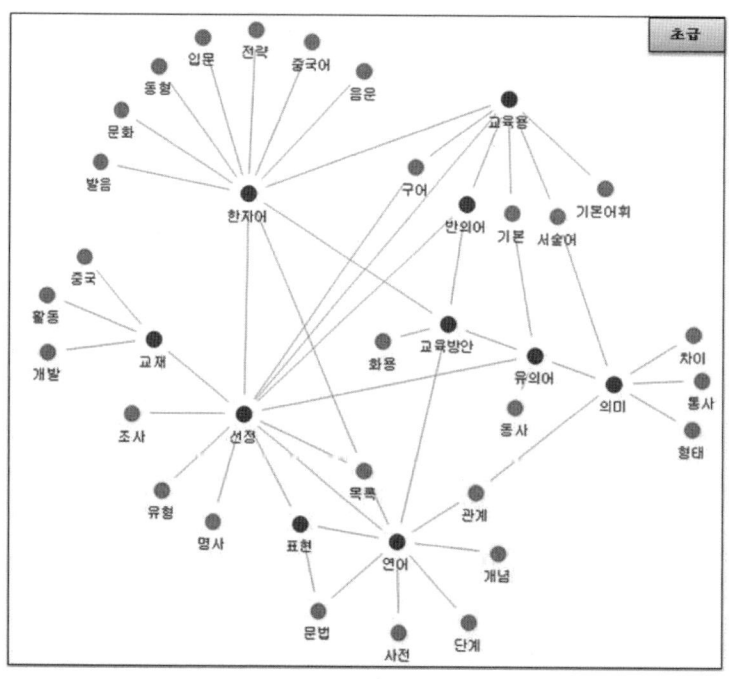

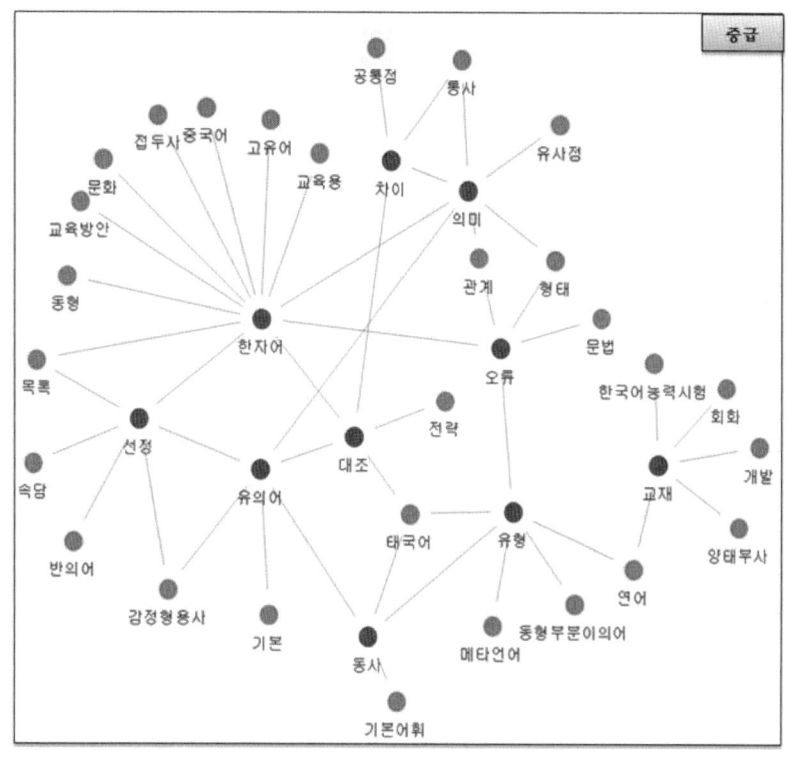

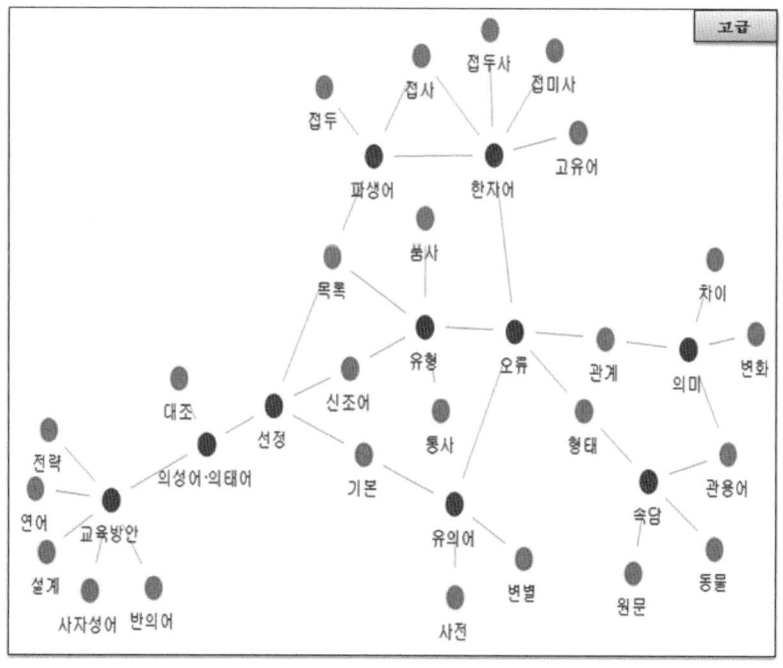

〈그림 Ⅳ-19〉에서 알 수 있듯이 기간별 키워드 네트워크를 보면 초급보다 중급에서 핵심어와 링크 수가 늘어나 있음을 알 수 있다. 즉 초급과 중급 학습자를 위한 한국어 어휘 교육 연구의 분량이 단계에 따라 집중적으로 몇 가지의 핵심어를 중심으로 점차 심도 있게 연구되고 있음을 보여 준다. 이에 비해 고급에서는 링크 수가 간단해지면서 핵심어도 다양하다.

일반적으로 핵심어와 연관된 링크 수가 5개 이상이 있으면 허브 군집으로 본다. 초급의 경우 '선정, 한자어, 연어, 의미, 교육용'을 중심으로 구성된 허브 군집이 5개가 있다. 실제적인 예를 들어 (김수희, 2005; 정인경, 2013; 여숙연, 2019) 중급의 경우 '한자어, 의미, 유형, 유의어, 선정, 오류, 교재, 대조'와 연결된 허브 군집이 8개나 있다(차숙정, 2005; 손이, 2011; 최우완, 2019 등). 고급의 경우 '한자어'와 '교육 방안'을 중심으로 형성된 허브가 2개 있지만 새로 생긴 핵심어가 초급과 중급보다 더 다양하다(김광해, 2003; 왕애려, 2012; 최은지, 2019 등). 구체적으로 핵심어의 변화를 살펴보면 첫 번째 핵심어인 '한자어'의 경우 초급에서는 한자어의 발음에 대한 연구가 많으며 중급에서는 교육용 한자어, 접두사 한자어, 그리고 한자어와 고유어 비교 등에 대한 연구가 많다. 고급에서는 접두사와 접미사를 활용하여 한자어의 어휘력을 확장시키는 방안의 연구도 나타났다. 두 번째 핵심어 '선정'의 예를 들면 초급에서는 조사와 명사 선정에 집중하였으나 중급에서는 반의어, 감정 형용사, 속담 선정에 대한 연구가 주로 이루어졌으며, 고급에서는 의성어와 의태어, 신조어 선정 연구가 이루어졌다. 세 번째 핵심어인 '교재'의 경우 초급과 중급에서 허브 군집이 갈수록 커지는 양상을 보여 주었으나, 고급 단계로 올라가면 교재 편찬에 대한 관심이 다소 떨어진다.

3.4.2 언어권별 분석 결과

한국어 어휘 교육 연구 논문 중 학습자 언어권을 중심으로 연구 경향을 살펴보고자 한다. 그간 주로 연구되어 온 언어권은 중국, 일본, 베트남, 몽골 등이다.

표 IV-21 한국어 어휘 교육 언어권별 언어 네트워크 중심성

순위	중국	중심성	일본	중심성	베트남	중심성	몽골	중심성
1	한자어	0.19403	한자어	0.214286	한자어	0.186047	의미	0.151515
2	의미	0.179104	외래어	0.166667	호칭어	0.116279	지칭어	0.121212
3	교육 방안	0.134328	의미	0.119048	선정	0.093023	유의어	0.090909
4	속담	0.104478	대조	0.095238	교육 방안	0.093023	오류	0.090909
5	대조	0.104478	교육 방안	0.071429	오류	0.069767	속담	0.090909
6	유형	0.074627	관용어	0.071429	대조	0.069767	대조	0.090909
7	유의어	0.074627	형태	0.047619	형태	0.046512	단계	0.090909
8	외래어	0.074627	표현	0.047619	파생	0.046512	관용어	0.090909
9	차이	0.059701	차이	0.047619	차이	0.046512	호칭어	0.060606
10	선정	0.059701	오류	0.047619	접두사	0.046512	친족	0.060606

표 IV-22 한국어 어휘 교육 언어권별 언어 네트워크 단어쌍

	중국인		일본인		베트남		몽골	
	단어쌍	중심성	단어쌍	중심성	단어쌍	중심성	단어쌍	중심성
1	단계-중급	27	동물-속담	12	친족 호칭어	43	동물-속담	19
2	개발-교재	24	부정-접두사	17	관용어-속담	27	지칭어-호칭	17
3	의미-통사	36	관용어-신체	10	명사-합성	21	친족-호칭어	14
4	동형-한자어	94	교육 방안-외래어	11	부정-접두사	17	관용어-대조	11
5	관계-의미	29	대조-의미	11	오류-유형	12	지칭어-호칭어	9
6	중급-초급	24	관계-대조	28	파생-한자어	12	목록-선정	8
7	대조-속담	45	공통점-차이	14	접두사-파생	10	공통점-차이	8

8	교육 방안-외래어	56	직유-표현	19	문화-한자어	10	친족-호칭	7
9	기본-의미	48	음운-형태	15	교육 방안-형태	8	속담-의미	7
10	의미-항목	22	개념-외래어	14	전략-한자어	8	변별-의미	6

　한자어권인 중국, 일본, 베트남 학습자를 대상으로 한 어휘 교육 내용에서는 '한자어'가 단연 높은 중심성을 보이고 있으며 '한자어, 의미, 교육 방안, 대조, 차이' 등이 높은 중심성을 보였다. 이에 비해 비한자어권인 몽골 같은 경우 '어휘의 의미'가 1위를 차지하였다. 중국인 학습자를 위한 한자어 외 연구로는 '속담, 유의어, 외래어' 등에 대한 논의가 있고, 일본인 학습자의 경우 '외래어와 관용어'가 있다. 베트남 학습자를 대상으로 한 연구로는 '호칭어와 단어 형성법에 관한 연구'가 부각된다. 몽골 학습자의 경우 '지칭어와 호칭어, 속담, 관용어' 등에 대한 연구가 대다수이다.

　중국인 학습자 중심으로 진행된 단어쌍을 보면 초급, 중급, 고급 등 단계별로 어휘 교육 연구가 균등하게 진행되고 있음을 알 수 있으며, 또한 중국인 학습자를 위한 교재 개발도 꾸준히 이루어지고 있음을 알 수 있다. 일본인 학습자의 경우 동물 속담을 통한 어휘 교육과 외래어 교육 방안, 그리고 외래어 개념이나 표기법에 관한 논의들도 많았다. 베트남 학습자를 대상으로 한 연구에는 친족 사이에서 사용하는 호칭어, 관용어와 속담, 합성 명사, 파생 접두사, 파생 한자어와 같은 논의들이 많다. 이 외에 몽골 학습자들을 대상으로 동물 속담을 통해 문화 어휘를 학습하는 연구도 확인할 수 있다. 예컨대 몽골과 한국의 말과 관련된 속담을 대조하여 속담의 의미나 문화 차이를 이해시키는 방법이며 몽골 학습자들을 대상으로 하는 호칭어, 지칭어 교육 연구도 있다.

　언어권별로 학습자를 나누어 어휘 교육의 핵심어를 시각화한 결과는 다음 〈그림 Ⅳ-20〉과 같다.

그림 Ⅳ-20 한국어 어휘 교육 언어권별 언어 네트워크 시각화

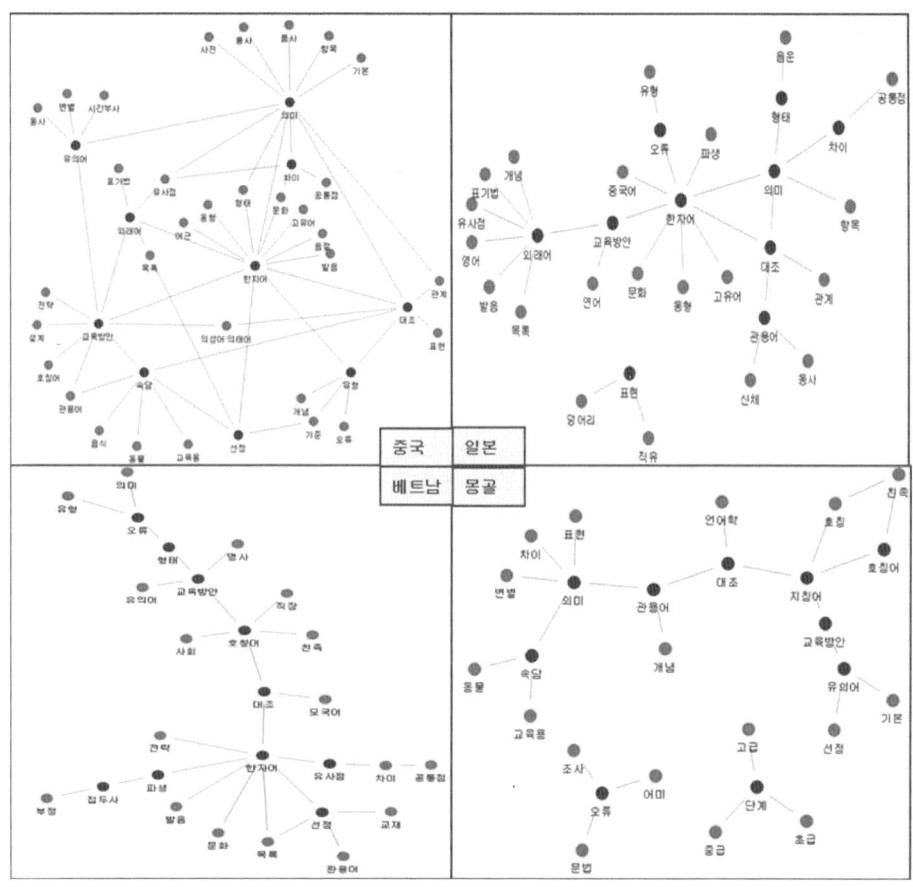

<그림 Ⅳ-20> 언어권별 언어 네트워크 시각화를 보면 역시 중국인 학습자와 관련된 핵심어의 링크 수가 가장 복잡하게 나타났다. 이는 한국어 어휘 교육에서 중국인 학습자를 위한 어휘 교육 연구가 가장 활발하게 진행되었기 때문이다. 상대적으로 일본인 학습자에 대한 핵심어의 링크 수는 적은 편이지만 베트남과 몽골보다는 많다. 베트남 학습자 대상 연구들의 경우 언어 네트워크 구성이 강하지는 않으나 하나로 연결되어 있다. 이에 비해 몽골 언어 네트워크 구성은 핵심어 사이의 연결이 약하고 서로 간의 상호 관계도 낮아 몽골 학습자를 위한 어휘 교육 연구가 아직 많이 부족하다는 점을 암시한다.

그림 IV-21 한국어 어휘 교육 언어권별 언어 네트워크 시각화 확대화면

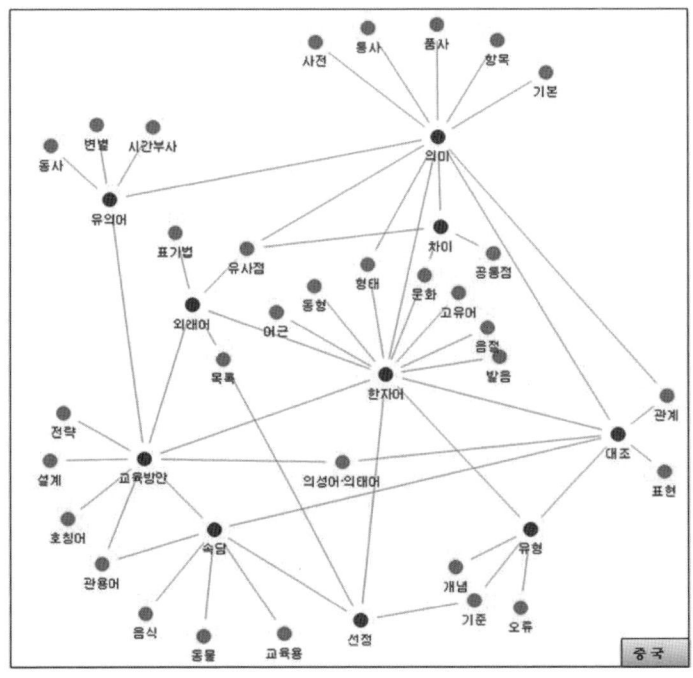

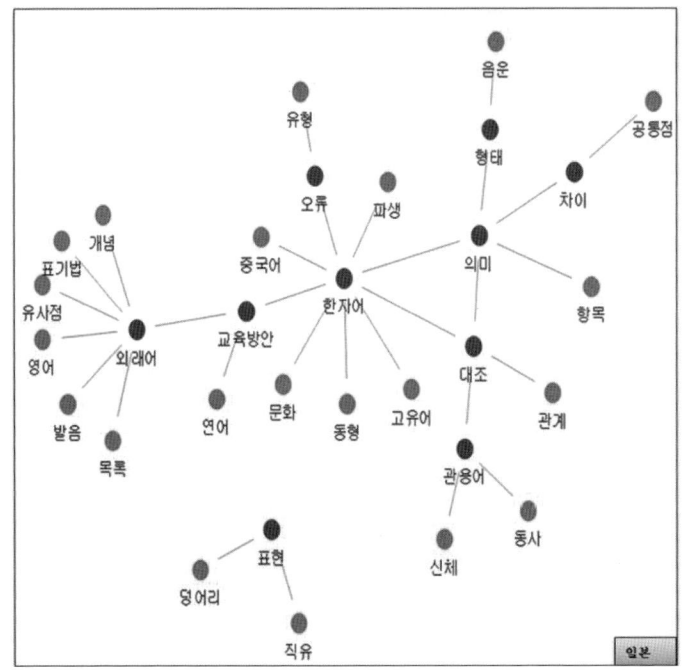

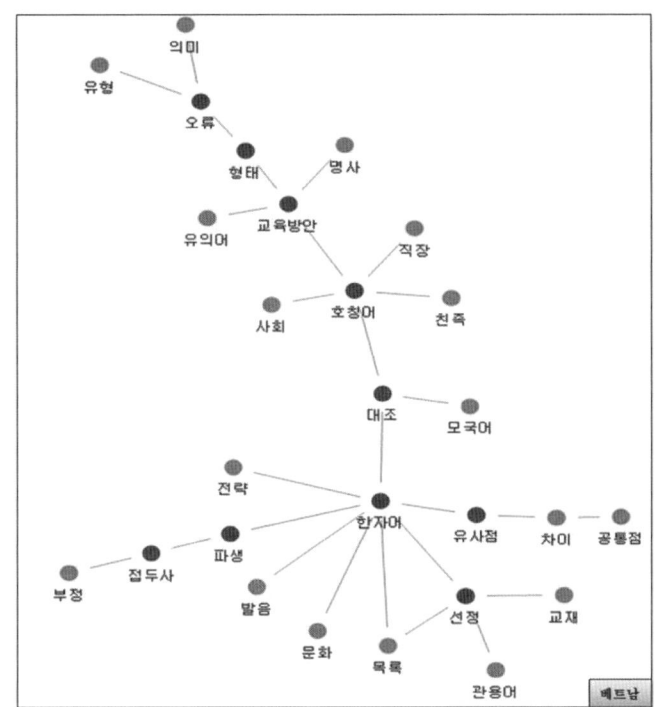

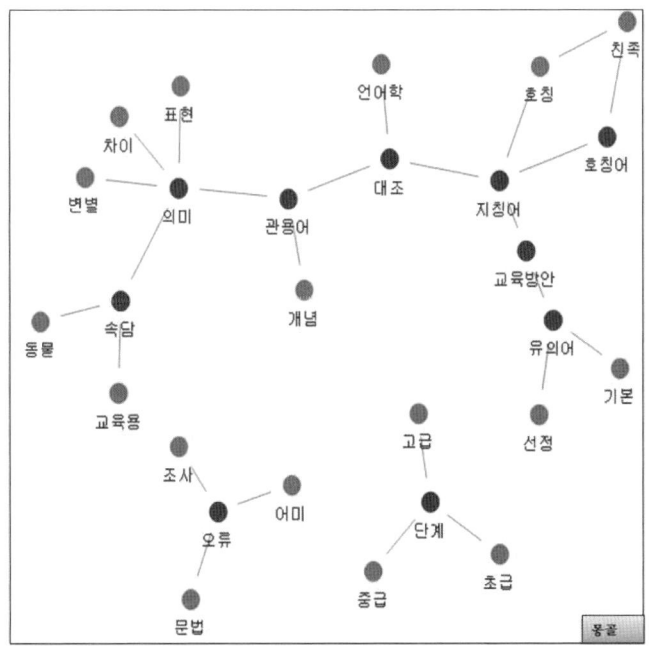

<그림 Ⅳ-21>을 구체적으로 살펴보면 한자어권인 중국, 일본, 베트남의 경우 핵심어인 '한자어'의 허브 군집이 잘 구성되어 있다. 실질적인 예시를 들면 중국인 학습자의 한자어 연구(정단비, 2016; 왕호, 2019 등), 일본 학습자의 한자어 연구(김슬나, 2014; 고한찬, 2014 등), 베트남 학습자의 한자어 연구(류투안, 2011; 응웬 티 후옹 센, 2014 등)이다. 언어권별 특징을 보면 중국인 학습자를 위한 '유의어' 연구(이정정, 2018), 일본인 학습자를 위한 '외래어' 연구(요네자와 아유미, 2012; 김지영, 2015), 베트남 학습자를 위한 호칭어 지칭어 연구(웬티밍짱, 2010; 동티탐, 2018) 그리고 몽골 학습자를 위한 '관용어와 속담' 연구 분야가 있다(송현아, 2008; 한옥순 외, 2019).

4. 논의

한국어 어휘 교육 연구는 전반적으로 2000년대 중반에 들어와서야 본격화되었다. 한국어 어휘 교육 연구 논문을 분석한 결과 1986년부터 논의가 시작되었으나 당시에는 연구가 미비하다가 2000년대 중반부터 유학생의 증가로 본격적으로 논의가 시작되었다. 5년 단위로 연구 결과를 분석한 결과 2010-2014년은 논문 수 추이 변화가 가장 큰 시기라고 볼 수 있다. 이 시기의 논문은 양적으로도 폭발적으로 성장했으며 논의 주제가 다변화되고 학습자 언어권의 특성도 다양하게 고려되었다. 이 시기에 한국어 어휘 교육 연구가 가파르게 상승하다가 비교적 완만한 속도로 늘어가는 모양새를 보여 주었다.

학위논문 연구에서는 어휘의 의미에 대한 논의가 가장 많았지만 소논문에서는 한자어에 주목한 논의가 많았다. 그러나 중심성 지표에서는 학위논문과 소논문 모두 '의미'가 가장 중심성이 높았으며 '한자어'의 중심성은 2등이었다. 시기별로 단어 네트워크의 중심성을 살펴본 결과 2005년까지는 '일본어'의 중심성 수치가 높게 나타났으나 중국인 학습자가 늘어나면서 이후 '중국어'의 중심성이 점점 상승하였다. 시기별로 지속해서 높은 중심성을 보여준 단어는 총 10개가 있었는데 '의미, 한자어, 속담, 대조, 유의어, 교육 방안, 유형, 중국어, 관용어' 등이다. 학위논문과 소논문을 분류하여 분석한 결과 학위논문에서는 '동사, 오류, 어휘 형태, 목록, 호칭어'의 중심성이 높았지만, 소논문에서는 '활용, 사전, 교육용, 부사, 유사점'의 중심성이 높았다.

앞서 제시한 단어쌍 분석 결과 단어쌍 '의미'와 깊은 관련을 지니고 있는 단어가 총 7개가 있었는데 학위논문에서는 '형태, 차이, 대조, 관계, 유의어, 변별, 기본'과 연결을 맺고 있었고 소논문에서는 '차이, 관계, 유의어, 변별, 변화, 한자어, 다의어'가 관련을 맺고 있었다. 또한 학위논문에서는 '한자어'와 연결된 단어가 5개 있었는데 소논문에서는 총 8개가 있었다. 학위논문 핵심어 네트워크 시각화를 통해 '한자어, 의미, 대조, 선정'을 중심으로 하는 대단위 연구 그룹을 확인할 수 있었으나 소논문의 경우 주로 '한자어'를 중심으로 하는 하나의 강력한 연구 분야가 도출되었다. 이외에 '교육 방안'을 중심으로 한 연구는 학위논문보다 소논문에서 더 다양하고 구체적으로 나타났다.

토픽 모델링 분석 결과 학위논문과 소논문에 상관없이 내용학 분야 연구가 교수학 분야보다 높았으며 약 7:3으로 내용학 연구의 비중이 압도적으로 높다. 내용학의 세부 영역을 살펴보면 어휘의 '의미 관계'에 대한 연구가 압도적으로 많이 이루어져 전체 내용학의 50%이상을 차지하였다. 기타 어휘 군에 관한 연구 비율도 아주 높게 나타났으며 특히 한자어에 관한 연구가 많았다. 교수학 영역에서는 어휘 교수 자료 구축의 분포 비율이 비교적 높게 나타났으며 어휘 교수 방법론보다 학습자를 위한 사전 및 교재 개발 그리고 여러 가지 어휘 목록 선정 연구가 더 많았음을 알 수 있다.

연구 주제를 기반으로 시기별 변화 추세를 분석한 결과 교수학에 대한 연구가 지속적인 상승세를 보여 주었으며, 총 논문의 주제 변동 추이를 검토한 결과 내용학 연구에서 의미 관계에 대한 연구가 2014년부터 완화한 상승세를 보였으나 학위논문에서는 반대로 내림세를 보였다. 기타 어휘 군 연구에서는 최근 한자어에 대한 논의가 줄어들면서 연구 주제의 다변화가 포착되었다. 사회언어학적 어휘 연구는 지속적으로 늘고 있으며, 특히 호칭어와 지칭어에 관한 관심이 갈수록 많아지고 있음을 알 수 있다.

학습자의 수준별, 단계별 연구 결과를 정리하면 다음과 같다. 일단 모든 단계에서 공통적으로 한자어에 대한 논의를 활발하게 진행되었다. 초급에서는 체언+용언형 연어 교육과 반의어 연구, 중급에서는 주로 유의어에 대한 연구, 그리고 고급에서는 속담, 의성어와 의태어 등에 대한 연구가 있었다. 다음으로 언어권별 결과를 살펴보면 역시 중국어권 학습자를 위한 연구가 가장 많았으며 일본, 베트남, 몽골 등 기타 다른 언어권 학습자에 대한 연구는 상대적으로 미진하였다. 한자어권 학습자들에 대한 연구에서는 역시 '한자어'에 대한 논의가 가장 많았고, 비한자어권인 몽골어권 학습자 대상으로 한 연구의 경우 속담과 관용어에 대한 논의가 더 많았다.

위에서 살펴본 어휘 교육 연구의 분석 결과를 토대로 향후 어휘 교육 연구의 방향을 몇 가지 제안하고자 한다. 첫째, 어휘 교수학에 관한 연구가 미약하여 어휘 교수 방법이나 학습 전략, 평가에 대한 탐구가 이루어져야 한다. 둘째, 어휘 의미 관계 논의에서 유의어와 다의어 연구에 비해 반의어에 대한 논의가 부족하다. 또한 기타 어휘 군 분야에서 한자어 중심 연구가 상대적으로 많으므로 한자어 외에 기타 어휘에 대한 연구도 다양하고 깊이 있게 이루어져야 한다. 셋째, 비한자어권 학습자를 위한 한자어 연구가 필요하다. 비한자어권 학습자의 경우 한자어를 어려워하기 때문에 이에 관한 연구가 이루어져야 한다.

V. 문화 교육

1. 도입

오지혜(2015)에 따르면, 문화 교육 분야의 연구는 1970년대에는 화용론적 접근으로 주로 정치, 경영의 영역에서 사회문화적 기능의 언어 사용에 중심을 두었다면 1980년대부터는 의사소통 중심의 교수법에 대한 논의가 다뤄지면서 문화 인식, 문화 이해에 초점을 두었고, 1990년대에는 상호문화적 접근에서 문화 간 의사소통 능력을 목표로 하는 통합적인 성격의 연구가 이루어졌다. 최근 한국 내 다문화 가정이 확대되면서 한국어교육에서 문화 적응과 이해를 위한 문화 교육의 중요성이 강조되면서 관련 연구가 활발하게 이루어지고 있다.

한국어 문화 교육 연구는 정확하게 언제부터 시작되었을까. 학술연구정보서비스(RISS)에서 '한국어 문화 교육'으로 검색해 보면 최초의 논문은 다음과 같다.

> 권순희(1996), 언어문화적 특성을 고려한 한국어교육의 교재 편성 방안, 국어교육연구 3-1, 서울대 국어교육연구소, 1-19.
> 심민아(1998), 외국어로서의 한국어교육에 있어서 문화 교육 방안, 이화여대 석사 논문.

권순희(1996)는 한국어 교재 편성 시 한국어 언어문화적 특성을 어떻게 고려할 수 있는지 다룬 논문으로 최초의 한국어 문화 교육 논문이다. 심민아(1998)는 효과적인 한국 문화 교육을 위해 한국어 교재와 한국어 수업에서 행해야 할 한국 문화 교육의 방향을 제안한 연구로서 최초의 학위논문이다.

한국어 문화 교육 분야의 연구 동향을 분석한 연구로는 오지혜(2015)가 있다. 오지혜(2015)는 한국어교육에서 문화 교육 연구의 양적 연구방법론에 대해 논의하였는데 문화 교육 연구 방법의 이론과 실제를 크게 세 가지로 나누었다. 먼저 연구 대상 분류로 조사 연구, 발달 연구, 상관 연구가 그것이다. 다음 교육 연구의 외적 영역으로 교육(교수·학습) 상황 및 요구를 내적 영역으로는 교육 내용, 교수·학습, 교육 자료, 평가의 요소를 설정하였다. 마지막으로 문화 교육 연구의 접근 관점을 분류(심리학, 언어학, 문화 간 의사소통학, 문화 연구)하였다. 조항록(2015)은 문화 교육의 실제와 과제를 논의하면서 문화 교육 총론 및 기초 연구(이론 논의, 하위 분류), 문화 교육 과정(요구 분석, 교육 내용, 교수 요목 개발, 교육 프로그램에 도입할 문화), 교육 방법(한국어와 통합 교육 위한 기초 자료, 교육 방법 논의), 문화 능력 평가(평가 도구 개발), 문학과 문화 교육(문학 작품 선정 및 활용에 관한 논의) 등 5개로 나누었다. 이지영(2016)은 2007 개정 교육 과정의 범교과 주제로 다문화 교육을 도입하면서 다문화 아동 문학 작품을 중심으로 문화다양성을 인종, 민족 문제 등으로 나누어 논의하였다. 원미진·유소영(2017)은 재외동포를 대상으로 한 학위논문 129편과 소논문 216편을 연구 대상(집단별, 지역별), 교수학(교육 정책, 교육 과정, 교재, 교수·학습 방안, 프로그램, 평가, 현황, 교사교육, 부모, 학습자 특성), 내용학(기능, 발음 어휘 문법 문화 담화 문학 통합 이중언어), 학습자 측면(정체성, 언어발달, 태도, 문화적응) 등으로 분류하였다. 그리고 중국과 미국에 거주하는 재외동포 연구가 주를 이루고 있음을 지적하면서 소수 언어 연구가 필요함을 논의하였다. 김윤주(2018)는 재외동포 대상 학위논문 1,238편을 연구 대상, 교수학, 내용학, 학습자 측면으로 나누어 연구 동향을 분석하였는데 문화 교육 분야도 하위 주제로 다루었다. 우리는 여기서 다음과 같은 연구 문제를 다루고자 한다.

- 한국어 문화 교육의 논문 수 추이는 어떻게 되는가? 언제부터 활발하게 논의되기 시작했는가?
- 한국어 문화 교육의 핵심 연구 키워드는 무엇이며 이들 키워드들은 서로 어떤 관련성을 맺고 있는가? 시기별로 핵심 연구 키워드들은 어떻게 변화해 왔는가?

- 한국어 문화 교육의 주요 연구 주제는 무엇이며 이들 주제들은 시기별로 어떻게 변화해 왔는가?
- 한국어 문화 교육의 학습자 대상별(여성결혼이민자, 이주노동자 등), 학습자 등급별(초급, 중급, 고급, 학문 목적 등) 연구 동향은 어떻게 다른가?

2. 연구 방법

2.1. 자료수집 및 분석 방법

학술연구정보서비스(RISS)에서 '한국어 문화 교육'과 관련된 키워드들을 학위논문과 소논문에서 검색하여 수집하였고 이를 다시 '여성결혼이민자'와 '이주노동자' 관련 키워드로 재검색 후 한국어 문화 교육 관련 대상별 논문을 수집하였다. 학위논문은 1998년부터 2019년까지 총 584편, 소논문은 1996년부터 2019년까지 총 582편이 수집되었다.

표 V-1 자료 선정 과정

검색 키워드	유형	논문 수	대상	논문 수
한국어교육 문화 교육 한국어교육 문화 한국어 문화 교육 한국어 문화	학위논문	584	여성 결혼 이민자	151
여성결혼이민자 이주여성 다문화 여성 외국인 근로자 외국인 노동자 외국인 이민자	소논문	582	이주 노동자	40

각 논문의 제목, 초록, 키워드 등을 포함한 서지정보를 학술연구정보서비스(RISS)에서 '내보내기'로 엑셀 파일에 저장한 후 '넷마이너(NetMiner 4.0)'의 자동수집기능을 활용하여 수집하였다. 분석 대상은 한국어 문화 교육의 핵심 지식과 개념을 나타내는 명사를 중심으로 하였고 한 글자 명사나 숫자, 영어는 제외시켰다. 또한 유의미한 키워드를 추출하기 위해 유의어 사전을 사용하였고, 무의미한 단어들은 제외어 사전의 기능을 사용하여 배제하였다.

표 V-2 유의어 및 제외어 사전을 활용한 어휘의 정제 작업

구분	사전	노드 설정	교정 어휘
교정	유의어	교재	한국어교재, 한국어 교재
		언어교육	언어교육, 언어 문화 교육, 언어 문화 교육
		교육 방안	문화 교육 방안, 문화 교육 방안,
		교사	한국어교사, 한국어 교사
		여성결혼이민자	결혼 이주 여성, 결혼여성이민자. 결혼이민자
		적응	문화 적응, 문화적응
		스트레스	문화적응 스트레스, stress
		문화	문화 교육, 문화 교육, 한국 문화 교육, 한국어 문화 교육, 한국어문화, 한국어 문화, 한국문화, 한국 문화
제거	제외어		문화 교육, 연구, 분석, 결과, 가능, 경우, 고려, 과정, 관련, 교육, 구매, 구성, 기존, 내용, 논문, 다양, 다음, 대부분, 대상, 도출, 목적, 문제, 방법, 방안, 방향. 본고, 사용, 사후, 수행, 실제, 실태, 언어, 영향, 요소, 요인, 이용, 자료, 적용, 제공, 제시, 제안, 중심, 중요, 차원, 체계, 최근, 측면, 파악, 평가, 필요, 학습, 한국어교육, 한국어, 한국어교육, 향상, 확인, 활용, 효과

2.2. 문화 교육 연구의 분류 기준 설정

연구 주제 분류 기준에 따라 연구 결과는 전혀 다른 방향으로 나타날 수 있기에 선행 연구를 참조하여 분류 기준을 검토 및 분석하였다.

표 V-3 선행 연구의 주제 분류 기준

오지혜(2015)	조항록(2015)	조윤정외 3인 (2016)	원미진·유소영 (2017)
연구 대상 교육 과정 접근 관점	기초 연구 교육 과정 평가 문학과 문화 교육	일반 내용 교수법 교육 자료 평가 교육 과정	연구 대상 교수학 내용학 학습자 측면

〈표 V-3〉에서 제시한 선행 연구의 하위 항목들을 주요 주제별로 재분류하면 다음 〈표 V-4〉와 같다.

표 V-4 선행 연구의 하위 항목에 대한 주제별 재분류

	일반	교수학습	교육 자료	평가	교육 내용
오지혜(2015)	상황 및 요구	교수학습	교육 자료	평가	교육 내용
조항록(2015)	문화 교육 총론 및 기초 연구, 요구 분석	교육 프로그램 도입할 문화 교육, 교수 요목 개발, 교육 방법, 통합 교육	프로그램 개발, 문학 작품 선정 및 활용 논의	문화 능력 평가, 도구개발	교육 내용

조윤정 외(2016)	이론, 현황, 요구 분석	교육 방안, 매체활용, 통합 교육	개발, 분석, 매체활용	성취도, 숙달도	전략
원미진 외(2017)	현황 부모,학습자 특성	교수학습 방안, 교사교육, 교육 과정, 기능	교재	평가	학습자 측면

선행 연구의 주제 분류 기준을 반영하여 한국어 문화 교육 연구 동향 분석을 위한 주제 분류 기준을 아래 <표 V-5>와 같이 설정하였다.

표 V-5 한국어 문화 교육의 연구 주제별 분류 기준 및 연구 대상

연구 주제별		연구 대상별
분류	세부 분류	
일반	이론 연구 요구 분석 연구 동향 양상 연구	이주노동자 여성결혼이민자
교수·학습	교육 방안 매체 활용 통합 교육 기타	
교육 자료	교재 및 과제 개발 교재 및 과제 분석 교재 설계 방안 제시 매체 활용	
평가	성취도 및 숙달도 평가 문화 능력 평가	
교육 내용	전략	

3. 연구 결과

3.1. 논문 수 추이

한국어 문화 교육 분야의 학위논문 수는 신민아(1998)의 이화여대 학위논문을 시작으로 2001년에 4편, 2007년에는 20편으로 증가하였고, 2010년부터는 34편으로 본격적인 연구가 이루어지면서 2019년에는 59편으로 가장 많았다. 소논문의 경우 1996년에 3편으로 시작되어 2004년에는 20편으로 증가하면서 2017년에 50편으로 가장 많았다. 2010년 이전까지는 학위논문보다 소논문에서 더욱 활발하게 진행되다가 2010년부터는 학위논문에서 문화 교육 연구가 더욱 활발하게 이루어졌다. 시기별 추이 결과 소논문은 소폭으로 꾸준하게 증가한 반면 학위논문은 2010년부터 폭발적인 증가율을 나타내었다.

그림 V-1 한국어 문화 교육 연구의 시기별 논문 수 추이

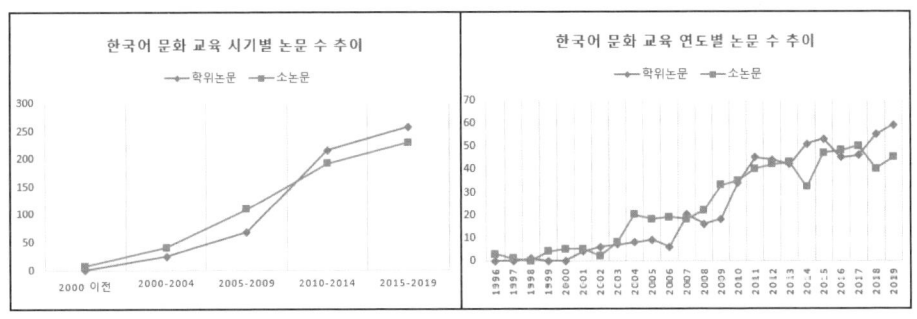

한국어 문화 교육 분야의 학위논문 배출 대학원은 한국외국어대학교 대학원이 가장 많았고 다음은 경희대학교 대학원, 부산외국어대학교 대학원 순이다. 소논문의 경우는 국제한국언어문화학회가 가장 많았고 그 다음은 한국언어문화학회, 한국어교육학회 순으로 배출되었다.

그림 V-2 한국어 문화 교육 연구 배출 기관

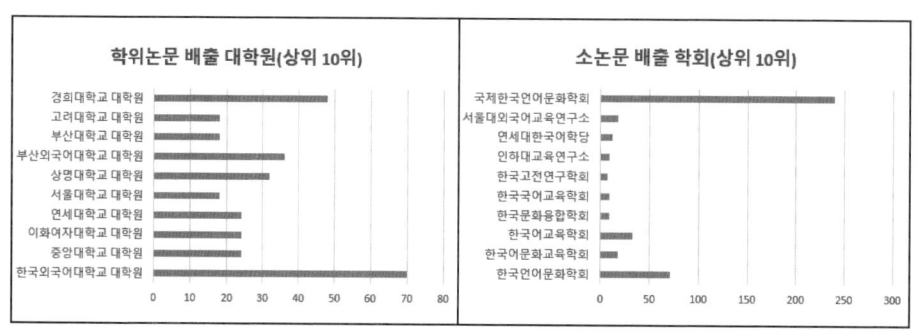

3.2. 언어 네트워크 분석 결과

3.2.1. 학위논문

1) 빈도수 분석 결과

한국어 문화 교육 학위논문의 빈도수 분석 결과 가장 높은 빈도수로 도출된 키워드는 '문화', '교육', '학습자' 등이 차지하였다. 그러나 빈도수 분석에서 유의미한 키워드를 추출하고 시각화하기 위해 앞의 단어들은 분석 대상에서 제외시켰다. 다음 <표 V-6>은 학위논문에서 빈도수 분석 결과 상위 키워드들이다.

표 V-6 한국어 문화 교육 학위논문 빈도수 분석 결과 상위 키워드

순위	키워드	빈도	순위	키워드	빈도	순위	키워드	빈도	순위	키워드	빈도
1	수업	613	15	단계	263	29	프로그램	184	43	언어교육	161
2	이해	572	16	요구	260	30	작품	183	44	현장	161
3	교재	432	17	교사	256	31	개발	179	45	학생	158
4	사회	412	18	조사	253	32	활동	177	46	현황	157
5	목표	366	19	비교	238	33	관계	175	47	진행	154

6	교육방안	338	20	의미	234	34	논의	174	48	문화항목	149
7	바탕	305	21	선정	214	35	배경	174	49	통합	149
8	한국문화	297	22	지식	212	36	특성	174	50	방식	146
9	다문화	294	23	인식	210	37	가치	172	51	대학	141
10	생활	294	24	모형	199	38	설화	171	52	상황	140
11	속담	289	25	의사소통	198	39	정리	167	53	체험	140
12	교수	281	26	여성결혼이민자	195	40	개념	163	54	외국인	136
13	능력	279	27	텍스트	192	41	기준	163	55	경험	135
14	문학	264	28	중국	189	42	선행	161	56	이론	133

　빈도수 분석 결과와 아래 그림의 워드 클라우드(Word Cloud) 시각화에서 눈에 띄는 것은 역시 가장 높은 빈도를 나타낸 '이해'로 학습자가 한국의 사회생활과 언어문화를 이해하고 수용하는 목표를 바탕으로 의사소통 능력을 함양하기 위한 학습자 요구 조사 및 교재 연구와 속담이나 문학 작품이나 문학 텍스트를 활용한 교육 방안 연구 및 프로그램 개발에 대한 논의가 주를 이루고 있다고 볼 수 있다. 또한 문화 수용을 위한 학습자의 단계별 수업모형을 제시하는 연구도 등장하며, 다문화 가정이나 외국인 유학생을 대상으로 하는 문화 교육 연구의 비중도 높게 나타났다.

그림 V-3 한국어 문화 교육 학위논문 빈도수 상위 300개의 워드 클라우드

2) 중심성 분석 결과

학위논문에서 수많은 연구자들에 의해 가장 관심을 끌었던 핵심 키워드는 무엇일까. 연결 중심성과 매개 중심성, 그리고 가장 많은 논문에서 출현한 상위 키워드 단어를 비교하였다.

표 V-7 한국어 문화 교육 학위논문 언어 네트워크 중심성 분석 결과 상위 키워드

순위	연결 중심성	비율	매개 중심성	비율	등장 논문 수	빈도
1	이해	0.10224	이해	0.062699	이해	199
2	수업	0.087881	사회	0.057795	바탕	180
3	사회	0.07869	수업	0.050294	교육 방안	171
4	교재	0.066054	교재	0.034765	수업	162
5	생활	0.056289	생활	0.030928	목표	155
6	다문화	0.056289	다문화	0.027092	사회	145
7	목표	0.053992	관계	0.023075	교재	141

8	교사	0.051694	교사	0.022454	의의	135
9	단계	0.049971	목표	0.020658	생활	133
10	바탕	0.048823	능력	0.020272	교수	128
11	비교	0.048248	비교	0.018935	능력	125
12	의미	0.047099	속담	0.018738	선행	124
13	능력	0.046525	단계	0.018516	구체	121
14	속담	0.045376	프로그램	0.018052	선정	117
15	개념	0.044227	중국	0.018046	의사소통	112
16	인식	0.043653	인식	0.017809	비교	110
17	관계	0.043079	교육 방안	0.017311	조사	107
18	선정	0.041356	의미	0.016493	인식	107
19	문학	0.040781	특성	0.016344	논의	106
20	교육 방안	0.039632	요구	0.014448	요구	105
21	특성	0.039058	개념	0.014199	현장	104
22	요구	0.039058	설화	0.013902	진행	104
23	교수	0.039058	유형	0.013583	단계	104
24	지식	0.038484	문학	0.013029	배경	103
25	텍스트	0.037335	가치	0.012637	개념	102
26	중국	0.037335	바탕	0.012601	이미	100
27	프로그램	0.033889	선정	0.012077	검토	100
28	활동	0.033314	텍스트	0.011853	정리	97
29	의사소통	0.032165	교수	0.011406	관계	95
30	가치	0.032165	대학	0.011272	현황	94

중심성 분석 결과 연결 중심성, 매개 중심성, 등장 논문 수의 세 가지 모두에서 중복되는 핵심 키워드는 '이해, 수업, 사회, 교재, 생활, 목표, 단계, 비교, 의미, 능력, 개념, 인식, 관계, 교육 방안, 요구, 교수' 등이며, 두 가지 기준에서 중복되는 키워드는 '교사, 다문화, 문학, 텍스트, 프로그램, 의사소통' 등이었다. 한국 사회의 문화적 생활 환경을 이해시킴으로써 의사소통 능력을 함양시키기 위해 학습자 요구 조사가 이루어졌고 문학 텍스트와 문화 교재를 활용한 교육 방안 연구가 활발하게 진행되었음을 예측할 수 있다. 구체적인 이해를 위해 다음의 단어쌍 분석 결과를 살펴보자.

상위 핵심 키워드 분석과 함께 다음 〈표 V-8〉은 단어와 단어 사이에 높은 연결 강도를 나타낸 단어쌍 분석 결과이다.

표 V-8 한국어 문화 교육 학위논문의 단어와 단어 간 연결도가 높은 단어쌍

순위	단어 (Source)	단어 (Target)	연결 강도 (Weight)
1	모형	수업	101
2	설문	조사	98
3	기준	선정	76
4	문학	작품	73
5	요구	조사	72
6	맥락	사회 문화	57
7	생활	일상	56
8	검토	선행	53
9	요구	학습자	50
10	배경	이론	49
11	실시	조사	46
12	문학	텍스트	40

13	다문화	사회	40
14	유발	흥미	37
15	학습자	흥미	36
16	다문화	학생	34
17	교수	모형	34
18	사회	적응	32
19	결혼이민자	여성	32
20	목표	설정	32
21	이해	학습자	32
22	교육 방안	한국어 문화	31
23	설문	실시	31
24	가치	지향	31
25	생활	적응	31

단어쌍 분석 결과를 종합해보면 한국어 문화 교육에 대한 학습자 요구 조사 및 이론 논의에 대한 기초 연구와 일상생활에서 사회 문화적인 맥락을 이해함으로써 심화된 의사소통 능력을 신장시키기 위한 연구가 주를 이루고 있다. 이를 바탕으로 실제 수업 시 문학 작품이나 텍스트를 활용하여 학습자의 흥미를 유발하는 수업 설계 및 교수 모형 연구도 나타난다. 또한 다문화 가정 자녀의 사회생활 적응에 대한 조사 연구 및 문화 교육 방안에 대한 연구도 높은 단어쌍을 나타내었다.

다음 <그림 V-4>는 한국어 문화 교육에서 학위논문 전체에 대한 언어 네트워크 시각화 결과이다.

그림 V-4 한국어 문화 교육 학위논문의 언어 네트워크 3개 그룹의 중심성 시각화

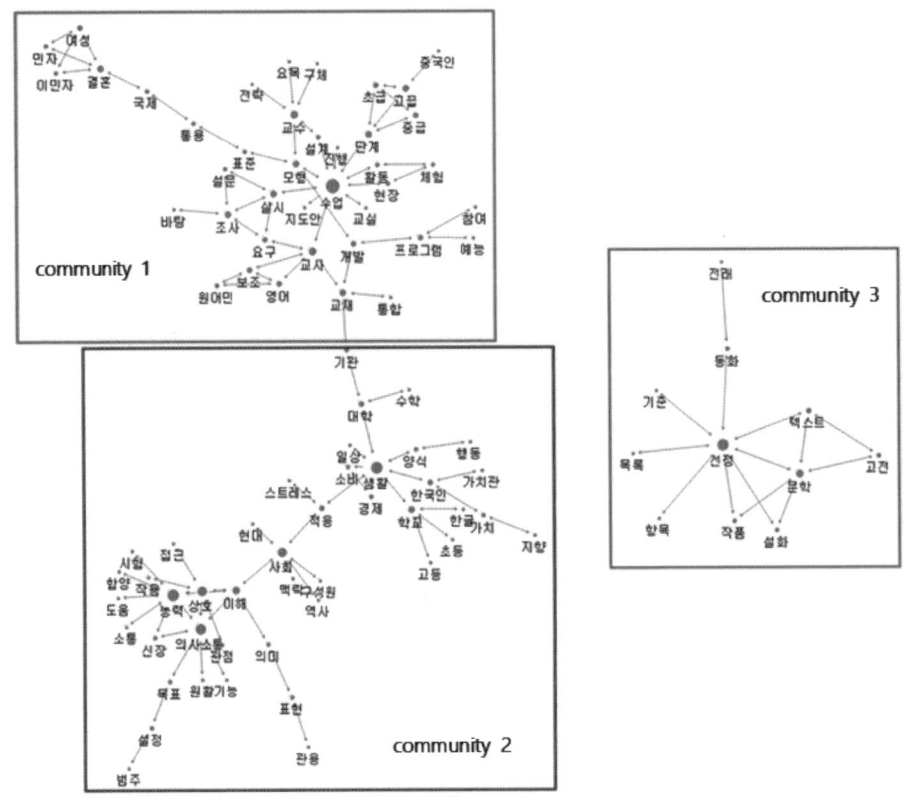

중심성 시각화 결과 한국어 문화 교육 분야의 언어 네트워크는 크게 세 개의 그룹을 생성하고 있었다. 먼저 Community 2는 한국 문화와 한국생활 문화에 대한 지식을 넘어서 사회문화적 맥락을 이해함으로써 의사소통 능력을 신장시키려는 구체적인 교육 방안 연구 그룹이다(실제 예를 들면 최가연, 2014; 이혜인, 2018; 김현아, 2019 등). 사회문화적 이해를 바탕으로 할 때에 단순 기능적인 언어 능력을 넘어 문화적 문식성을 갖춘 깊이 있는 의사소통을 할 수 있다.

Community 1은 언어문화 능력을 기르기 위한 학습 전략 연구와 교수·학습 모형을 제시하는 연구, 학습자의 문화 교육에 대한 요구 조사 및 교육 효과 조사 연구 등이다(실제 예를 들면 강소영, 2019; 문희진, 2019; 조승현, 2019 등). 또한 언어와

문화 통합 교재와 프로그램 개발에 대한 연구도 나타났다(실제 예를 들면 곽보민, 2019; 백사몽, 2019 등). 여성결혼이민자나 다문화 가정에 대한 연구와 학습자의 수준별 교수 요목 설계와 교육 방안 연구도 이루어졌다

Community 3은 문화 교육을 위해 문학 작품이나 매체를 활용한 연구들이다. 전래동화나 설화 등의 문학 작품이나 다양한 매체를 활용한 교육 방안 연구가 활발하게 이루어졌다(실제 예를 들면 이윤정, 2019; 김선미, 2019; 최기현, 2019 등).

중심성 시각화 분석을 통해서 그간 한국어 문화 교육의 목표는 사회문화적인 능력을 갖추고 맥락에 맞는 담화 능력을 기를 수 있도록 하는 데에 있었으며 수업에서 실제 적용 가능한 수업 모형이나 교재를 개발하고 이와 관련된 학습자의 요구를 분석하는 등의 연구가 진행되었음을 알 수 있다. 또한 교육 자료로 문학 작품이나 각종 매체를 활용한 교육 방안 연구가 활발하게 진행되었음을 알 수 있다.

그렇다면 시기별 연구자들의 주요 키워드는 무엇이었을까? 다음 <표 V-9>는 한국어 문화 교육 학위논문의 시기별 연결 중심성 분석 결과이다. 2000년 이전은 단 한편의 논문만 등장하였으므로 2000년 이후부터 5년 단위로 분석하였다.

표 V-9 한국어 문화 교육 학위논문의 언어 네트워크 시기별 중심성 분석 결과

순위	2000-2004년		2005-2009년		2010-2014년		2015-2019년	
1	단계	0.084416	생활	0.079027	사회	0.07438	이해	0.091278
2	사회	0.064935	이해	0.06079	수업	0.072019	수업	0.086207
3	이해	0.038961	가족	0.06079	이해	0.066116	사회	0.080122
4	수업	0.038961	사회	0.057751	교재	0.062574	상호	0.075051
5	활동	0.032468	의사소통	0.051672	생활	0.056671	교재	0.065923
6	사고	0.032468	수업	0.048632	교사	0.047226	선정	0.06288
7	모형	0.032468	선정	0.045593	가치	0.047226	능력	0.06288
8	마련	0.032468	목표	0.045593	속담	0.046045	생활	0.053753
9	현장	0.025974	능력	0.042553	텍스트	0.044864	단계	0.053753

10	체험	0.025974	결혼	0.042553	문학	0.044864	문학	0.052738
11	의사소통	0.025974	속담	0.039514	선정	0.042503	지식	0.051724
12	의미	0.025974	교재	0.039514	능력	0.041322	교수	0.05071
13	세계	0.025974	동화	0.036474	학교	0.03778	특성	0.048682
14	사람	0.025974	통합	0.033435	바탕	0.03778	바탕	0.048682
15	목표	0.025974	유형	0.033435	작품	0.0366	비교	0.046653
16	능력	0.025974	의미	0.030395	의사소통	0.034238	프로그램	0.045639
17	구체	0.025974	상징	0.030395	프로그램	0.033058	중국	0.045639
18	교수	0.025974	비교	0.030395	설화	0.033058	목표	0.042596
19	교사	0.025974	기능	0.030395	개념	0.033058	교사	0.042596
20	관계	0.025974	항목	0.027356	활동	0.031877	관계	0.042596
21	학교	0.019481	프랑스	0.027356	현황	0.031877	인식	0.039554
22	중급	0.019481	체험	0.027356	항목	0.031877	요구	0.039554
23	정리	0.019481	자녀	0.027356	한국인	0.031877	가치	0.039554
24	작품	0.019481	바탕	0.027356	적응	0.031877	텍스트	0.03854
25	시청	0.019481	한국인	0.024316	어휘	0.029516	의미	0.036511
26	수단	0.019481	여성	0.024316	상호	0.029516	개념	0.036511
27	속담	0.019481	이민자	0.021277	학생	0.028335	한국인	0.035497
28	소통	0.019481	요구	0.021277	비교	0.028335	학생	0.035497
29	설문	0.019481	어휘	0.021277	조사	0.027155	대학	0.034483
30	흥미	0.012987	단계	0.021277	단계	0.027155	경험	0.032454
31	현상	0.012987	교사	0.021277	역사	0.025974	주제	0.03144

2000-2004년까지의 중심성 상위 키워드를 살펴보면 '단계'가 가장 핵심어로 출현하면서 단계별 문화 내용과 교수 방법 논의가 이루어졌음을 알 수 있다(실제 예를 들면 장경은, 2001 등). 문학 작품 중 민요를 선택하여 초급을 대상으로 하는 교수 학습 방법을 연구하거나(실제 예를 들면 송희원, 2004 등), 외국 어린이의

초등학교 수업 시 문화내용을 학습자가 직접 체험하고 느끼고 이해하도록 하는 통합 교육 연구 논의도 활발하게 이루어졌다(실제 예를 들면 여경선, 2001; 안유미, 2003; 윤상철, 2004 등). 세계의 사회문화를 이해하고 세계화에 맞는 한국어 문화 자료를 개발하려는 연구(실제 예를 들면 김애원, 2004 등)와 학습자의 모국과 다른 문화적인 차이를 극복하는 방안으로 매체를 활용하여 한국의 생활문화를 이해시키려는 연구도 나타났다(실제 예를 들면 나정선, 2002; 김선미, 2003 등).

2005-2009년까지의 연구에서는 시조나 판소리, 신화 등을 활용하여 한국의 일상생활 문화를 이해시킴으로써 한국어를 유창하게 구사하게 하는 연구가 상위에 등장하였다(실제 예를 들면 강영주 외, 2008; 연선자 외, 2008; 황우철, 2009 등). 한국어와 문화 교육을 접목한 통합 교재 개발 및 교육 방안 연구(실제 예를 들면 박수정, 2008 등)와 여성결혼 이민자를 대상으로 문화 교육 요구 분석 및 교육 방안 논의도 상위에 등장한다(실제 예를 들면 백미옥, 2007; 이순애, 2007; 조수아, 2008 등). 가족생활의 적응을 위한 음식 관련 속담을 활용한 한국어 문화 교육 연구(실제 예를 들면 왕수기, 2009 등)와 중급 학습자 대상으로 김치 박물관이나 농업 기술센터 방문 활동을 통한 연구도 다뤄졌다(실제 예를 들면 배지윤, 2005 등).

2010-2014년까지의 시기는 생활문화 수업 교육 방안 연구를 위해 한국문화 교재 분석(실제 예를 들면 박인수, 2014 등)이나 여성결혼이민자 및 자녀 대상의 교실수업과 연계한 일상생활 문화 수업 교육 구성 논의(실제 예를 들면 김재희, 2013; 구미숙, 2014 등)와 중도입국 청소년의 언어문화적 환경 차이로 인해 한국사회 적응 및 학교생활 적응의 어려움을 해결하기 위한 방안 연구도 논의되었다(실제 예를 들면 안윤지, 2012; 소라, 2014 등). 문학 작품이나 고전문학 텍스트 선정 및 교재 개발 연구(실제 예를 들면 왕문도, 2011; 전선희, 2014; 왕아금. 2014 등)와 한류 문화 콘텐츠를 활용한 한국어교육 프로그램 개발 연구(실제 예를 들면 최희진, 2013; 김재관, 2014 등)와 함께 영화나 드라마, 버라이어티 프로그램 등 다양한 콘텐츠를 활용한 교육 방안에 대한 논의가 활발하게 진행되었다. 이 외에도 다문화가정에 적합한 프로그램 연구나 학습자 및 교사 요구 조사 연구도 상위 키워드에 출현하였다.

2015-2019년까지 최근 연구에서는 그동안 논의되었던 연구들이 다양화, 구체화되었다고 할 수 있다. 또한 상호문화 이해 능력에 대한 논의가 높은 중심성을 나타내는 새로운 주제로 등장하였다. 중도입국 자녀나 외국인 학습자의 모문화를 존중하면서 동시에 한국의 문화를 이해하는 의사소통 능력 향상을 위한 교수전략 논의가 활발하게 진행되었다고 할 수 있다(실제 예를 들면 김혜민, 2015; 유풍, 2019; 이철영, 2019; 곽보민, 2019 등). 2000년대 초기에는 읽고 쓰는 의사소통의 기능적인 능력 신장을 목표로 진행하다가 2005년부터 다양한 교육 자료를 활용하면서 일상생활에 필요한 수학 능력 함양으로 확장되었고 2010년부터는 매체를 활용하여 사회·문화적 맥락에 맞는 담화 능력에 이르렀다고 볼 수 있다. 최근에는 다양한 외국인 학습자를 대상으로 타문화 상호 존중의 문화 교육으로 진보하면서 사회문화적 맥락과 더불어 상호 역사에 대한 비판적 전망 연구의 흐름을 살펴볼 수 있다.

다음 <표 V-10>은 한국어 문화 교육 학위논문의 시기별 단어쌍 분석 결과이다.

표 V-10 한국어 문화 교육 학위논문의 언어 네트워크 시기별 단어쌍 분석 결과

순위	2000-2004년		2005-2009년		2010-2014년		2015-2019년	
1	모형-수업	13	결혼-여성	67	결혼-여성	115	입국-중도	136
2	초등-학교	10	여성-이민자	34	이민자-여성	69	능력-의사소통	73
3	문학-작품	9	동화-전래	31	능력-의사소통	64	결혼-여성	70
4	능력-의사소통	8	능력-의사소통	23	문학-작품	63	문학-작품	68
5	소통-의사	8	기능-의사소통	20	설문-조사	40	맥락-사회	58
6	동포-재외	7	관용어-속담	17	선정-항목	37	입국-청소년	55

7	실험-집단	6	목표-의사소통	15	요구-조사	33	동화-전래	49
8	어린이-외국	5	모형-수업	14	모형-수업	32	능력-상호	46
9	능력-의사	5	생활-일상	14	매체-영상	31	모형-수업	46
10	단계-초급	5	요구-조사	14	가치-지향	31	설문-조사	45
11	체험-활동	5	상징-어휘	12	생활-일상	30	다문화-자녀	40
12	능력-소통	5	여성-일본인	12	문학-텍스트	29	관용-표현	38
13	교수-요목	4	대화-인사	11	동화-전래	28	외국인-유학생	36
14	단계-주제	4	속담-의미	9	개발-교재	25	매체-영상	31
15	능력-신장	4	설문-조사	9	영어-원어민	25	교수-모형	29
16	방식-사고	4	교수-요목	9	교사-영어	24	동포-재외	27
17	단계-중급	4	속담-형태	8	다문화가정-아동	24	생활-일상	26
18	교수-모형	4	이민자-생활	8	체험-현장	22	관점-상호	24
19	노동자-외국인	4	체험-활동	7	단계-초급	22	공익-광고	24
20	수업-체험	3	능력-시험	7	입국-중도	21	예능-프로그램	23

시기별 단어쌍 분석 결과에서 눈에 띄는 것은 교육 대상의 변화이다. 2000년대 초기에는 외국인 아동이나 재외동포, 그리고 외국인 노동자를 대상에서 하였는데 2005년부터는 여성결혼이민자가 상위에 출현하면서 다문화 가정을 대상으로

연구가 활발하게 진행되었다. 2015년부터 최근에는 중도입국 청소년이나 다문화 가정 자녀를 대상으로 상호문화 존중을 통한 문화 능력 신장에 높은 관심을 나타내고 있다. 또한 속담의 관용어 표현 교육 연구에서 문학 작품이나 문학 텍스트를 활용하는 연구가 증가하였고 공익광고나 예능 프로그램, 다양한 영상 매체를 활용한 교육 연구가 활발하게 진행되고 있다.

3.2.2. 소논문

1) 빈도수 분석 결과

한국어 문화 교육과 관련한 소논문의 경우도 빈도수 분석 결과 '문화', '교육', '학습자'가 가장 높은 빈도를 나타내었으나 유의미한 키워드를 시각화하기 위해 분석 대상에서 제외하였다. 그 결과 학습자의 한국 문화를 이해하는 능력을 신장하기 위한 연구가 가장 높은 빈도수를 나타내었다.

표 V-11 한국어 문화 교육 소논문 빈도수 분석 결과 상위 키워드

순위	키워드	빈도	순위	키워드	빈도	순위	키워드	빈도	순위	키워드	빈도
1	이해	201	15	인식	66	29	토론	53	43	다문화	45
2	사회	125	16	선정	65	30	경험	52	44	가치	45
3	교재	107	17	문화 능력	64	31	관점	51	45	습득	44
4	능력	100	18	언어 문화	62	32	논의	50	46	상호	44
5	문학	97	19	양상	62	33	구체	50	47	학교	42
6	수업	91	20	학생	60	34	프로그램	48	48	작품	42
7	목표	87	21	모색	60	35	의미	48	49	의사소통	42

8	활동	82	22	텍스트	59	36	고찰	47	50	접근	41
9	외국인	81	23	설화	59	37	역사	46	51	과제	41
10	현황	69	24	통합	58	38	발표	46	52	특성	40
11	대학	69	25	지식	55	39	관계	46	53	진행	39
12	교육방안	69	26	바탕	55	40	고급	46	54	수용	39
13	교수	69	27	단계	54	41	사례	45	55	이야기	38
14	생활	67	28	교사	54	42	여성결혼이민자	45	56	문학작품	36

빈도수 분석 결과 상위 몇 개의 단어를 조합해보면 문화 교육의 목표가 한국 사회·문화에 대한 이해 능력의 신장으로 설정되고 문화 교재나 문학 텍스트를 활용한 교육 방안 연구가 상위에 등장하고 있음을 알 수 있다. 그리고 외국인 학습자의 한국 문화 이해 능력이나 언어문화 양상 연구나 통합 교육에 대한 연구도 진행되었다는 것을 알 수 있다. 수업 시 토론 활동이나 발표에 대한 프로그램 개발 연구나 여성결혼이민자나 다문화 가정을 대상으로 한 의사소통 능력 향상 연구, 문학 작품을 활용하는 연구도 높은 빈도로 등장하였다.

그림 V-5 한국어 문화 교육 소논문 빈도수 상위 300개의 워드 클라우드

2) 중심성 분석 결과

한국어 문화 교육과 관련한 소논문에서 연구자들에게 가장 관심 있게 다루어진 핵심어는 무엇이었는지 살펴보기 위해 연결 중심성과 매개 중심성, 그리고 가장 많은 논문에 등장하는 키워드를 분석하였다.

표 V-12 한국어 문화 교육 소논문 언어 네트워크 중심성 분석 결과 상위 키워드

순위	연결 중심성	비율	매개 중심성	비율	등장 논문 수	빈도
1	학습자	0.115564	학습자	0.227768	학습자	137
2	이해	0.064306	이해	0.104014	이해	94
3	사회	0.039143	사회	0.053435	사회	75
4	문학	0.027027	문학	0.03669	교육 방안	55
5	능력	0.027027	교재	0.033694	능력	55
6	교재	0.026095	선정	0.030448	모색	51
7	활동	0.023299	목표	0.028927	교수	49
8	수업	0.023299	수업	0.028712	외국인	49
9	선정	0.023299	활동	0.027783	현황	49
10	생활	0.023299	텍스트	0.025851	목표	47
11	목표	0.022367	생활	0.025325	교재	45
12	대학	0.021435	학생	0.024146	인식	45
13	관계	0.020503	대학	0.023	생활	44
14	학생	0.019571	경험	0.022189	수업	44
15	설화	0.019571	능력	0.021932	통합	43
16	경험	0.019571	관계	0.017288	바탕	42
17	현황	0.018639	단계	0.0165	언어문화	42
18	통합	0.018639	언어문화	0.016008	선정	41
19	양상	0.018639	통합	0.015964	대학	39
20	교수	0.018639	다문화가정	0.015167	비교	39

21	학교	0.017707	교수	0.015144	사례	39
22	텍스트	0.017707	설화	0.015105	습득	39
23	인식	0.017707	역사	0.014987	텍스트	39
24	외국인	0.017707	현황	0.014708	활동	39
25	언어문화	0.017707	사례	0.014569	고찰	38
26	단계	0.017707	학교	0.014175	양상	37
27	비교	0.015843	비교	0.01351	지식	37
28	역사	0.014911	상호	0.012999	토론	37
29	문화 능력	0.014911	문화 능력	0.012818	관계	36
30	지식	0.013979	주제	0.012609	문학	36

　연결 중심성, 매개 중심성, 등장 논문 수 세 가지 기준에서 모두 중복되는 키워드는 학습자를 중심으로 '이해, 사회, 문화, 능력, 교재, 활동, 수업, 선정, 생활, 목표, 대학, 관계, 현황, 통합, 양상, 교수, 학교, 텍스트, 언어문화, 비교' 등이며, 두 가지 기준에서 일치하는 키워드는 '학생, 설화, 경험, 양상, 학교, 인식, 외국인, 단계, 문화 능력' 등이다. 이는 한국 사회문화 이해를 바탕으로 새로운 문화적 의미와 상징을 알아가면서 의사소통 능력 함양은 물론이고 이를 넘어 언어 능력, 문화 능력, 사고 능력을 확대하는 방향으로 한국어 문화 교육의 목표가 확대되어 가고 있으며 이를 위해 학습자와 교사의 요구를 분석하고 수업 모형 및 교수 요목을 설계하는 등의 논의가 주를 이루고 있음을 나타낸다. 또한 다문화가정이나 외국인의 상호문화 이해 교육 논의도 이루어졌다.

표 V-13 한국어 문화 교육 학위논문의 단어와 단어 간 연결도가 높은 단어쌍

순위	단어 (Source)	단어 (Target)	연결 강도 (Weight)
1	외국인	학습자	26
2	고급	학습자	20

3	결혼이민자	여성	19
4	사회	학습자	15
5	소설	현대	12
6	습득	지식	11
7	교수	요목	10
8	과제	현황	10
9	이해	학습자	10
10	다문화가정	자녀	9
11	중국 대학	한국어학과	9
12	생활	일상	9
13	초급	학습자	9
14	바리공주	웹툰	9
15	능력	학습자	9
16	대학	일본	9
17	발전	현황	9
18	교사	학습자	8
19	자신	학습자	8
20	수업	학습자	8
21	수준	학습자	8
22	개념	문화 능력	8
23	사회	이해	8
24	국내	대학	8
25	가족	다문화	8

단어쌍 분석 결과 '학습자'가 가장 높은 빈도로 출현하면서 학습자와 교사의 요구 조사 및 실제 교수 현장에서 사용 가능한 교수·학습 기준 설정과 교수 요목 설계에 대한 논의가 주요하게 다루어졌음을 알 수 있다. 또한 여성결혼이민자나 다문화

가정 자녀를 대상으로 한국 사회에 잘 적응할 수 있는 문화 교육 방안 논의도 수준별로 다루어졌다. 현대 소설이나 웹툰 등 문학 작품 및 매체를 활용한 연구도 높은 단어쌍으로 출현하였다.

한국어 문화 교육 소논문의 중심성 시각화 분석 결과는 다음과 같이 크게 4개의 그룹으로 나뉜다.

그림 V-6 한국어 문화 교육 소논문의 언어 네트워크 4개 그룹의 중심성 시각화

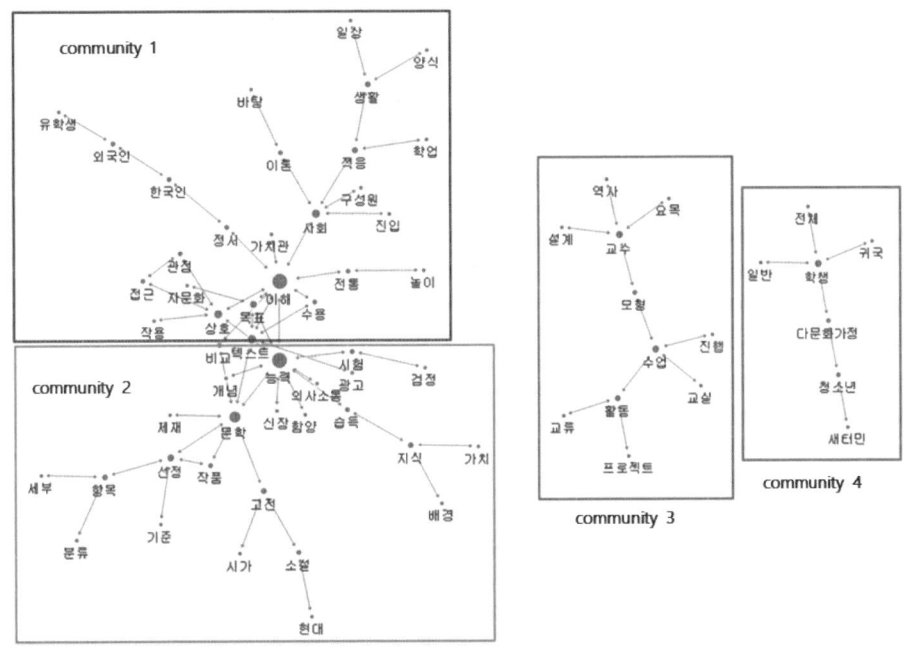

먼저 Community 1은 문화적 문식력을 목표로 한국 사회의 실제적인 생활문화를 통시적으로 이해함으로써 심층적인 의사소통 능력을 함양하기 위한 논의들이다(실제 예를 들면 최승은·박봉수, 2013; 김혜진, 2018; 김태연, 2019 등).

Community 2는 한국인의 가치관과 전통, 생활 풍습 등 문화 이해 능력을 통해 의사소통 능력을 향상시키는 방안으로 고전소설이나 시가에 나타난 생활양식이나 가치관을 교육하는 문화 교육 방안 논의이다(실제 예를 들면 김혜진·김종철, 2015; 오지혜, 2016; 김태연, 2019 등).

Community 3은 문화 교육 관련 교재를 분석하거나 수업 모형을 설계하거나 이를 적용한 수업의 효과성을 분석하고 학습자의 수준에 맞는 단계별 교육 방안을 개발하는 연구이다. 영화에 등장하는 젓가락 문화나 이산가족 문화 등을 활용하여 수업 모형을 제시하는 등의 연구가 이루어졌다(실제 예를 들면 홍예식, 2015; 유현정, 2017; 차윤정, 2019 등).

　Community 4는 귀국학생이나 북한이탈주민 청소년, 여성결혼이민자 등을 대상으로 한국 사회 구성원으로서 한국 사회에 잘 적응할 수 있는 문화 교육 방안을 다룬 연구들이다. 전통놀이나 무용 프로그램, 스토리텔링 등을 활용한 연구가 진행되었다. 여성결혼이민자나 다문화가정 자녀 등에 대한 연구가 독립적인 그룹을 생성함으로써 학위논문에 비해 소논문에서 이것이 더욱 관심 있는 주제로 논의되었다는 것을 보여 준다(실제 예를 들면 장영희, 2016; 조영철, 2018; 윤정은 외, 2019 등).

　다음 <표 V-14>는 한국어 문화 교육 소논문의 언어 네트워크 시기별 중심성 분석 결과이다.

표 V-14 한국어 문화 교육 소논문의 언어 네트워크 시기별 중심성 분석 결과

순위	2000-2004년		2005-2009년		2010-2014년		2015-2019년	
1	호칭어	0.048077	수업	0.040816	사회	0.073791	이해	0.05838
2	터키어	0.048077	이해	0.034014	소설	0.048346	능력	0.056497
3	표현	0.038462	훈민정음	0.027211	이해	0.045802	사회	0.045198
4	통합	0.038462	화자	0.027211	문학	0.043257	문학	0.043315
5	높임법	0.038462	현황	0.027211	능력	0.040712	교수	0.041431
6	화용	0.028846	표현	0.027211	수업	0.035623	교사	0.041431
7	문화 교육	0.028846	텍스트	0.027211	작용	0.035623	상호	0.039548
8	텍스트	0.028846	칠레	0.027211	상호	0.033079	수업	0.037665
9	초급	0.028846	과제	0.027211	텍스트	0.033079	교재	0.037665

10	정보	0.028846	결혼	0.027211	인식	0.030534	역사	0.032015
11	유머	0.028846	활동	0.020408	한국인	0.030534	학교	0.030132
12	문법	0.028846	문화 교육	0.020408	고전	0.02799	지식	0.030132
13	관용	0.028846	통합	0.020408	교재	0.025445	목표	0.030132
14	화용론	0.019231	콘텐츠	0.020408	생활	0.025445	설화	0.028249
15	현행	0.019231	충돌	0.020408	정체	0.025445	학생	0.026365
16	주제	0.019231	청소년	0.020408	현황	0.025445	의사소통	0.026365
17	이해	0.019231	정보	0.020408	관계	0.022901	외국인	0.026365
18	이중	0.019231	이민자	0.020408	양상	0.022901	선정	0.026365
19	요목	0.019231	운영	0.020408	작품	0.022901	대학	0.026365
20	영화	0.019231	영역	0.020408	문화 교육	0.020356	가치	0.026365
21	속담	0.019231	서사	0.020408	경험	0.017812	지역	0.024482
22	서편제	0.019231	문학	0.020408	사례	0.017812	항목	0.022599
23	사회	0.019231	동화	0.020408	선정	0.017812	요구	0.022599
24	본질	0.019231	동유럽	0.020408	외국인	0.017812	비교	0.022599
25	바탕	0.019231	대학교	0.020408	의미	0.017812	조사	0.020716
26	문학	0.019231	능력	0.020408	이론	0.017812	인식	0.020716
27	문제점	0.019231	기본	0.020408	전통	0.017812	단계	0.020716
28	문식	0.019231	가톨릭	0.020408	접근	0.017812	활동	0.018832
29	목록	0.019231	확장	0.013605	가치관	0.015267	정신	0.018832
30	모형	0.019231	항목	0.013605	결혼	0.015267	생활	0.018832
31	단계	0.019231	한인	0.013605	여성결혼이민자	0.015267	프로그램	0.016949

한국어 문화 교육 소논문의 시기별 중심성 분석 결과 2000-2004년까지 판소리나 영화를 활용한 한국의 전통문화 교육 연구(실제 예를 들면 이은숙, 2004 등)와 터키

초급 학습자를 대상으로 속담을 활용하여 한국과 터키의 언어문화적 요소로 호칭어, 높임법, 관용표현 등을 대조 분석하는 연구도 등장하였다(실제 예를 들면 튀르쾨쥬 괵셀, 2003 등). 문학 텍스트와 변용 텍스트를 활용하거나 언어교육과 문화 교육의 통합 양상에 대한 교육 방안 논의도 등장한다(실제 예를 들면 박용권, 2003; 이미혜, 2004 등).

2005-2009년까지는 한국 문화와 동유럽 지역의 문화 충돌 논의나 스페인어권 화자 대상의 문화 교육 현황 연구 등이 이루어졌다. 칠레 대학교와 한국문화수업의 발표 사례 등을 중심으로 논의되었고(실제 예를 들면 민원정, 2008 등), 여성결혼이민자 대상의 교재개발 연구도 나타난다(실제 예를 들면 김경회, 2009 등). 또한 고전 시가나 설화 문학을 활용하거나 속담의 관용 표현을 연구하였고(실제 예를 들면 양민정, 2008; 안미영, 2008 등)와 훈민정음 콘텐츠를 활용한 교육 연구도 이루어졌다(실제 예를 들면 이상혁, 2009 등).

2010-2014년까지는 언어 교실에서의 의사소통을 넘어 실제 사회적 상호문화 능력 신장을 위한 교육 논의가 이루어졌고(실제 예를 들면 이미향, 2012; 이성희, 2013; 김지혜, 2014 등). 한국인의 생활양식이나 가치관을 이해하기 위한 연구(실제 예를 들면 임금복, 2010; 이명현, 2014 등), 여성결혼이민자와 이주 노동자를 대상으로 통합적 교수·학습 방안을 연구한 논의(실제 예를 들면 김민라, 2014; 민정호·전한성, 2014 등) 등도 이루어졌다.

2015-2019년까지는 외국인 학습자의 학교생활 및 사회 적응을 위한 교수법 연구(실제 예를 들면 김종훈·조영철, 2018; 이소림, 2019 등), 문화적 문식력 함양으로 한국 문화 지식과 가치를 이해하고 해석하는 언어능력과 문화 능력 향상을 위한 논의(실제 예를 들면 김태연, 2019; 이주연, 2019 등) 등이 있었다. 여러 나라의 비교문학적 접근으로 문화적 보편성과 특수성을 이해하기 위한 논의(실제 예를 들면 오지혜, 2016; 이가원, 2019 등) 등도 있었다. 상호문화 교육의 교수·학습 모형 연구도 등장하였다(실제 예를 들면 차윤정, 2019; 배재원·이승연, 2016; 김윤주, 2015 등).

2000년대 초기에 문식성에 대한 논의가 시작되면서 학습자 개인의 담화 능력에 대한 연구에서 사회 문화적 관점의 의사소통 능력으로 확대되고 있다는 것을 발견할 수 있다. 또한 상호문화 능력 신장이라는 관점과 한국의 가치관을 이해하고 더 나아가 한국의 사회, 문화, 역사, 교육을 전망할 수 있는 비판적인 교육으로 나아가고 있다는 것을 알 수 있다. 문학이라는 키워드의 중심성이 지속적으로 상승하면서 문학 능력과 의사소통 능력이 연계되고 있다는 것도 특징이다. 또한 2005년부터 다문화 가정을 대상으로 하는 연구가 확대되면서 특수 교재 개발이나 사회문화적 적응을 위한 한국의 생활양식 및 가치관을 이해하기 위한 통합 교육 프로그램 개발 연구도 최근 논의되고 있다.

다음 <표 V-15>는 한국어 문화 교육 소논문의 시기별 단어쌍 분석 결과이다.

표 V-15 한국어 문화 교육 소논문의 언어 네트워크 시기별 단어쌍 분석 결과

순위	2000년-2004년		2005년-2009년		2010년-2014년		2015년-2019년	
1	변용-텍스트	4	결혼-여성	7	결혼-여성	25	결혼-이민자	26
2	관용-표현	4	대학-중국	7	상호-작용	22	능력-의사소통	23
3	동영상-정보	2	여성-이민자	7	고전-소설	18	이민자-여성	21
4	유머-인터넷	2	결혼-이민자	7	세계-음악	13	문학-작품	18
5	문학-작품	2	동화-전래	7	능력-의사소통	13	발표-분과	15
6	이중-주제	2	마음-풍금	6	소설-현대	13	선정-항목	14
7	사회-정치	2	마음-영화	6	문학-작품	12	능력-상호	13
8	초급-터키	2	단락-서사	6	뮤직-비디오	11	외국인-유학생	12
9	정보-텍스트	2	목표-텍스트	5	결혼-이민자	10	교수-역사	12
10	단계-목록	2	속담-표현	5	여성-이민자	9	동화-전래	10
11	언어교육-이중	2	고전-시가	4	상장-풍속	8	문학-텍스트	10

12	속담- 표현	2	관용- 표현	4	도서- 지역	8	귀국- 학생	9
13	대명사- 호칭어	2	생활- 현대	4	개발- 교재	7	결혼- 이민자	9
14	교류- 중국	2	관용- 속담	4	선정- 텍스트	7	상호- 접근	9
15	문법- 현행	2	고전- 문학	4	사회- 이론	6	정신- 풍류	9
16	문학- 텍스트	2	텍스트- 토대	4	교수- 요목	6	사회- 적응	8
17	단계- 초급	2	사례- 수업	4	대중- 문학	6	중원- 지역	8
18	다중- 문식	1	문학- 통합	4	광고- 텍스트	6	사회- 통합	8
19	높임법- 호칭어	1	청소년- 한인	4	신화- 주몽	6	교수- 설계	8
20	사회- 화용	1	친족- 호칭	3	문학- 텍스트	6	습득- 지식	7

단어쌍 분석 결과 2005년부터 여성결혼이민자를 대상으로 본격적인 연구가 진행되면서 2015년에는 다문화 가정 청소년이나 외국인 학습자에 대한 연구가 활발하게 이루어졌다. 2000년 초기에는 인터넷이나 동영상의 텍스트 정보를 활용하다가 2005년부터는 영화나 전래동화, 속담, 고전문학의 텍스트를 활용한 통합 교육에 대한 논의가 시작되었고 2010년에는 세계 음악이나 현대소설, 뮤직비디오 등 대중문학이나 광고 등 다양한 매체를 활용하면서 의사소통 능력이라는 단어쌍이 상위에 등장한다. 그리고 최근에는 한국의 역사나 정신적인 가치관 등에 대한 교수 설계가 이루어지면서 의사소통 능력의 범위가 보다 심화되고 있다.

3.3. 토픽 모델링 분석 결과

3.3.1. 학위논문

학위논문에 대한 토픽 모델링 분석 결과 다음 〈표 V-16〉과 같은 20개의 주요 주제와 키워드들이 도출되었고 이를 다시 대주제와 백분율로 분석하였다.

표 V-16 한국어 문화 교육 분야 학위논문의 주요 연구 주제 및 백분율

키워드1	키워드2	키워드3	키워드4	소주제	논문 수 (백분율)	대주제
수업	문화	체험	모형	문화체험을 통한 통합 교육 수업모형 연구	28 (5%)	교수·학습 46%
문화	신어	주제	여성결혼이민자	여성결혼이민자 대상의 신어 교육을 통한 문화 교육 연구	14 (2%)	
중국인 학습자	상호문화	광고	의미	중국인 학습자 대상 광고매체를 활용한 문화 교육 연구	26 (4%)	교수·학습 46%
다문화	가족	사회	자녀	다문화 가정 자녀의 사회적응을 위한 교육 방안	30 (5%)	
문화	선정	기준	가치문화	한국의 가치문화 선정 기준과 교육 방안 연구	24 (4%)	
설화	문화	문화 교육	민족	한국 고유성을 담는 설화문학 작품을 활용한 교육 방안 연구	27 (5%)	
문학	작품	텍스트	학습자	문학 작품에서 문학 텍스트를 활용한 교육 방안 연구	27 (5%)	
문화	문화 교육	수업	교육 방안	한국 문화 교육 수업 시 교육 방안 연구	68 (12%)	
중도입국 자녀	학교	항목	지도	중도입국 자녀 대상의 언어문화 교육 항목 선정 및 지도방안	27 (5%)	
문화	교재	문화 교육	문화항목	한국어 문화 교육 항목의 대학 교재 분석	66 (11%)	교육 자료 19%
문화 교육	문화	교재	설정	문화 교육과 언어교육의 연계된 통합교재 연구	28 (5%)	
여성결혼이민자	다문화 교육	문화	사회	다문화 가정 대상의 교과서 개발 연구	19 (3%)	
중국	문화	요구	교육 방안	중국인 학습자 대상 문화 교육 방안을 위한 요구 조사	40 (7%)	일반(조사 연구) 16%
생활문화	외국인	학생	조사	외국인 학생의 생활문화 적응관련 설문조사 연구	21 (4%)	
문화	학습자	목표	이해	학습자 이해를 목표로 교수설계를 위한 교사 요구 조사	31 (5%)	
문화	학습자	상호문화 교육	맥락	한국어와 문화적 맥락을 이해하는 상호문화 교육 연구	25 (4%)	교육 내용 16%
한국인	가치	인간	사고	한국인의 가치체계 특성을 이해하기 위한 문화 교육 내용	16 (3%)	
문화	사회	경제	프로그램	한국의 문화, 사회, 경제 등의 가치관을 이해하는 전략 프로그램 연구	15 (3%)	

| 문화 | 속담 | 이해 | 표현 | 속담을 통한 상호문화 이해와 표현 교육 연구 | 35 (6%) | 교육 내용 16% |
| 프로그램 | 교사 | 능력 | 언어 교육 | 한국어 교사의 문화교수 능력 및 교수학습 프로그램 평가 | 17 (3%) | 평가 3% |

　한국어 문화 교육 학위논문의 주요 연구 주제 분석 결과 '교수·학습' 연구가 46%로 나타나 가장 높은 비율을 차지했고 그 다음으로 '교육 자료', '일반(조사 연구)', '교육 내용', '평가'로 나타났다. '교육 자료'와 '조사 연구' 그리고 '교육 내용'이 비슷한 비율로 나타났다. 한국어 문화 교육에 실제 적용 가능한 교수·학습 연구를 위해 교육 자료의 중요성을 제시하고 분석하는 교육 자료 연구와 한국의 사회문화적 상호 가치 교육 내용이 논의되었다고 할 수 있다. 그러나 교수 학습 결과를 측정하는 성취도 평가나 학습자의 문화 능력 숙달도 평가 등의 연구는 많이 부족하다.

그림 V-7 한국어 문화 교육 학위논문의 주요 주제별 및 시기별 변화율

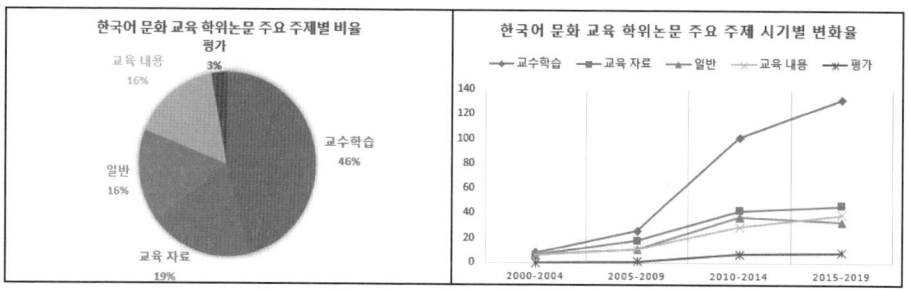

　주요 연구 주제의 시기별 변화율 분석 결과 2005년부터 '일반 연구(조사 연구)'와 '평가'에 관한 주제들이 출현하면서 2010년부터는 구체화되었다. 학습자들의 요구를 반영한 교육 자료를 개발함으로써 동기 유발과 학습 효과를 높일 수 있는 교육 방안 논의가 이루어졌다. 2015년부터는 다양한 주제가 활발하게 논의되면서 실제적인 '교수·학습' 관련 연구들도 이루어지고 있다.

3.3.2. 소논문

소논문 토픽 모델링 분석 결과 역시 20개의 소주제가 나타났고 주요 키워드를 기반으로 대주제와 주요 주제별 백분율을 분석한 결과는 다음 <표 V-17>과 같다.

표 V-17 한국어 문화 교육 분야 소논문의 주요 연구 주제 및 백분율

키워드1	키워드2	키워드3	키워드4	소주제	논문 수 (백분율)	대주제
이야기	전통문화	이해	학습자	이야기를 활용한 전통문화 교육 방안 연구	9 (2%)	교수·학습 51%
선정	상호	생활	전래동화	전래동화나 문학 작품 선정 및 문화 교육 교수모형 연구	26 (4%)	
사회	소설	여성	모색	여성결혼이민자 대상 소설을 활용한 한국사회 적응능력 문화 교육 방안모색	27 (5%)	
설화	문학	가치문화	가치	설화나 문학 작품을 활용한 한국의 가치문화 교육 연구	18 (3%)	
문학교육	기반	청소년	프로그램	다문화 청소년 대상 문학교육 프로그램 개발 연구	27 (5%)	
사회	프로그램	이해	정체성	다문화 자녀의 언어문화적 이해를 통한 사회 정체성 확립을 위한 프로그램 연구	19 (3%)	
학습자	외국인	작품	고급	고급 학습자 대상 문학 작품 선정 및 교육 방안 연구	30 (5%)	
수업	교육 방안	통합	영화	수업 시 영화나 매체를 활용한 통합 교육 방안 연구	48 (8%)	
학습자	활동	이해	양상	한국의 문화적 양상 이해를 위한 교육 방안 연구	16 (3%)	
학습자	목표	이해	교수	학습자의 목표 언어 이해교육을 위한 교수학습 방안 연구	33 (6%)	
발표	학습자	토론	교수법	학습자의 한국문화 사례 발표 및 토론을 통한 교수방안 연구	45 (8%)	

교재	현황	논의	문제점	한국어 교재의 문화 교육 현황 및 문제점 논의 검토	89 (15%)	교육 자료 19%
대학	일본	과제	특성	일본 대학 교재에 한국 문화 교육 항목 분석 및 개발연구	22 (4%)	
언어문화	현황	속담	고전소설	속담이나 고전소설에 나타난 전통 언어문화 교육	40 (7%)	교육 내용 15%
의미	의사소통	고찰	관점	의사소통 능력 습득을 위한 문화내용 의미 교육 고찰	21 (4%)	
문학	이해	정서	음악	문학과 음악을 활용한 정서교육과 문화다양성 이해	23 (4%)	
학습자	능력	수업	요구	수업 시 학습자 문화 능력 함양을 위한 요구 조사	26 (4%)	일반(조사 연구) 13%
학생	지역	중국	교류	한중 교류 지역 대학 한국문화 상호 수용 현황 조사	26 (4%)	
문화 능력	교사	학교	다문화	다문화 학생의 문화 능력 신장을 위한 교사 면담 조사	25 (4%)	
능력	수용	역사	언어문화	한국의 역사문화 수용능력 및 언어문화 능력 평가	12 (2%)	평가 2%

한국어 문화 교육 소논문의 주요 주제 분석 결과, 가장 높은 비율을 나타낸 주제는 교수·학습이다. 한국 문화 능력과 언어 능력의 함양을 위한 실제적인 교육 방안 연구가 주를 이루었고, 그 다음은 '교육 자료'와 '교육 내용', 그리고 학습자의 요구 조사나 설문조사 등의 '일반' 기초 연구로 나타났다. '평가' 관련 연구는 학위논문처럼 가장 낮은 비율로 나타났다. '평가'는 향후 한국어 문화 교육의 주요 연구 과제라고 할 수 있다. 소주제별로 가장 높은 비율을 나타낸 것은 한국어 교재에서 문화 교육 항목에 대한 분석과 교재 설계 방안 등 현재 사용되고 있는 교육 자료에 대한 분석·비판 연구이다.

그림 V-8 한국어 문화 교육 소논문의 주요 주제별 및 시기별 변화율

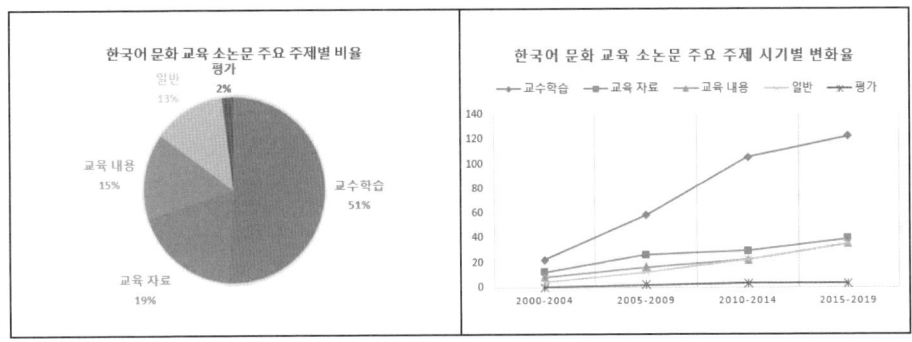

소논문 주요 연구 주제의 시기별 변화율을 살펴보면 모든 주제 영역에서 2000년대부터 꾸준하게 증가하고 있으며 2005년부터는 본격화되고 있다. 그러나 가장 높은 상승세를 나타내는 주제는 교수·학습에 관련된 연구들이며 2010년부터 폭발적으로 증가하고 있다. 그러나 상대적으로 교사와 학습자들의 요구나 평가에 관한 연구는 낮은 비율을 유지하고 있다.

3.4. 특수 목적 대상별

한국어교육에서 여성결혼이민자나 이주노동자 등 특수 목적 학습자 대상의 연구는 높은 비율을 차지한다. 그러나 문화 교육과 관련된 특수 목적 대상별 비율은 높지 않다.

표 V-18 한국어 문화 교육의 특수 목적 대상별 논문 수 및 비율

대상별	여성결혼이민자	이주노동자	재외동포	북한이탈주민	합계
논문 수	151	40	31	9	231
백분율	65%	17%	14%	4%	100%

특수 목적 대상별 논문 수 분석 결과 여성결혼이민자를 대상으로 가장 많은 연구가 진행되었고 그 다음은 이주노동자, 재외동포, 북한이탈주민의 순이다. 한국어 문화 교육 전체 논문 수(전체 1,166편)와 비교해볼 때 특수 목적 연구의 논문 수(231편) 비율은 20%로 분석된다.

그림 V-9 한국어 문화 교육 특수목적 대상별 연구 비율

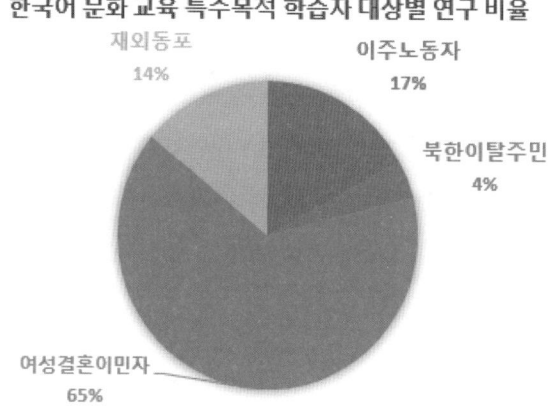

한국어 문화 교육 연구자들에게 가장 주목받고 있는 여성결혼이민자와 이주노동자를 대상으로 주요 핵심어는 무엇이며 또한 주요 주제는 어떤 내용이었는지 중심성 분석 및 토픽 모델링 분석을 하였다.

3.4.1. 여성결혼이민자

1) 논문 수 추이

한국어 문화 교육에서 여성결혼이민자에 대한 학위논문과 소논문 연구는 모두 151편이 검색되었다. 여성결혼이민자 대상의 연구는 2007년에 7편이 출현하면서 본격적으로 시작되었고 2010년에는 17편으로 증가하면서 큰 상승세를 나타내었다. 시기별로는 2010년-2014년까지가 가장 많은 논문 수를 나타내었고 2015년부터 최근까지는 점차 감소하는 추세이다.

그림 V-10 한국어 문화 교육 여성결혼이민자 대상 시기별 논문 수 추이

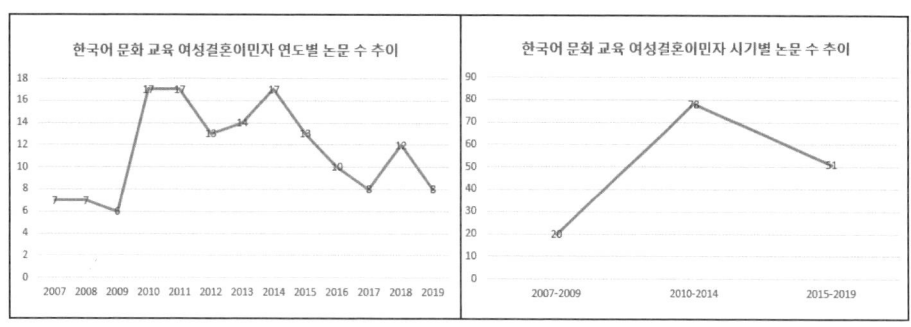

2) 빈도수 분석 결과

다음 <표 V-19>는 빈도수 분석 결과 상위 키워드이다.

표 V-19 한국어 문화 교육 여성결혼이민자 대상 빈도수 분석 결과 상위 키워드

순위	키워드	빈도	순위	키워드	빈도	순위	키워드	빈도	순위	키워드	빈도
1	사회	384	13	건강	100	25	거주	68	37	기간	55
2	적응	322	14	자녀	95	26	활동	66	38	이주	52
3	스트레스	195	15	참여	91	27	요구	65	39	실시	52
4	가족	191	16	갈등	90	28	조사	64	40	상호	52
5	생활	183	17	차이	81	29	인식	64	41	정책	51
6	관계	146	18	지지	81	30	어려움	64	42	교재	50
7	프로그램	130	19	이해	76	31	국제	64	43	상황	48
8	능력	126	20	통합	75	32	경험	62	44	요리	47
9	의사소통	107	21	지원	74	33	지역	59	45	어휘	47
10	유형	101	22	특성	71	34	단계	59	46	한국인	46
11	수준	100	23	만족도	71	35	취업	58	47	대상자	46
12	수업	100	24	개발	71	36	베트남	57	48	출신	45

위 <표 V-19>를 통해 한국 사회문화에 적응하는 과정에서 의사소통 능력의 부족이나 생활수준 등에 따라 생겨나는 스트레스에 대한 조사 연구나 요인 분석 연구가 지역별, 학습자별로 이루어졌음을 알 수 있다. 이에 대한 교육 방안으로 문화 교육과 융합된 교재 개발이나 통합 교육 방법이 많이 다뤄졌다. 아래 <그림 V-11>의 워드 클라우드 결과 역시 사회 적응 과정의 스트레스, 자녀 양육의 만족도와 문화 이해 등에 관한 내용이 많이 다뤄졌음을 보여 준다.

그림 V-11 한국어 문화 교육 여성결혼이민자 대상 워드 클라우드

3) 중심성 분석 결과

언어 네트워크에서 중심에 있는 핵심 키워드는 무엇일지 알아보기 위해 중심성을 분석하였다. 연결 정도 중심성과 매개 중심성, 근접 중심성 그리고 등장 논문 수를 분석하고 상위 키워드를 비교하여 중복되는 핵심 키워드를 추출하였다.

표 V-20 한국어 문화 교육 여성결혼이민자 대상 중심성 분석 결과 상위 키워드

순위	연결 중심성		매개 중심성		근접 중심성		등장 논문 수	
	키워드	연결 강도	키워드	연결 강도	키워드	연결 강도	키워드	빈도수

1	사회	0.146405	사회	0.182394	사회	0.393994	사회	275
2	적응	0.113725	적응	0.121033	적응	0.377383	적응	247
3	가족	0.087582	가족	0.092399	가족	0.368404	생활	152
4	생활	0.078431	관계	0.06965	관계	0.350592	스트레스	147
5	관계	0.071895	생활	0.069391	생활	0.349523	가족	145
6	스트레스	0.056209	자녀	0.042291	참여	0.337975	관계	111
7	참여	0.048366	참여	0.039185	스트레스	0.335599	프로그램	106
8	프로그램	0.047059	선정	0.036552	갈등	0.335403	능력	100
9	차이	0.044444	프로그램	0.032605	프로그램	0.331713	의사소통	89
10	갈등	0.044444	단계	0.03183	차이	0.331521	참여	83
11	수준	0.04183	수업	0.030831	수준	0.330374	수준	83
12	능력	0.04183	특성	0.029157	특성	0.328103	자녀	80
13	유형	0.040523	지역	0.027542	자녀	0.327915	건강	79
14	수업	0.040523	능력	0.023994	유형	0.326607	이해	71
15	자녀	0.039216	갈등	0.022567	능력	0.325124	차이	69
16	의사소통	0.037908	수준	0.021953	의사소통	0.323837	수업	66
17	특성	0.035294	의사소통	0.021628	통합	0.322198	갈등	66
18	인식	0.035294	개발	0.020862	어려움	0.321655	개발	65
19	단계	0.033987	작품	0.020295	경험	0.320934	특성	64
20	건강	0.033987	이해	0.020157	개발	0.320934	유형	64

위의 네 가지 기준으로 중심성을 분석한 결과 모든 기준에서 거의 유사한 결과가 도출되었고 이 중 네 가지 모두에서 중복되는 키워드는 '사회, 적응, 가족, 생활, 관계, 참여, 프로그램, 갈등, 수준, 능력, 자녀, 의사소통, 특성' 등이었다. 이는 여성결혼이민자 대상의 언어 네트워크에서 가장 중심이 되는 키워드라고 할 수 있다. 한국 문화와의 차이로 인한 가족관계 내 갈등, 자녀들의 사회 참여 적응 과정 분석, 문화를 고려한 의사소통 능력 신장 프로그램 개발 등이 주된 관심 영역이라 하겠다. 이러한 중심성 분석 결과를 시각화한 결과는 다음 〈그림 V-12〉와 같다.

그림 V-12 한국어 문화 교육 여성결혼이민자 대상 중심성 분석 시각화

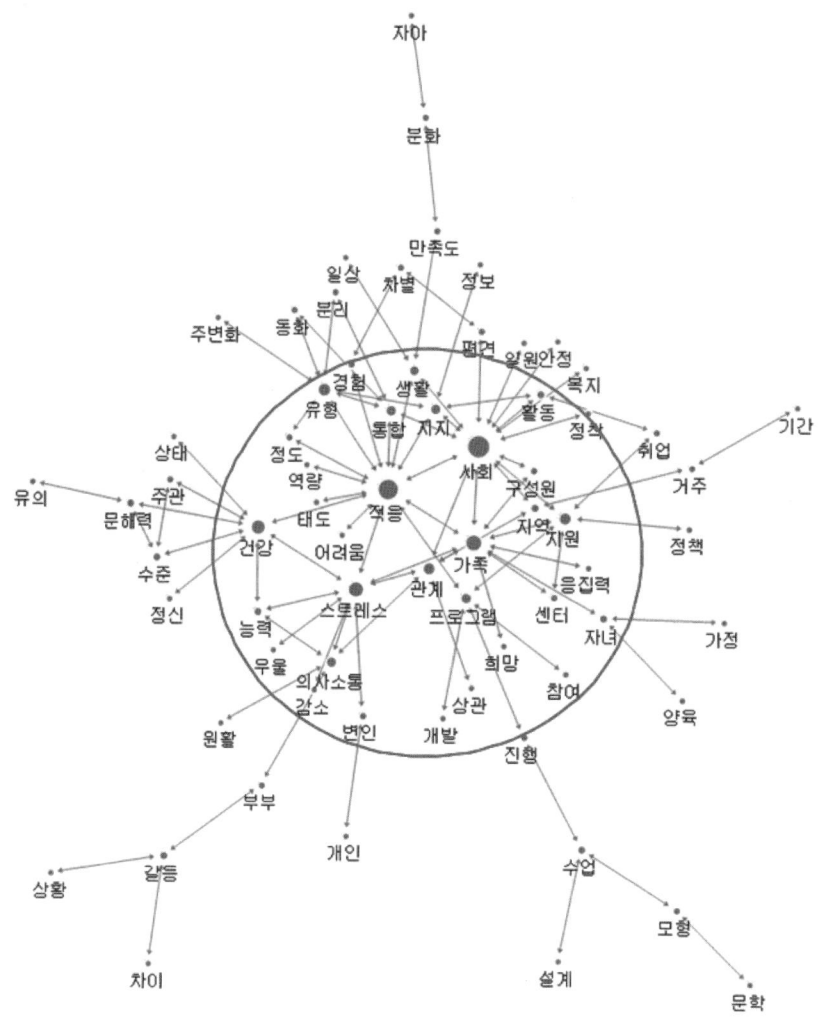

　여성결혼이민자 대상 언어 네트워크 중심성 시각화 분석 결과 한국 사회문화적 적응 과정에서 의사소통 능력의 차이로 경험하는 갈등, 가족관계에서 부부 스트레스와 정신 건강, 생활만족도 조사, 문학을 활용한 수업 설계 및 모형 제시 연구 등이 주를 이루고 있다(실제 예를 들면 이민자, 2019; 유승희, 2018; 이정숙, 2016; 오세옥, 2015 등).

4) 토픽 모델링 분석 결과

토픽 모델링 분석을 통해 여성결혼이민자를 대상으로 한 한국어교육 연구에서 문화를 활용한 연구들의 주요 주제 및 백분율을 분석하였다.

표 V-21 한국어 문화 교육 여성결혼이민자 대상 토픽 모델링 분석 결과 주요 주제 비율

키워드1	키워드2	키워드3	키워드4	소주제	논문 수 (백분율)	대주제
생활	결혼 만족도	의사소통	통합	결혼만족도를 위한 생활문화와 한국어 통합 교육 방안 연구	13 (9%)	교수·학습 42%
문화	여성 결혼이민자	설화	드라마	설화나 드라마를 활용한 문화 교육 방안연구	20 (13%)	
문화	수업	이해	갈등	여성결혼이민자의 문화차이 갈등에 대한 문화이해 교육 방안 연구	31 (21%)	
건강	베트남	문해력	중국	베트남, 중국 여성결혼이민자의 문화적응 및 건강 문해력 상관관계 조사	6 (4%)	일반(조사 연구) 25%
취업	참여	사전	자녀	언어와 문화를 활용한 여성결혼이민자의 취업지원과 자녀양육 효능감의 관계 조사 연구	9 (6%)	
사회	어휘	선정	생활 만족도	문화 교육용 어휘 선정과 생활만족도 조사	9 (6%)	
스트레스	수준	유형	기간	한국어 능력 수준과 문화적응의 스트레스 상관관계 요인 조사 연구	14 (9%)	
가족	관계	지원	정책	가족관계 생활만족도와 문화적응을 위한 교육 지원정책연구	3 (2%)	교육 내용 18%
적응	사회	어려움	지역	지역 사회 적응에 어려움을 겪는 여성결혼이민자의 문화적응을 위한 교육 내용 연구	15 (10%)	

사회	경험	여성 결혼이민자	차별	한국 사회문화적 적응과정에 문화차이로 경험하는 차별에 따른 문화 능력 신장 교육의 필요성 제시	9 (6%)	교육 내용 18%
Stress	여성 결혼이민자	교재	개발	문학을 활용한 스트레스 치료를 위한 교재개발 연구	11 (7%)	교육 자료 15%
다문화	문화	사회	프로그램	다문화가정의 사회문화적 적응을 위한 프로그램 개발연구	11 (7%)	

토픽 모델링 분석 결과 문화 차이로 인한 문화 충돌과 갈등 연구, 언어와 문화 교육이 융합된 통합 교육 연구, 설화나 드라마 등 매체를 활용한 교육 방안 연구 등이 관심도 높은 주요 주제로 나타났다. 그 다음으로 일반(조사 연구) 연구와 교육 내용 연구가 도출되었다. 이는 학위논문이나 소논문의 주요 주제 비율과 차이가 있는데 여성결혼이민자의 요구나 필요가 반영된 교육 항목 선정이나 교육 방안 연구 등 더 실제적인 논의가 이루어졌다고 할 수 있다. 그러나 새로운 교육 자료 개발이나 교수·학습 평가에 대한 논의는 부족하다.

시기별 분석 결과 주제별로 가장 활발하게 연구가 이루어진 시기는 2010-2014년이며 최근에는 감소하는 추세이다.

그림 V-13 한국어 문화 교육 여성결혼이민자 대상 주요 주제별 및 시기별 변화율

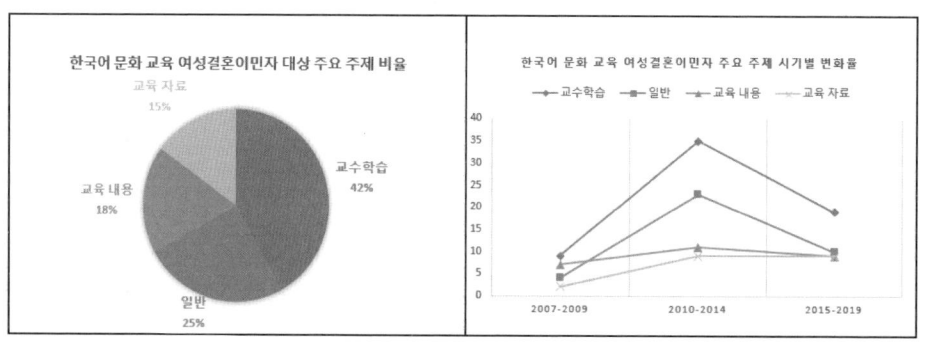

3.4.2. 이주노동자

외국인 이주노동자를 대상으로 한 학위논문과 소논문 개수는 총 40편이 검색되었다. 이에 대한 논문 수 추이와 빈도수, 중심성 분석과 주요 주제별 토픽 모델링 분석을 하였다.

1) 논문 수 추이

문화 교육에서 이주노동자 대상의 연구는 2002년에 출현한 후 2010년 이후부터 본격화되었고 시기별로는 2010년부터 일정한 수를 유지하고 있다. 그러나 한국어교육에서 이주노동자 대상 연구가 이루어지고 상황을 감안한다면 문화를 주제로 다룬 연구는 많지 않다는 점을 알 수 있다.

그림 V-14 한국어 문화 교육 이주노동자 대상 시기별 논문 수 추이

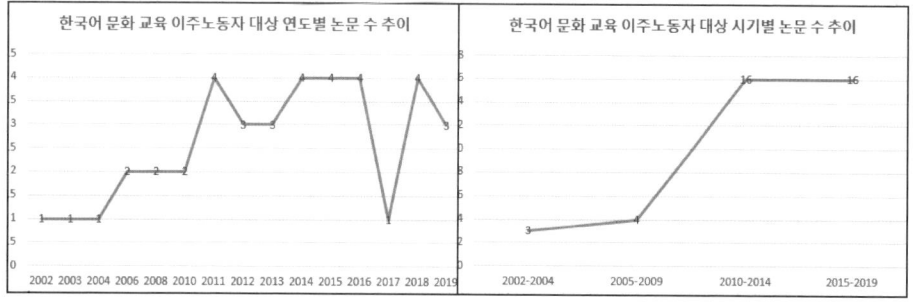

2) 빈도수 분석 결과

다음 〈표 V-22〉는 빈도수 분석 결과 상위 키워드이다.

표 V-22 한국어 문화 교육 이주노동자 대상 빈도수 분석 결과 상위 키워드

순위	키워드	빈도	순위	키워드	빈도	순위	키워드	빈도	순위	키워드	빈도
1	스트레스	107	13	노동자	32	25	교재	23	37	유형	19
2	생활	84	14	실시	29	26	거주	23	38	요구	19

3	사회	81	15	직장	28	27	취업교육	22	39	이상	18
4	적응	73	16	경험	27	28	지지	22	40	의사소통	18
5	조사	46	17	갈등	27	29	국가	22	41	하위	17
6	관계	39	18	차이	26	30	경제	22	42	교회	17
7	프로그램	38	19	가족	26	31	이슬람	21	43	환경	16
8	인식	38	20	활동	25	32	통합	20	44	참여	16
9	어휘	38	21	지원	25	33	어려움	20	45	지역	16
10	음식	35	22	선정	25	34	특성	19	46	이해	16
11	수준	34	23	체류	24	35	차별	19	47	시간	16
12	한국인	33	24	설문	24	36	정도	19	48	개발	16

이주노동자 대상 연구의 빈도수 분석 결과 사회문화적 차이나 어휘, 의사소통 능력 수준 등에 따라 노동자들이 갖는 스트레스, 그에 미치는 원인 조사나 요구 분석 등의 키워드가 출현하며 직장이나 가족 간의 갈등과 어려움, 이에 대한 학습자의 요구 분석, 언어와 문화의 통합 교육, 교재 및 프로그램 개발 연구 등이 등장한다. 이 외에 음식 문제나 취업 문제에 대한 논의와 지역 환경에서 교회 참여 등의 논의도 출현하고 있다. 시각화 결과에서 가장 눈에 띄는 단어는 '스트레스, 사회, 생활, 적응, 한국인, 관계, 인식' 등으로 여성결혼이민자 관련 연구보다 더 높은 빈도를 나타내고 있다.

그림 V-15 한국어 문화 교육 이주노동자 대상 워드 클라우드

3) 중심성 분석 결과

이주노동자 대상 연구들의 언어 네트워크에서 중심에 있는 핵심 키워드는 무엇일지 알아보기 위해 중심성을 분석하였다. 연결정도 중심성과 매개 중심성, 근접 중심성 그리고 등장 논문 수를 분석하고 상위 키워드를 비교하여 중복되는 핵심 키워드를 추출하였다.

표 V-23 한국어 문화 교육 이주노동자 대상 중심성 분석 결과 상위 키워드

순위	연결 중심성		매개 중심성		근접 중심성		등장 논문 수	
	키워드	연결 강도	키워드	연결 강도	키워드	연결 강도	키워드	빈도수
1	스트레스	0.101064	스트레스	0.190586	스트레스	0.299985	생활	21
2	사회	0.077128	사회	0.177532	사회	0.298724	적응	18
3	생활	0.06383	생활	0.148953	생활	0.293181	실시	17
4	적응	0.047872	인식	0.089319	적응	0.284102	조사	16
5	한국인	0.042553	적응	0.081283	갈등	0.275567	사회	16
6	인식	0.042553	한국인	0.076017	인식	0.270072	설문	14
7	관계	0.042553	프로그램	0.064911	관계	0.270072	프로그램	12
8	경험	0.034574	어휘	0.057675	노동자	0.267783	정도	12
9	차별	0.031915	관계	0.056824	차별	0.265038	이해	12
10	직장	0.031915	직장	0.052342	지지	0.264545	거주	12
11	활동	0.029255	유형	0.051446	직장	0.259239	한국인	11
12	프로그램	0.029255	노동자	0.05001	경험	0.259239	특성	11
13	어휘	0.029255	실시	0.043604	가족	0.25713	인식	11
14	갈등	0.029255	음식	0.041483	프로그램	0.256666	노동자	11
15	지지	0.026596	갈등	0.038509	변인	0.253689	관계	11
16	음식	0.026596	단체	0.038347	정보	0.252339	요구	10
17	수준	0.026596	경험	0.037939	통합	0.252115	스트레스	10

18	노동자	0.026596	조사	0.037293	어려움	0.252115	체류	9
19	체류	0.023936	만족도	0.037149	다문화	0.250781	차이	9
20	차이	0.023936	교재	0.034984	활동	0.24968	진행	9

중심성 분석 결과 네 가지 기준 모두에서 중복된 키워드는 '스트레스, 사회, 생활, 적응, 인식, 관계, 경험, 프로그램' 등이고 두 가지 이상의 기준에서 중복된 단어는 '직장, 음식, 갈등, 차별' 등이다. 사회문화적 차이로 인해 일상생활에서 경험하는 어려움이나 스트레스, 이를 해결하기 위한 교육 방안이나 프로그램 개발 연구 등이 주요 중심성을 나타낸다고 할 수 있다. 또한 직장이나 사회생활에서 한국인들의 인식에 따른 갈등 문제 등에 대한 설문조사 연구도 높은 중심성을 나타내었다.

다음 〈그림 V-16〉은 이주노동자 대상의 문화 교육 연구에서 언어 네트워크 중심성 시각화 결과이다.

그림 V-16 한국어 문화 교육 이주노동자 대상 중심성 시각화

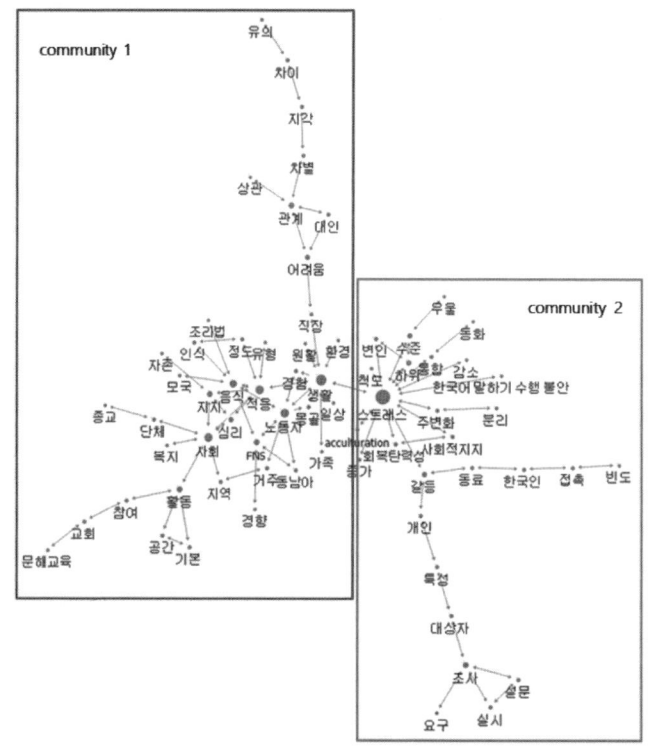

중심성 시각화 결과 크게 두 그룹으로 나눌 수 있다. Community 1은 한국 사회 내 이주노동자들의 생활경험과 적응력에 영향을 미치는 한국어 능력 수준이나 주관적 인식 등에 대한 연구 그룹이다(실제 예를 들면 Natsagbadam Narantsetseg, 2018; 이경란,이은정, 2016; 김미숙, 2014; 최하영, 2011 등). Community 2는 노동자들의 사회 활동이나 문해교육 활동에 관한 연구(실제 예를 들면 이윤희, 2019; 김선희, 2008 등)와 직장 내 동료와의 갈등이나 생활 경험에서 오는 스트레스 분석 연구 등(실제 예를 들면 오영훈·하종천, 2019; 문송이, 2017; 김대명, 2016 등) 등을 나타낸다.

4) 토픽 모델링 분석 결과

한국어 문화 교육과 관련한 이주노동자 대상 연구는 40편으로 많지 않아 7개의 소주제로 나누고 대주제와 그 비율을 분석하였다.

표 V-24 한국어 문화 교육 이주노동자 대상 토픽 모델링 분석 결과 주요 주제 비율

키워드1	키워드2	키워드3	키워드4	소주제	논문 수 (백분율)	대주제
한국인	활동	경험	어려움	이주노동자들이 한국인과 관계에서 경험하는 어려움의 요인 분석 조사 연구	10 (25%)	일반(조사 연구) 45%
음식	노동자	교회	차이	이주노동자들의 식생활이나 지역갈등 등에 문화 교육을 위한 실태조사 기초 자료연구	1 (3%)	
생활	적응	체류	유형	이주노동자의 체류 기간이나 유형별 문화적응 만족도 조사	7 (17%)	
어휘	선정	설문	교수	요구 조사에 따른 문화항목 선정 및 교수학습 방안 연구	4 (10%)	교수학습 20%
스트레스	통합	변인	문화변용	문화적응 스트레스의 요인분석 결과에 따른 생활문화 통합 교육 방안 모색	4 (10%)	
조사	교재	취업교육	요구	이주노동자의 요구 분석 결과에 따른 취업교육 교재개발 연구	7 (18%)	교육 자료 18%
사회	적응	프로그램	인식	사회문화적 적응능력 함양을 위한 문화 교육 프로그램 개발	7 (17%)	교육 내용 17%

이주노동자 대상의 한국어 문화 교육 토픽 분석 결과 직장이나 사회생활에서 경험하고 있는 어려움이나 스트레스의 요인 분석, 노동자들을 대상으로 하는 요구 조사 등이 가장 높은 비율을 차지하였다. 아직 양적, 질적인 측면에서 이주노동자를 대상으로 문화를 다룬 연구는 기초적 수준에 머물고 있다고 할 수 있다. 시기별 주제의 변화율 역시 조금씩 상승하고는 있으나 하락하고 있는 주제도 나타난다.

그림 V-17 한국어 문화 교육 이주노동자 대상 주요 주제별 및 시기별 변화율

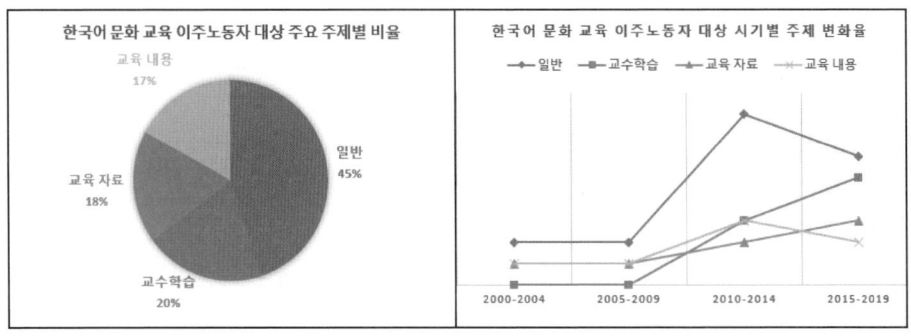

4. 논의

한국어 문화 교육 관련 학위논문과 소논문의 논문 수 추이 결과 앞서 논의한 바와 같이 1990년대 중반 이후로 문화에 대해 다루기 시작하면서 2005년 이후부터 연구가 본격화되었고 2010년부터 구체화되었다. 유형별로는 2010년 이전까지 소논문이 활성화되었고 2010년 이후부터 소논문은 낮은 증가율을 나타내었고 학위논문은 폭발적으로 증가되었다. 최근에는 학위논문과 소논문 모두 상승세를 나타내었고 문화 교육에 대한 연구자들의 관심이 높아지고 있다.
한국어 문화 교육에서 '문화'와 함께 나타나는 연구 키워드를 시기별로 나누어 중심성을 분석하였다.

그림 V-18 한국어 문화 교육의 핵심어 시기별 변화율1

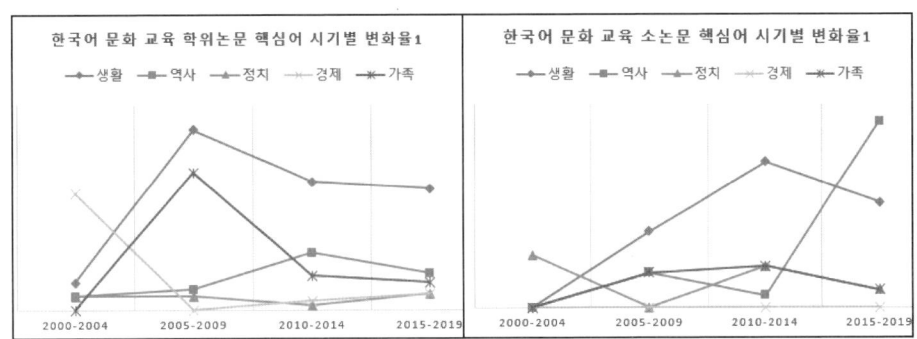

한국어 문화 교육의 연구 분야 중에서 핵심 키워드의 시기별 중심성 변화율을 살펴본 결과 생활 언어 연구에 대한 비율이 가장 높았고 다음으로는 역사, 가족, 경제 순서로 나타났다. 한국의 정치나 경제보다 일상생활의 언어를 습득하는 데 중점을 두고 있다는 것이 나타난다. 또한 가족보다 한국의 역사에 더 높은 관심도를 나타내는 것도 특징이다.

그림 V-19 한국어 문화 교육의 핵심어 시기별 변화율2

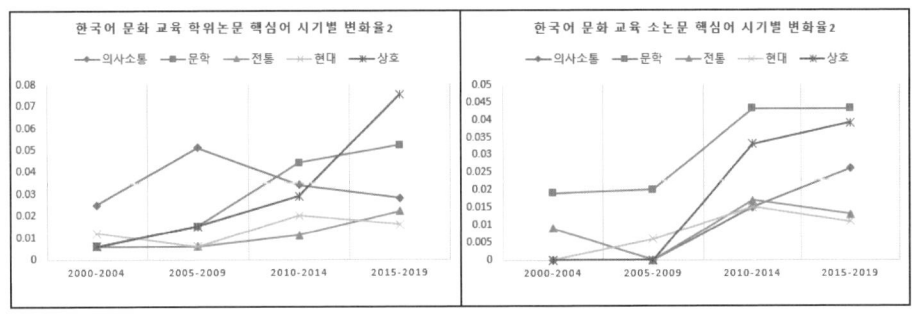

한국어 문화 교육에서 교육 목표를 살펴볼 수 있는 핵심 키워드들의 중심성을 시기별로 분석해본 결과 외국인 학습자의 모 문화와 한국 문화와의 '상호 이해와 융합'을 통한 교수·학습이 이루어지고 있다는 것을 알 수 있다. 이는 일방적으로 한국의 문화를 교수하는 초기와 달라진 점이다. 또한 문학 작품이 많이 활용되고 있으며 2010년부터 전통문화보다 현대문화에 더 많은 관심을 나타내다가 최근에는 전통문화에 대한 연구가 더욱 활발하게 진행되고 있다. 전통문화에 대한 교육을 통해 한국의 역사와 전통을 비판적으로 전망하고 있다. 초기에는 기능적 문식성을 지향하다가 한국의 역사와 사회문화에 대한 텍스트의 문맥적 이해를 넘어 상호문화에 대한 이해와 평등의 관점에서 비판적인 통합 교육으로 확대되고 있다고 할 수 있다. 이러한 중심성 분석을 통해 한국어 문화 교육의 목표가 단순히 문자를 읽고 전달하는 기능적인 능력의 신장에서 벗어나 문화적 문식성을 지향하고 있다는 것이 밝혀졌다. 그러나 시기별 중심성 분석에서 한국어교육의 기초적인 목표인 언어의 네 가지 기능인 말하기, 듣기, 읽기, 쓰기에 대한 키워드는 출현하지 않았다. 단지 한국의 문화를 전달하는 데 중점을 두어서는 안 되며, 언어교육의 기능적인 능력을 신장시키는 한국어교육의 기본적인 목표를 항상 기억해야 할 것이다.

그림 V-20 한국어 문화 교육의 등급 대상별 중심성 변화율

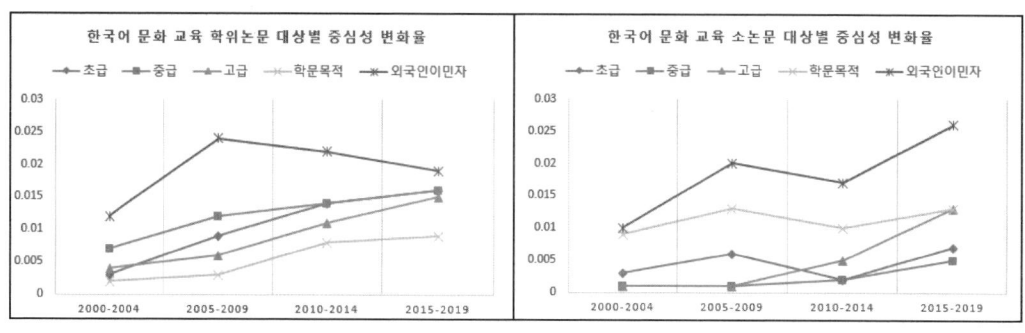

등급별(초·중·고급 및 학문 목적) 학습자 대상으로 중심성을 분석한 결과 중급 학습자를 대상으로 한 연구가 가장 높았고 다음은 고급, 초급, 학문 목적의 순으로 나타났다. 최근 상승하고 있는 등급은 학위논문의 경우 초급과 고급이 성장세를 나타내고 학문 목적 대상의 연구도 소폭 상승하고 있다. 소논문의 경우 학문 목적 대상의 연구가 가장 활발하게 진행되고 있으며 다음으로 고급 대상이 높았다. 그러나 가장 높은 비율을 차지하는 대상은 여성결혼이민자나 외국인 이민자 등으로 나타났는데 등급별 중심성과 상당한 차이를 나타낸다. 이는 한국어 문화 교육

분야에서 등급별(초·중·고급) 연구가 아직까지 활성화되지 않고 있기 때문으로 보인다. 그러나 학위논문의 경우 등급별 연구가 상승하고 있고 소논문의 경우 다문화가정 대상의 연구가 상승세를 나타낸다.

 그림 V-21 한국어 문화 교육의 주요 주제별 백분율

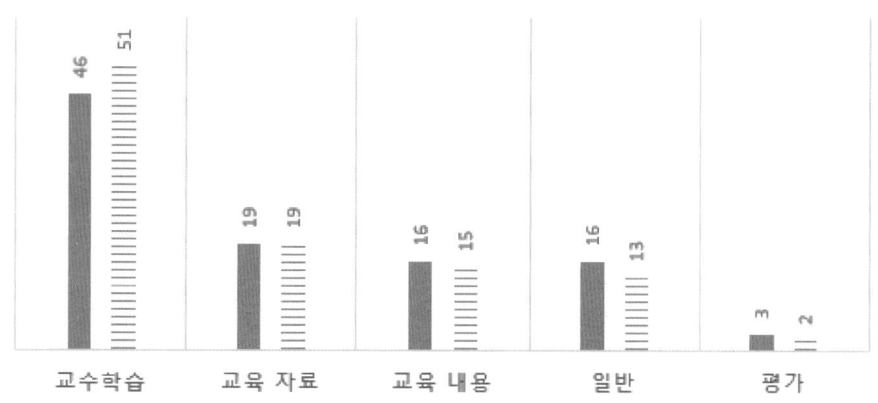

한국어 문화 교육 토픽 모델링의 주요 주제의 시기별 변화율 분석 결과 2005년부터 연구가 본격화되어 2010년부터는 논문의 수가 폭발적으로 증가하면서 다양한 주제들이 다뤄졌다. 최근 학위논문과 소논문 모두 증가하는 추세이며 한국어교육에서 문화에 대한 관심이 높아지고 있다. 주요 주제 비율 분석 결과 학위논문과 소논문 모두 문화를 활용하여 실제적인 의사소통 능력을 배양하기 위한 교수·학습에 관한 연구가 주를 이루고 있다.

학습자 요구 분석 결과에 따라 다양한 교육 자료(교재 등)가 개발되고 문화 교육 항목이 선정되며 이를 교수·학습 방안에 적용할 때 학습자의 동기 유발이나 학습 효과는 더 커질 수 있을 것이다. 그러나 일반 조사 연구나 요구 분석, 교수·학습에 대한 성취도 평가나 학습자들의 의사소통 능력을 측정하는 평가에 관한 연구는 상대적으로 낮다.

　한국어 문화 교육 분야의 학위논문과 소논문 전체 1,166편에 대한 특수 목적 학습자의 대상별 비율은 20%로 현저하게 낮다. 대상별 비율에서 가장 높은 비율을 차지한 대상은 여성결혼이민자로 전체의 13%를 차지하였고 특수 목적 대상 내에서는 65%를 나타냈다. 일상생활에서 외국인 이민자가 겪는 문화 충격이나 갈등도 매우 다양하고 구체적으로 연구될 필요가 있다. 향후 특수 목적 대상 한국어 문화 교육은 좀 더 다양하게 확대될 필요가 있다.

그림 V-22　한국어 문화 교육의 대상별 연구 비율

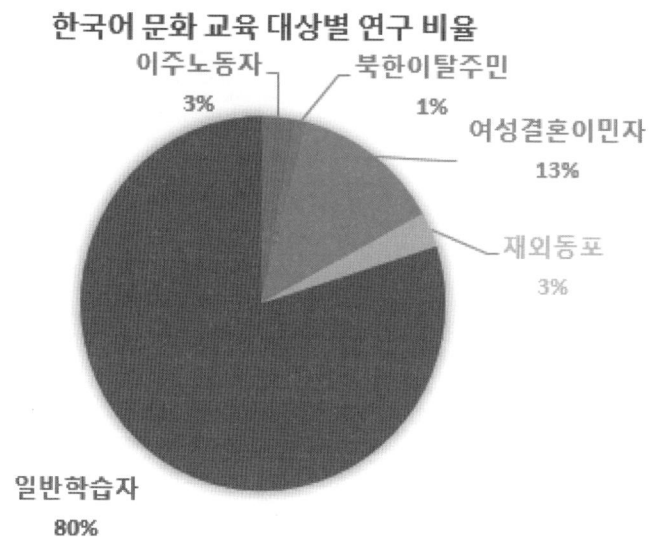

　대상별 분석에서 가장 높은 비율을 나타낸 여성결혼이민자에 대한 언어 네트워크에서 중심성이 높은 키워드는 '사회, 적응, 가족, 생활, 관계, 참여, 프로그램, 갈등, 수준, 능력, 자녀, 의사소통, 특성' 등으로 사회문화 적응과 관련된 기초 연구와 가족 간 원활한 의사소통 능력 신장을 위한 교육 방안 연구가 주를 이루고 있다.

그림 V-23 한국어 문화 교육의 여성결혼이민자 대상 주제별 변화율

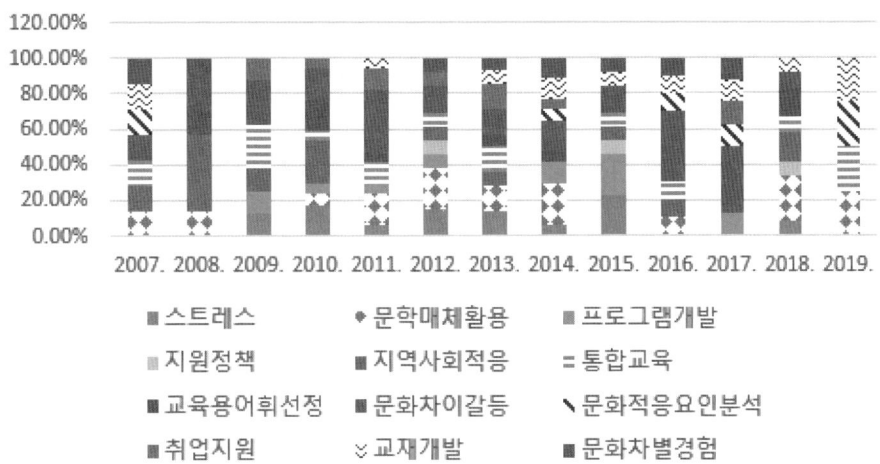

여성결혼이민자 대상 문화 교육의 주제별 변화율을 살펴보면 2007년에 7개의 주제로 시작해서 2010년까지는 스트레스와 관련된 주제가 높은 비중을 차지한다. 2010년 이후부터 여성결혼이민자의 모 문화와의 차이로 인한 갈등의 문제와 이에 대한 교육 방안 연구가 문학이나 매체 활용 교육이나 언어와 문화의 통합 교육 형태로 나타났다. 2015년부터는 사회 문화 프로그램 개발에 관한 논의가 출현하고 문화의 이질화 문제에 대한 논의가 2016년과 2017년에 가장 큰 비중을 차지하였다. 최근에는 4개의 주제가 동등한 비율로 상승세를 나타내는데 가장 큰 성장세를 나타내는 주제는 여성결혼이민자의 한국어 수준과 문화적응의 스트레스 상관관계에 대한 요인 분석과 조사 연구 등으로 나타났다. 이는 학습자 중심의 요구 분석을 통해 실제 필요한 항목을 선정하고 이를 체계화하려는 연구가 최근 주목받기 때문일 것이다. 다음으로 큰 상승세를 보인 주제는 한국의 생활문화와 언어 교육이 연계된 통합 교육 연구이다. 언어와 문화를 융합함으로써 학습자의 의사소통 능력을 배양하기 위한 연계 논의가 이루어지고 있다. 또한 여성결혼이민자를 대상으로 교재 분석 및 개발 연구도 활발하게 논의되고 있으며 문학이나 매체를 활용하여 학습자의 필요를 채우면서도 흥미를 유발하는 교수·학습 방법론 연구도

2018년부터 높은 관심도를 나타내고 있다.

이주노동자 대상 연구에서는 가장 중심성이 높은 핵심 키워드가 '스트레스'이다. 이와 관련한 '차별'이나 '갈등'도 높은 중심성을 나타내었다. 학위논문이나 소논문의 핵심 키워드가 기초 연구를 바탕으로 한 교육 방안 연구와 깊은 관련을 맺은 것과 다르다. 토픽 분석 결과 역시 교수·학습이나 실제적 교육 방안보다는 한국어 문화 교육 연구의 기반을 튼튼히 하는 일반 연구가 더 높은 비중을 차지했다. 주요 주제별 변화율을 살펴보면 2002년에는 이주노동자의 유형별 문화적응 만족도 조사와 같은 연구로 시작되었는데 2011년부터는 점차 주제의 다양화가 이루어졌다. 2015년에는 교재 개발과 교육 방안 연구가 진행되다가 2017년에는 언어와 문화의 통합 교육 논의가 활발하게 이루어졌다. 최근에는 학습자 요인 분석에 기초한 문화 교육 프로그램 개발 연구가 상승세를 나타내고 있다.

그림 V-24   한국어 문화 교육의 이주노동자 대상 주제별 변화율

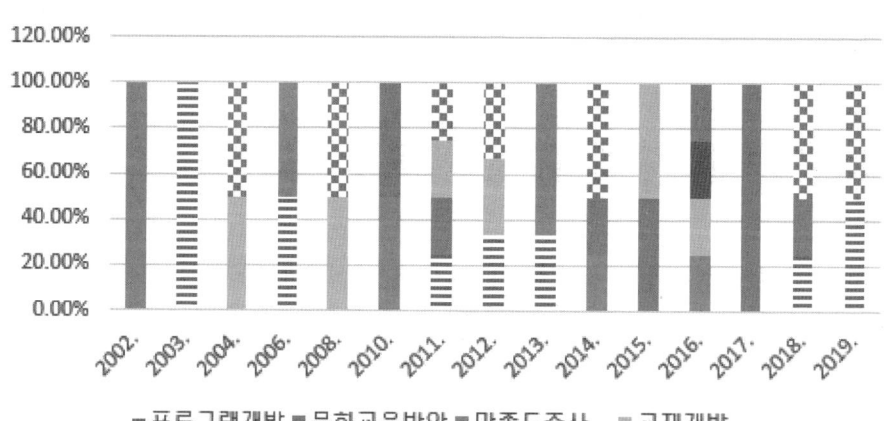

이주노동자 대상의 한국어 문화 교육 연구는 실제 교육현장에서 학습자의 요구나 필요에 따른 교수방안이 적용되어질 때 교육의 효율성을 높일 수 있다고 판단된다. 그런 관점에서 일반 기초 연구의 비중이 높다는 것은 지향할만하나 연구물의 양이 적고 아직까지 기초 연구 중심으로 이루어지고 있어 앞으로 다양한 실제적 적용 연구도 이루어져야 할 것이다.

한국어 문화 교육 연구 초기에는 기능적 문식성 신장이 주요 목표였다면 중반에는 문화적 문식성 신장까지 확대되었고 최근에는 학습자의 모 문화와 한국 문화의 상호 이해 및 융합 교육을 통해 한국 문화의 세계화를 시도하고 있다. 그러나 한국어교육의 전체 분야에서 수준별 초·중·고급 및 학문 목적 학습자 대상 연구는 아직도 낮은 비율을 나타내었다. 또한 중심성 분석에서 언어의 네 가지 기능인 말하기, 듣기, 읽기, 쓰기 등과 같은 키워드를 찾기 어려웠다. 중심도가 낮다는 것은 연구자들의 관심이 언어의 네 기능에 대한 교수·학습 활동보다는 단지 한국의 문화를 학습자들에게 전달하기 위한 교수 방법을 논의하는 데에만 중심을 두고 있는 것은 아닌지 점검할 필요가 있음을 함의한다. 한국어교육의 기본 목표가 한국어 기능(말하기, 듣기, 읽기, 쓰기 능력)의 신장이라는 점을 놓쳐서는 안 될 것이다. 또한 학습자들의 실제 요구와 필요에 의해 교수 요목 설계나 항목이 선정되어야 하고 그에 맞는 교육 도구도 개발되어야 할 것이다. 동시에 교수·학습 결과를 측정하는 성취도 평가나 학습자들의 의사소통 능력을 측정하는 숙달도 평가에 관한 연구도 앞으로 더욱 활발하게 진행되어야 하겠다.

Ⅵ. 통합 교육

1. 도입

　의사소통 영역은 흔히 말하기, 듣기, 읽기, 쓰기로 나뉘지만 실제 의사소통은 통합적으로 이루어진다. 최근에는 이들 기능 영역과 문화 영역, 문법 영역, 문학 영역 등과 통합하려는 연구도 활발하다. 그렇다면 한국어교육에서 영역 간 통합 교육에 관한 논의는 언제부터 시작되었을까? '통합 교육'을 명시적으로 의도하면서 논문 제목이나 키워드에 '통합'을 넣은 논의들을 '한국어교육 and 통합 교육'으로 학술연구정보서비스(RISS)에서 검색해 보았다. 소논문으로는 다음 황인교(1997)가 최초인데, 이 논문은 읽기와 쓰기의 양상을 살펴본 뒤 학습자 중심의 통합 교육 방법을 논의하였다.

> 황인교(1997), 외국어로서의 한국어교육 연구: 읽기와 쓰기 교수법을 중심으로, 이화어문논집 15, 이화여대 이화어문학회, 145-164.

학위논문에서는 다음 세 편의 논문이 검색되는데 모두 '교재'와 관련된다.

> 이소영(2001), 한국어 교재의 문화 요소 분석 및 한국어 문화 통합 교수 방안: 웹 활용 방안을 중심으로, 이화여대 석사학위논문.
> 조미경(2001), 귀국 초등학생용 한국어 교재의 개선 방안 연구, 서울교대 석사학위논문.
> 구민숙(2001), 외국인 노동자를 위한 한국어교육 방안 연구: 교재 구성을 중심으로, 경희대 석사학위논문.

이중 이소영(2001)은 교재의 문화 요소를 분석한 뒤 웹을 활용하여 여러 문화 요소들을 통합하여 교육하는 방안을 논의한 것으로서, 영역 간(말하기, 듣기, 읽기, 쓰기 등등) 통합 논의는 아니지만 문화 요소간 통합을 시도한 논문이다. 나머지 두 논문들은 모두 교재 구성과 관련되는데 언어 활동의 통합성을 고려하여 말하기, 듣기, 읽기, 쓰기의 네 기능 모두가 통합적으로 구현되는 교재를 구성해야 함을 강조한 논의들이다.

영역간 '통합'을 제목에 명시한 최초의 논문은 김형근(2002)으로 판단된다. 이 논문은 읽기와 쓰기를 통합하여 가르치는 방법을 연구하였다.

> 김형근(2002), 외국어로서의 한국어 읽기와 쓰기 교수 학습에 관한 통합적 연구, 국민대 석사학위논문.

아직 한국어교육 내 통합 교육 관련 연구 동향 분석은 이루어지지 않은 듯하다. 우리는 여기에서 다음과 같은 주제를 다루고자 한다.

> - 한국어 통합 교육의 논문 수 추이는 어떻게 되는가? 언제부터 활발하게 논의되기 시작했는가?
> - 한국어 통합 교육의 핵심 연구 키워드는 무엇이며 이들 키워드들은 서로 어떤 관련성을 맺고 있는가? 시기별로 핵심 연구 키워드들은 어떻게 변화해 왔는가?
> - 한국어 통합 교육의 주요 연구 주제는 무엇이며 이들 주제들은 시기별로 어떻게 변화해 왔는가?

2. 연구 방법

연구에 필요한 자료를 얻기 위해 학술연구정보서비스(RISS)에서 '한국어교육 and 통합 교육'으로 검색을 하였다. 시작일은 따로 지정하지 않았고 다만 2019년 12월

31일까지를 기준으로 하였다. 그 결과 학위논문 158편, 소논문 151편이 추출되었다.

다음 <표 VI-1>에서처럼 정확한 연구 결과를 얻기 위해 유의어와 제외어를 지정하는 사전 처리 작업을 하였다. 유의어는 같은 의미인데 연구자마다 서로 다르게 표현한 단어들을 하나의 단어로 묶는 작업이며 제외어는 빈도수는 높지만 한국어 통합 교육의 특성을 보여 줄 수 없다고 판단된 단어들이다.

표 VI-1 유의어 및 제외어 사전을 사용한 어휘 정제 작업

구분	사전	노드 설정	교정 어휘
교정	유의어	관용어	관용구, 관용표현
		다의어	다의 관계
		유의어	유의 관계
		교육 방안	교수법, 교수 모형
		다문화	다문화가정, 다문화 가정, 다문화자녀, 다문화 자녀, 다문화 학생
		결혼이민자	결혼 이민자, 결혼 여성, 이주 여성, 결혼 이주 여성
		이주노동자	이주 노동자, 근로자, 이주 근로자, 노동자
		한국어능력시험	토픽, TOPIK, 토픽 시험
		논문	학술논문, 학위논문, 소논문, 졸업논문
		이중 언어	이중언어
제거	제외어		기획, 기획발표, 논평, 대한, 목적, 문제, 바탕, 발표, 방안, 분과, 분석, 수업, 쓰기, 양상, 언어, 연구, 연구 방법, 영역, 인식, 일반, 자료, 작문, 주제, 주제토론, 중심, 지도, 토론, 토론문, 특성, 필자, 학문, 학문 목적, 학습, 학습자, 한국어, 한국어교육, 현황, 활용

학위논문 159편과 소논문 151편 총 310편의 논문에서 분석 대상으로 삼은 것은 핵심어와 논문 제목, 그리고 국문 초록이다. 언어는 한국어, 품사는 명사에 한정해서 연구를 진행했다.

3. 연구 결과

3.1. 논문 수 추이

최종 수집된 학위논문과 소논문은 논문 수 추이는 다음 〈그림 VI-1〉과 같다. 학위논문의 경우 2011년에 10편이 넘기 시작하였다. 소논문의 경우 1997년에 첫 연구가 시작되었지만 2003년 이후부터 지속적으로 꾸준히 연구되기 시작하였다. 2003년부터 발표된 논문은 148편으로 전체 소논문의 98%를 차지한다. 학위논문과 소논문의 논문 수 추이를 함께 볼 때 증감폭의 차이는 있었지만 전체적으로 동일하게 증가하는 모습을 보인다.

그림 VI-1 연도별 논문 수 추이

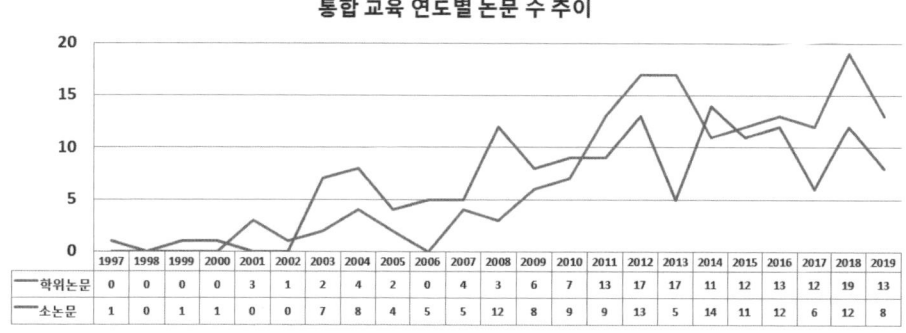

다음으로 '2000년 이전, 2000-2004년, 2005-2009년, 2010-2014년, 2015-2019년'으로 나누어 시기별 논문 수를 분석하였다. 〈그림 VI-2〉에서 보듯이 본격적인 연구 시점은 2000-2004년 때부터라고 판단된다. 2005-2009년 시기에는 지난 시기에 비해 두 배 이상의 연구 결과들이 나왔다. 이 시기부터 연구가 매우 활발하게 진행되었음을 알 수 있다. 2010-2014년에는 지난 시기에 비해 또 두 배 이상의 연구 결과가 나왔다. 최근 2015-2019년에는 지난 시기 연구 수준을 유지하고 있다.

그림 VI-2 시기별 논문 수 추이

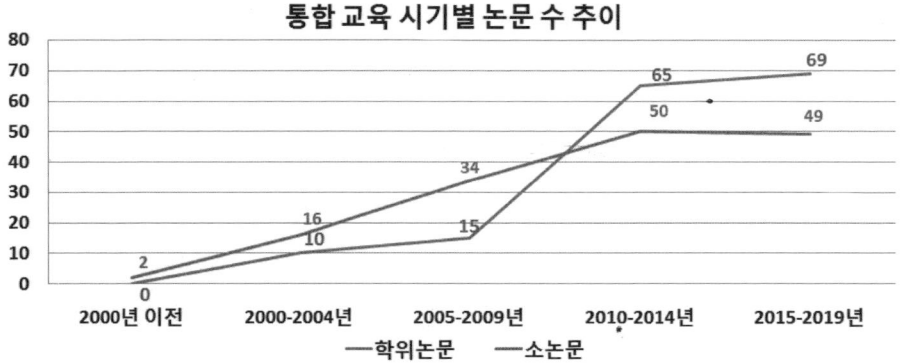

3.2. 네트워크 분석 결과

3.2.1. 워드 클라우드

워드 클라우드와 빈도수 분석을 진행했다. 워드 클라우드는 단어 200개 이내로, 빈도수는 상위 30개를 기준으로 했다. 워드 클라우드 분석 결과는 다음 <그림 VI-3>과 같다.

그림 VI-3 학위논문 워드 클라우드

위 학위논문 클라우드 결과와 다음 <표 VI-2>에서 나온 상위 단어 빈도수 목록 30개를 종합적으로 정리해 보면 '문화', '교재', '능력', '분석', '수업', '제시', '텍스트' 등의 단어가 상위에 등장하는 것을 볼 수 있다. 2위 '교재'에 비해 1위 '문화'가 압도적으로 많이 나오는데 이는 연구자들이 통합 교육 연구 시 '문화'를 중요하게 고려했음을 보여 준다. '한국어와 한국 문화의 통합 교육 방안', '문화를 중심으로 한 통합 교재 구성 방안' 등의 연구가 이에 해당한다.

표 VI-2 학위논문 빈도 단어 목록(상위 30개)

순위	단어	빈도	순위	단어	빈도	순위	단어	빈도
1	문화	456	11	내용	261	21	효과	155
2	교재	374	12	대상	184	22	학생	126
3	능력	324	13	필요	178	23	기능	125
4	분석	311	14	구성	178	24	실제	123
5	수업	305	15	한국	177	25	집단	120
6	제시	298	16	방법	174	26	사용	120
7	텍스트	283	17	결과	172	27	다문화	120
8	과정	274	18	방안	167	28	평가	117
9	활동	270	19	목적	167	29	실험	114
10	활용	263	20	향상	160	30	이해	106

학위논문 워드 클라우드와 같은 방법으로 소논문 역시 단어 200개 이내에서 워드 클라우드를 분석했고 빈도수는 상위 30개를 기준으로 했다. 소논문 워드 클라우드는 다음 <그림 VI-4>와 같다.

그림 VI-4 소논문 워드 클라우드

다음 〈표 VI-3〉은 빈도수 상위 단어 목록 30개이다. 위 워드 클라우드와 빈도수 상위 목록을 종합적으로 고려하여 정리해 보면 '문화', '교재', '내용', '능력', '문학', '과제', '과정' 등의 단어가 순서대로 등장하는 것을 볼 수 있다. 1위와 2위가 현격하게 큰 차이를 보이고 있으며 1위 '문화'가 압도적으로 많다. 주목할 만한 것은 소논문뿐만 아니라 학위논문에서도 같은 결과를 보이고 있는데 이는 통합 교육 연구를 통틀어 '문화'가 중요한 이슈가 되고 있음을 볼 수 있다. 소논문 역시 '언어와 문화의 통합 교육 방안', '문화 중심의 언어 통합 교육' 등과 같은 연구가 진행되었다.

표 VI-3 소논문 빈도 단어 목록(상위 30개)

순위	단어	빈도	순위	단어	빈도	순위	단어	빈도
1	문화	142	11	한국	55	21	대상	41
2	교재	91	12	분석	55	22	의사소통	39
3	능력	89	13	내용	55	23	방법	39
4	문학	71	14	기능	54	24	학문 목적	37
5	과제	71	15	활용	48	25	사용	36
6	과정	71	16	평가	48	26	활동	35

7	다문화	66	17	요소	46	27	텍스트	34
8	문법	65	18	목적	46	28	사회	34
9	제시	63	19	방안	45	29	이해	32
10	수업	57	20	구성	45	30	개발	32

3.2.2. 중심성 분석

논문들에서 등장한 키워드 중에서 중심성이 강한 키워드가 무엇인지 알기 위해 중심성 분석을 실행하였다. 중심성 분석은 크게 학위논문과 소논문 그리고 전체 논문의 3가지로 나누어 분석한 뒤 상위 20개 단어를 정리하여 제시했다. 〈표 Ⅵ-4〉에서 보면 학위논문은 '문화'가 가장 중심성이 높았으며 그 뒤로 '교재', '텍스트' 순으로 높았다. 소논문에서도 '문화'가 중심성이 가장 높은 단어였고 그 뒤로 '문학', '다문화' 순으로 높았다. 논문 전체를 통틀어 중심성이 가장 높은 단어는 '문화'임을 알 수 있다. 또한 '교재' 역시 학위논문과 논문 전체에서 중심성이 2번째로 높은 단어로 등장했다. 이 점을 미루어볼 때 '문화'와 '교재'를 중심으로 하는 통합 교육 연구가 활발했음을 알 수 있다.

표 Ⅵ-4 중심성 분석 결과

순위	학위논문		소논문		전체 논문	
	단어	중심성	단어	중심성	단어	중심성
1	문화	0.111111	문화	0.109091	문화	0.133333
2	교재	0.092593	문학	0.090909	교재	0.1
3	텍스트	0.074074	다문화	0.090909	텍스트	0.083333
4	제시	0.055556	구성	0.090909	방안	0.083333
5	수업	0.055556	요소	0.072727	조사	0.066667
6	분석	0.055556	능력	0.072727	분석	0.066667
7	능력	0.055556	교재	0.072727	구성	0.066667

순위	단어	중심성	단어	중심성	단어	중심성
8	활용	0.037037	한국	0.054545	활용	0.05
9	향상	0.037037	사회	0.054545	제시	0.05
10	조사	0.037037	분석	0.054545	수업	0.05
11	의사소통	0.037037	과정	0.054545	사회	0.05
12	유형	0.037037	활용	0.036364	다문화	0.05
13	요구	0.037037	학생	0.036364	능력	0.05
14	여성	0.037037	평균	0.036364	내용	0.05
15	동화	0.037037	평가	0.036364	향상	0.033333
16	대상	0.037037	제시	0.036364	한국	0.033333
17	다문화	0.037037	전략	0.036364	의사소통	0.033333
18	내용	0.037037	음운	0.036364	음운	0.033333
19	구성	0.037037	여성	0.036364	유형	0.033333
20	결혼이민자	0.037037	방안	0.036364	요구	0.033333

다음으로 시기별 중심성 분석을 통해 핵심 키워드들이 어떤 특징을 보이고 있는지 살펴보았다. 크게 '2000년 이전, 2000-2004년, 2005-2009년, 2010-2014년, 2015-2019년'으로 나누어 분석하였다.

표 VI-5 학위논문 시기별 중심성 분석(상위 20개)

순위	2000년 이전		2000-2004년		2005-2009년		2010-2014년		2015-2019년	
	단어	중심성	단어	중심성	단어	중심성	단어	중심성	단어	중심성
1			문화	0.133	문화	0.116	수업	0.133	내용	0.066
2			활용	0.067	텍스트	0.101	교재	0.112	활용	0.063
3			한국	0.067	음소	0.095	제시	0.102	수업	0.059
4			텍스트	0.067	결과	0.095	문화	0.102	분석	0.059
5			의사소통	0.067	내용	0.085	활동	0.098	텍스트	0.051

6			요소	0.067	평가	0.079	분석	0.098	방안	0.051
7			수학	0.067	집단	0.079	과정	0.093	문화	0.051
8			방안	0.067	실험	0.079	능력	0.090	능력	0.051
9			목적	0.067	구조	0.074	텍스트	0.088	과정	0.051
10			모색	0.067	활동	0.069	활용	0.083	제시	0.047
11			능력	0.067	한국	0.069	내용	0.076	구성	0.047
12			형태	0.033	대상	0.069	구성	0.069	교재	0.043
13			향상	0.033	교재	0.069	방안	0.067	활동	0.035
14			한문	0.033	생활	0.063	실험	0.062	한국	0.035
15			학문	0.033	분석	0.058	대상	0.062	평가	0.031
16			학교	0.033	유형	0.048	필요	0.060	대학	0.031
17			초등	0.033	학교	0.042	방법	0.060	대상	0.031
18			지식	0.033	비교	0.042	효과	0.055	학교	0.027
19			제시	0.033	유의	0.037	향상	0.055	집단	0.027
20			적용	0.033	능력	0.037	학생	0.050	조사	0.027

학위논문 시기별 중심성 분석 결과는 <표 VI-5>에서 볼 수 있다. 주요 단어로는 '문화', '텍스트', '수업' 등이 있다. 이 중 '문화'는 2000년 이후부터 2019년까지 중요 단어로 등장하고 있다(이소영, 2001; 김은호, 2007; 배순향, 2012; 송재란, 2018). '문화'와 함께 '텍스트' 역시 중요 단어로 꾸준히 등장하고 있다(용재은, 2004; 장은화, 2005; 이영주, 2014; 장서희, 2019). 또한 2010년 이후로 새롭게 등장하는 단어는 '수업'이다. 2010년 이후 '수업'을 중심으로 한 통합 교육 논의가 더 활발하게 이루어지고 있음을 알 수 있다(관건, 2012; 이선경, 2017).

표 VI-6 소논문 시기별 중심성 분석(상위 20개)

순위	2000년 이전		2000-2004년		2005-2009년		2010-2014년		2015-2019년	
	단어	중심성	단어	중심성	단어	중심성	단어	중심성	단어	중심성
1	의사소통	0.75	호칭어	0.161	요소	0.100	문화	0.109	문화	0.083
2	방법	0.75	방안	0.161	문학	0.087	문학	0.080	제시	0.078
3	민족지학	0.75	문화	0.129	평가	0.080	다문화	0.080	교재	0.078
4	적용	0.5	높임법	0.097	교재	0.073	능력	0.080	사용	0.063
5	문화	0.25	교재	0.097	의미	0.067	이해	0.058	분석	0.058
6			관용어	0.097	문화	0.067	기능	0.058	내용	0.058
7			개발	0.097	형식	0.060	교재	0.058	능력	0.049
8			터키	0.065	목표	0.053	한국	0.051	과제	0.049
9			초급	0.065	담화	0.053	여성	0.044	발음	0.044
10			요목	0.065	능력	0.053	사회	0.044	구성	0.044
11			속담	0.065	고전	0.053	방안	0.044	지식	0.039
12			설계	0.065	한국	0.047	교원	0.044	이해	0.039
13			배양	0.065	텍스트	0.047	과정	0.044	의사소통	0.039
14			문학	0.065	제시	0.047	항목	0.036	음운	0.039
15			담화	0.065	수업	0.047	작품	0.036	활용	0.034
16			능력	0.065	분석	0.047	작성	0.036	평가	0.034
17			과제	0.065	내용	0.047	양성	0.036	규칙	0.034
18			결속	0.065	활용	0.040	범주	0.036	한국	0.029
19			한국	0.032	문법	0.040	문법	0.036	어휘	0.029
20			측면	0.032	논술	0.040	낱말	0.036	수업	0.029

소논문 시기별 중심성 분석 결과는 〈표 VI-6〉과 같다. '문화'와 '교재'가 꾸준히 등장하고 있음을 알 수 있다. 이 중 '문화'는 학위논문에서도 전 시기에 걸쳐서 등장하는 단어로서 문화와 연관시킨 통합 교육 논의가 활발했음을 알 수 있다(한상미, 1999; 이진숙, 2003; 양민정, 2008; 조영철 외, 2013; 김진호, 2019).

'교재' 역시 2000년 이후로 꾸준히 등장하고 있는 단어이다(김정숙, 2004; 오광근, 2008; 김정은, 2013; 박은하, 2018). '문학'은 '문화'이면서 동시에 '텍스트'라는 점에서 '문학' 중심의 통합 교육 논의 역시 2000-2014년 사이에 활발하게 이루어졌다(김예호, 2003; 신윤경, 2008; 강소영, 2014). 다만 2015년 이후에는 다소 주춤한 듯하다. 학위논문에서는 2010년 이후 '수업'이라는 단어가 부각되었는데 소논문의 경우 '수업'은 2005-2009년과 2015-2019년 사이에는 중심성이 높다.

3.2.3. 단어쌍 분석

학위논문과 소논문, 그리고 전체 논문에서 단어간 연결도가 높은 단어쌍 20개를 순위별로 살펴보았다. <표 Ⅵ-7>에서 볼 수 있듯이 분석 결과 학위논문에서는 '능력-향상' 단어쌍 연결이 다른 단어쌍보다 연결 강도가 높은 것을 볼 수 있다. 그 뒤로 '문화-한국', '결혼이민자-여성' 등의 순서가 이어지고 있다. '문화'와 강한 연결을 가지고 있는 단어는 '한국', '교재', '생활' 3개이고 또한 '교재'와 강한 연결을 가지고 있는 단어는 '분석', '개발', '문화' 3개이다. 소논문을 분석해 보면 '문화-한국'이 1위로 나왔으며 '능력-향상'이 2위를 보이고 있다. 연결 강도가 높은 단어는 '문학'과 '문화'이다. 먼저 '문학'은 '문화', '작품', '한국', '텍스트' 총 4개와 깊은 연결성을 지니고 있고 '문화' 역시 '한국', '문학', '사회', '요소'와 높은 관련성을 지니고 있다. 마지막으로 전체 논문 분석 결과를 보았을 때 '능력-향상'이 1위로 나왔으며 '문화-한국'이 2위로 나왔다. 연결 강도가 높은 단어쌍은 '교새'와 '분석'이다. '교재'는 '개발', '분석', '문화', '제시' 총 4개와, '분석'은 '결과', '교재', '요구' 총 3개와 깊은 연관을 지니고 있다.

표 Ⅵ-7 단어쌍 분석

순위	학위논문		소논문		전체 논문	
	단어쌍	Weight	단어쌍	Weight	단어쌍	Weight
1	능력-향상	119	문화-한국	32	능력-향상	145

2	문화-한국	83	능력-향상	26	문화-한국	115
3	결혼이민자-여성	77	규칙-음운	20	결혼이민자-여성	91
4	결과-분석	54	문학-문화	18	개발-교재	65
5	교재-분석	53	문학-작품	18	결과-분석	62
6	개발-교재	52	다문화-학생	15	교재-분석	61
7	교재-문화	46	결혼이민자-여성	14	다문화-학생	60
8	구조-텍스트	46	개발-교재	13	능력-의사소통	57
9	다문화-학생	45	다문화-사회	13	구조-텍스트	47
10	능력-의사소통	45	문학-한국	11	수업-활용	47
11	다문화-자녀	44	구성-단원	11	교재-문화	47
12	수업-활용	43	능력-의사소통	11	수업-적용	45
13	입국-중도	42	문화-사회	10	다문화-자녀	43
14	수업-적용	40	기술-요소	10	수업-실제	43
15	설문-조사	37	고전-시가	10	설문-조사	42
16	분석-요구	35	문법-요소	10	입국-중도	42
17	실험-집단	35	과제-수행	10	교재-제시	41
18	수업-실제	35	문화-요소	10	분석-요구	38
19	문화-생활	35	과정-국어과	10	방법-제시	37
20	교재-제시	34	문학-텍스트	10	초등-학교	36

다음으로 학위논문과 소논문을 시기별로 나누어 깊은 관련성을 지닌 단어쌍을 분석했다. 학위논문 분석 결과는 <표 Ⅵ-8>과 같다. 먼저 2000-2004년에는 '문화'가 '한국', '요소', '내용' 등과 함께 등장하는 것으로 보아 한국어와 한국문화의 통합 교육(이미혜, 2004), 문화 요소 통합 교육(튀르쾨쥬 외, 2003) 등과 관련된 교육 내용이 많았음을 알 수 있다. 2005-2009년에도 '문화'가 중요 단어로 등장한다. 다만 그 전에 없었던 '결혼이민자', '여성', '다문화', '자녀' 단어가 등장하는데 이는 결혼이민자 여성(박석준, 2009)과 다문화 자녀(김영주, 2009)가 문화 교육의

대상이라는 것을 알 수 있다. 이때부터 이들에 대한 연구가 본격적으로 등장하기 시작한다. 단어쌍 1위에 '텍스트'가 오른 것은 텍스트를 중심으로 한 통합 연구가 많았음을 보여 준다(용재은, 2004; 최영미, 2009). 2010-2014년에는 '교재'가 중요 단어를 차지하는데 교재 개발(강숙희, 2013)과 분석(장선희, 2013), 문화 교재(김장미, 2010) 등이 주요 연구 주제였음을 알 수 있다. 이 시기에 '능력-향상'이 첫 번째 단어쌍으로 등장하는 것으로 보아 통합 교육의 목표로 의사소통 능력 향상을 매우 중시 여겼음을 알 수 있다. 읽기와 쓰기의 능력 향상(조경애, 2011), 읽기와 듣기의 능력 향상(류계영, 2010), 쓰기와 듣기의 능력 향상(김민경, 2013), 말하기와 쓰기의 능력 향상(배재훈, 2012), 의사소통 능력 향상 (장선희, 2013) 등에 관한 연구가 있었고 연구 대상으로는 결혼이민자 여성과 다문화가정 자녀(전우리, 2013) 등이 있었다. 2015-2019년 역시 의사소통 능력 향상에 초점을 둔 연구가 진행되었다. 2, 3, 4위의 단어쌍들을 볼 때 결혼이민자 여성과 다문화가정 자녀에서 중도 입국 자녀(정현숙, 2018)까지 확장되었음을 알 수 있다. 자연스럽게 교재 개발(이미진, 2017)에 대한 연구가 이루어졌고 그 중에는 '동화'(이윤희, 2017)도 활용되었다.

표 VI-8 학위논문 시기별 단어쌍 분석(상위 20개)

순위	2000년 이전		2000-2004년		2005-2009년		2010-2014년		2015-2019년	
	단어쌍	Weight	단어쌍	Weight	단어쌍	Weight	단어쌍	Weight	단어쌍	Weight
1			문화-한국	15	구조-텍스트	26	능력-향상	54	능력-향상	50
2			문화-요소	12	문화-한국	20	결혼이민자여성	35	입국-중도	41
3			초등-학교	10	문화-생활	16	개발-교재	30	다문화-학생	29
4			내용-문화	9	구조-표지	15	다문화-자녀	26	결혼이민자여성	28
5			대학-수학	7	결혼이민자여성	14	교재-문화	26	교재-분석	26

6			능력-의사소통	6	유형-활동	13	문화-한국	23	동화-전래	23
7			어린이-외국	6	결과-분석	10	교재-제시	22	음운-현상	21
8			교재-한국	4	음소-활동	10	결과-분석	21	동화-활용	20
9			목적-수학	4	다문화-자녀	9	체험-현장	21	결과-분석	20
10			매체-활용	4	음소-철자	9	실험-집단	20	접속-텍스트	19
11			텍스트-학문	4	실험-집단	9	능력-신장	18	문화-한국	18
12			방안-활용	4	능력-향상	9	능력-의사소통	18	도식-자기주	18
13			텍스트-한문	3	집단-통제	8	수업-활용	18	학교-한글	18
14			수업-적용	3	유형-음소	7	설문-조사	18	논증-텍스트	18
15			능력-향상	3	능력-의사소통	7	방법-제시	18	도식-소리	18
16			모색-목적	3	베트남-한국	7	교재-분석	17	입국-청소년	17
17			모색-방안	3	양식-행동	6	과정-장르	17	접속-표지	17
18			배경-지식	3	텍스트-평가	6	어휘-제시	17	입국-자녀	17
19			분석-요소	3	유의-차이	6	분석-요구	17	개발-교재	16
20			문화-의사소통	3	의사소통-향상	6	다문화-학생	16	설문-조사	16

<표 Ⅵ-9>는 소논문의 시기별 단어쌍 분석 결과를 보여 주고 있다. 각 시기별 특징들을 살펴보면 우선 2000년 이전에는 단어쌍 수치가 약해서 생략하고자 한다. 2000-2004년에는 교재 개발 연구가 활발했음을 알 수 있다. 읽기와 쓰기를 중심으로 한 교재 개발 연구(김정숙, 2004)가 많았을 것으로 보인다. 또한 문화에 대한 연구가 시작되었는데 한국 문화와 터키인을 위한 문화 교육에 관한 연구들이 진행되었다(튀르쾨쥬 외, 2003). 2005-2009년에는 문화 교육이 점점 대두되고 있음을 볼 수 있다. 한국 문화(나은영, 2007), 문학과 문화(양민정, 2008)와의 통합

교육에 대한 연구가 있었다. 2010-2014년에는 다문화 관련 연구가 많이 진행되었다. 다문화가정 자녀(문석우, 2010)를 대상으로 한 연구가 있었고, 다문화 시대(이용승 외, 2013)의 통합 교육의 연구도 있었다. 마지막으로 2015-2019년에는 음운 규칙과, 음운 체계에 대한 연구가 진행되었다. 구체적으로 말하기와 듣기에서의 음운 규칙(장아남, 2016), 읽기와 쓰기에서의 음운 규칙(차예은 외, 2019), 통합 교재와 관련된 음운 규칙(박은하, 2018) 등이다. '신문'이 등장하는데 신문을 활용(강현자, 2017)한 통합 교육 역시 연구되었음을 볼 수 있다.

표 VI-9 소논문 시기별 단어쌍 분석(상위 20개)

순위	2000년 이전	Weight	2000-2004년	Weight	2005-2009년	Weight	2010-2014년	Weight	2015-2019년	Weight
1	문화-의사소통	1	개발-방안	5	문학-문화	12	문학-작품	18	규칙-음운	20
2	방법-의사소통	1	과정-초급	5	문법-요소	10	다문화-학생	15	능력-향상	13
3	민족지학-방법	1	개발-교재	4	고전-시가	10	문화-한국	12	구성-단원	11
4	방법-적용	1	문화-한국	4	문화-요소	10	능력-향상	9	음운-체계	9
5	민족지학-의사소통	1	교재-방안	3	기술-요소	10	평균-학생	8	구성-전략	8
6	민족지학-적용	1	관용어-호칭어	3	문항-평가	9	기능-형태	8	능력-의사소통	8
7			결속-구조	3	문화-한국	8	문학-한국	8	문화-한국	8
8			문화-터키	3	능력-시험	7	다문화-평균	7	결혼이민자-여성	8
9			문화-측면	3	다문화-사회	7	과정-양성	7	신문-활용	7

10			체계-호칭어	3	능력-평가	7	교원-다문화	6	구성-요소	7
11			대조-분석	3	과정-구성	7	교원-양성	6	과제-구성	7
12			방안-요목	2	대화-상황	6	과정-교원	6	순서-제시	7
13			높임법-호칭어	2	요소-해당	6	개선-방안	6	분석-비판	7
14			초급-터키	2	대화-요소	6	다문화-사회	6	배경-지식	7
15			방안-설계	2	내용-타당도	6	다문화-여성	6	새터민-청소년	7
16			교재-문학	2	시험-평가	6	개념-기능	6	단원-전략	7
17			높임법-속담	2	문학-활용	6	감상문-능력	6	문화-화법	7
18			설계-요목	2	기초-단계	5	사회-한국	5	이중언어-후기	6
19			담화-배양	2	교재-방안	5	결혼이민자 이주노동자	5	외국인-유학생	6
20			개발-과제	2	기능-문법	5	감상문-작성	5	교재-분석	5

3.2.4. 시각화 분석

중심성을 가진 단어를 중심으로 주변 단어들과 어떤 연관이 있는지 한 눈에 볼 수 있도록 시각화를 했다. 우선 학위논문의 시각화 결과는 <그림 Ⅵ-5>와 같다. <그림 Ⅵ-5>를 보면 크게 '문화-교재', '능력', '텍스트', '수업'을 중심으로 크게 4개의 그룹이 생성된 것을 볼 수 있다. 먼저 왼쪽 위 그룹에서는 문화와 교재가 연결되는데 이는 통합 교육에 있어서 문화 교재가 중요함을 보여 주고 있다. 실제로 연구되었던 주제를 보더라도 드라마(곽영, 2013; 심선애, 2015) 음식(배윤정, 2013), 식생활(이정숙, 2016) 등의 문화와 관련된 교재 개발(강숙희, 2013; YUAN SIJIA, 2013; 차은진, 2014; 서승옥, 2017; 임지영, 2018; 신효선, 2019) 주제들이 있었다. 두 번째 오른쪽 위 그룹에서는 '능력'이 중심을 차지하고 있는데 의사소통 능력 향상(조경애, 2011; 김혜경, 2012; 정우리, 2013)을 중심으로 통합 교육 연구가 진행됐음을 볼 수 있다. 세 번째 오른쪽 아래 그룹에서는 '텍스트'가 중심 단어로 등장하는데 텍스트의 유형(이명순, 2010; 최희명, 2011)과 텍스트의 구조(김혜경, 2012)에 따른 통합 교육 연구가 있었음을 알 수 있다. 마지막으로 초록색 그룹에서는 '수업'이 중심을 차지하고 있다. 예컨대 실제 수업 시간에 동화(전애숙, 2012)를 활용한 통합 연구들이 있었다. 학위논문의 핵심어인 '문화', '능력', '텍스트', '수업'에 해당하는 시각화는 <그림 VI-6>에서 볼 수 있다.

그림 VI-5 학위논문 언어 네트워크 시각화

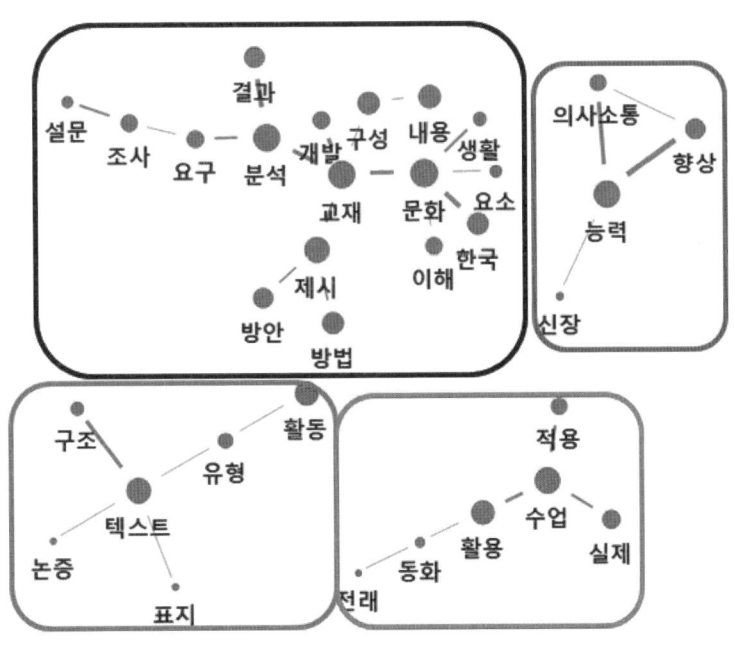

그림 VI-6 학위논문 핵심어 시각화

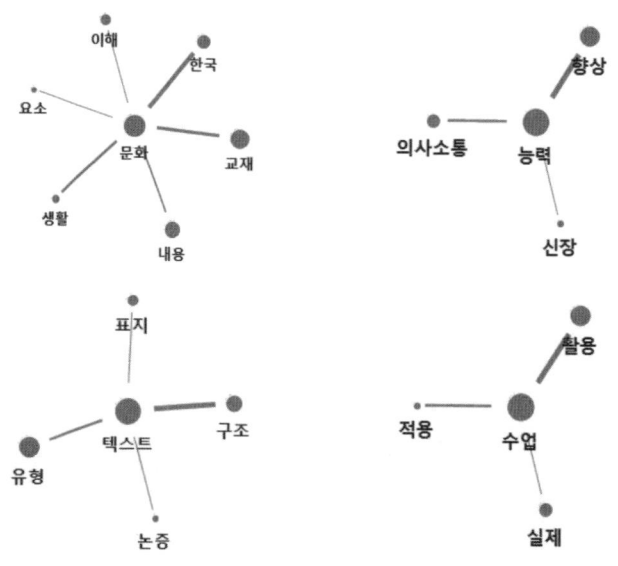

　다음으로 소논문 시각화 결과는 〈그림 VI-7〉처럼 나왔다. 크게 3그룹으로 나뉘는 것을 볼 수 있다. 첫 번째 위 그룹은 '문화'를 중심으로 문학, 한국, 사회가 연결되고 있다. 문학과 문화와의 통합 교육에 대한 연구가 있었다. 문화는 사회와 연관성이 많이 있는데 대표적으로 다문화 사회에서의 여성(문석우, 2010)과 아동 및 학생(김영주, 2009; 민병곤 외, 2010; 차예은 외, 2019)을 대상으로 하는 문화 교육 연구가 있었음을 알 수 있다. 두 번째 왼쪽 그룹에는 '능력'을 중심으로 능력 평가에 대한 연구(한상미, 2014; 장문정, 2018), 능력 향상에 대한 연구(오경숙, 2019), 의사소통 능력(이계선, 2019)에 대한 연구들이 진행됐음을 볼 수 있다. 마지막으로 오른쪽 그룹에는 '교재'가 핵심어로 등장한다. 통합 교육에 있어서 교재 개발(방성원, 2000; 김정숙, 2004; 남연, 2014)이나 교재 방안에 대한 연구(김민수, 2014)가 있었고, 통합 교재 단원 구성에 관한 연구(최은경 외, 2015)도 있었음을 알 수 있다. 소논문의 핵심어인 '문화', '능력', '교재'에 해당하는 시각화는 〈그림 VI-8〉에서 볼 수 있다.

그림 VI-7 소논문 언어 네트워크 시각화

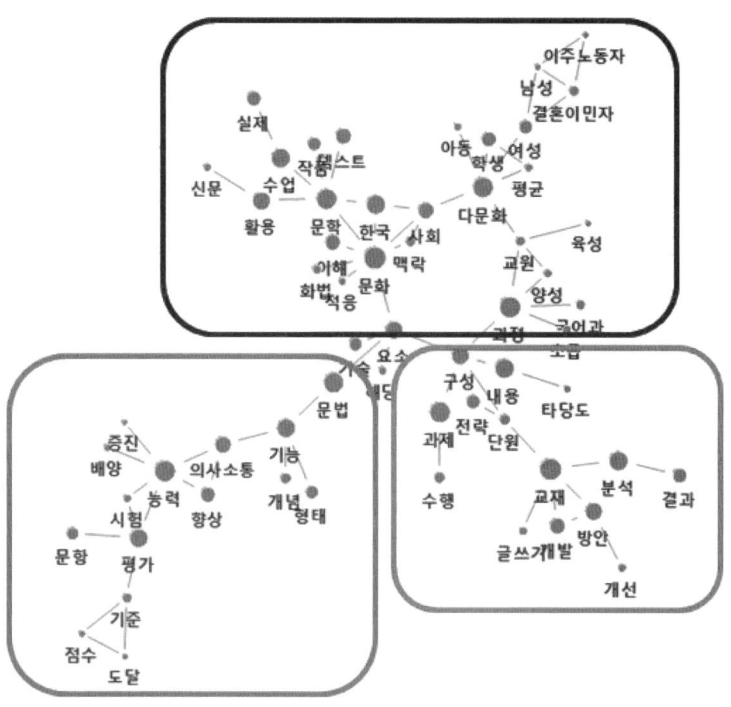

그림 VI-8 소논문 핵심어 시각화

 학위논문과 소논문을 하나로 비교 분석해 보면 학위논문에서는 '문화-교재, 능력, 텍스트, 수업'의 주요 단어가 그룹을 형성했고, 소논문에서는 '문화', '능력', '교재'의 큰 그룹이 형성되었다. 이 둘을 하나로 모아서 보면 첫째, 통합 교육에 있어서

'문화'가 중요한 위치를 차지하고 있음을 볼 수 있다. 이를 위해 드라마, 동화, 음식, 연극, 만화 등 다양한 매체를 활용했음을 추론할 수 있다. 둘째, 교재의 중요성을 볼 수 있다. 한 가지 영역만 학습하는 것이 아니라 듣기, 읽기, 말하기, 쓰기 등 통합 교육이 필요하기 때문에, 그리고 학습자의 대상도 다양하기 때문에 교재의 중요성은 갈수록 더해지는 것을 알 수 있다. 셋째, 통합 교육 역시 궁극적인 목표는 '의사소통 능력 향상'이다. 의사소통 능력 향상을 위해 다양한 매체를 활용했음을 또한 추론해 볼 수 있다.

3.3. 토픽 모델링 분석 결과

한국어 통합 교육 분야에서 토픽 모델링 분석을 실시했는데 그 결과 20개의 소주제에 대한 키워드들을 추출했고 각 소주제에 따라 대주제로 다시 분류했다. 학위논문 중심으로 분류된 결과는 〈표 Ⅵ-10〉과 같다. 분석 결과 크게 내용학(23.7%)과 방법학(76.3%)으로 나누었다. 방법학은 다시 교육 방법(33.3%), 교육 대상(22.4%), 교육 자료(12.2%), 교육 과정(5.8%), 교육 평가(2.6%) 순으로 연구가 진행되었다. 교육 내용을 살펴보면 읽기, 쓰기, 고전, 관용적 표현, 음소 등의 내용들이 소개되었다. 교육 방법에서는 문화, 드라마, 음식, 광고, 연극, 동화, 만화 등 다양한 방법을 사용하였다. 교육 대상으로는 결혼이민자 여성, 다문화가정 자녀, 중도입국자, 이주노동자 등으로 다양했다. 교육 자료로는 교재 개발 연구 등이 있었고 교육 과정에서는 교과 과정, 교과 중심의 내용이 있었다. 마지막으로 교육 평가에서는 한국어 읽기 능력 평가, 쓰기와 읽기 능력 평가 등이 포함되었다.

표 VI-10 학위논문 토픽 모델링 분석 결과

키워드1	키워드2	키워드3	키워드4	백분율	주제별	소주제	대주제
텍스트	현장	드라마	선정	8.3	드라마속 텍스트 현장 교육	교육 내용 (23.7%)	내용학 (23.7%)
텍스트	학문 목적	구조	실험	6.4	학문 목적 텍스트 구조 연구		
내용	구성	과정	분석	3.2	교육 내용 구성 연구		
수업	적용	능력	작문	3.2	작문 수업시 통합 교육		
어휘	결과	교사	제시	2.6	어휘 제시를 통한 교육		
문화	한국	의사소통	내용	9.6	한국 문화를 통한 의사소통	교육 방법 (33.3%)	방법학 (76.3%)
전략	지식	활용	수업	6.4	전략 중심을 활용한 수업		
활동	구성	과정	수업	5.8	활동중심의 교육 구성방안		
능력	집단	향상	효과	5.1	집단실험을 통한 능력 향상		
활용	효과	자료	방법	3.8	자료를 활용한 교육 효과		
대학	기능	방법	수준	2.6	대학에서의 교육 방법		
결혼 이민자	여성	생활	동화	7.7	결혼이민자 여성 대상 교육	교육 대상 (22.4%)	
다문화	학생	학교	지도	5.8	다문화 학생의 학교 지도		
자녀	능력	활용	교과	5.1	다문화 자녀의 능력 연구		
입국	중도	발음	내용	3.8	중도 입국 자녀 발음 연구		
교재	제시	분석	사용	10.3	교재의 분석 및 사용	교육 자료 (12.2%)	
교재	개발	불안	과정	1.9	교재의 개발 과정 연구		
과정	분석	요구	목적	5.8	교육 과정 분석 연구	교육 과정 (5.8%)	
능력	이해	한국어 능력시험	기능	1.9	한국어능력시험 기능 평가	교육 평가 (2.6%)	
집단	비교	과제	유의	0.7	집단 비교 평가 연구		

학위논문 토픽 모델링을 중심으로 통합 교육 주제 비율을 그래프로 나타내면 <그림 VI-9>와 같다. 또한 각 소주제 시기별 비율은 <그림 VI-10>과 같다. 통합 교육 시기별 변화율을 살펴보면 교육 방법에 대한 주제가 다른 주제와 비교해 볼 때 월등히 많은 것을 볼 수 있다. 문화, 드라마, 음식, 광고, 연극, 동화, 만화 등 다양한 방법을 사용하고 있음을 알 수 있다. 전체적으로 볼 때 2009년 이후로 모든 영역서 증가 추세가 확인된다. 2009년 이후로 교육 내용과 교육 대상이 증가하고 있고 2014년 이후로는 교육 자료에 대한 부분이 증가하고 있다. 이는 결혼 이주 여성, 다문화가정 자녀 등에 대한 연구가 시작됐고 그들을 위한 교재 개발 연구가 증가하고 있기 때문으로 보인다.

그림 VI-9 학위논문 주제별 비율

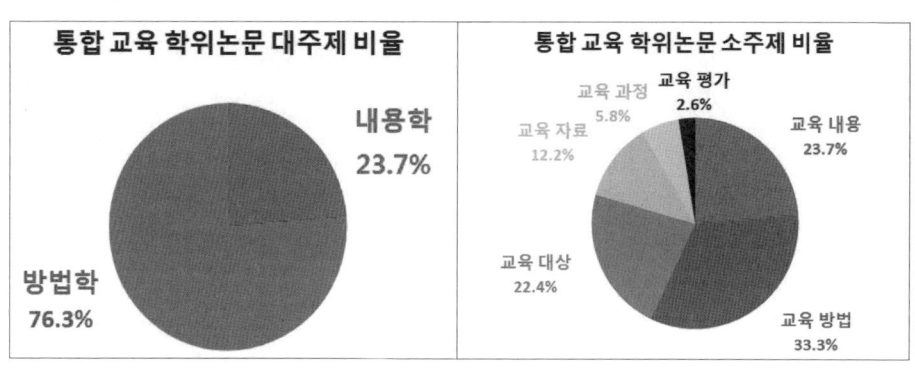

그림 VI-10 학위논문 소주제 시기별 변화율

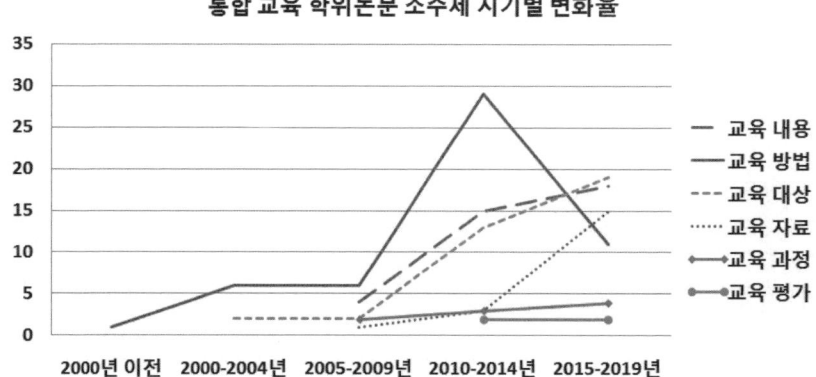

소논문 토픽 모델링 분류 결과는 〈표 VI-11〉과 같다. 분석 결과 크게 내용학(17.4%)과 방법학(82.6%)으로 나눌 수 있다. 방법학은 다시 교육 자료(26%), 교육 방법(24.7%), 교육 과정(13.3%), 교육 평가(10.6%), 교육 대상(8%) 순으로 연구가 진행되었다. 소주제의 교육 내용을 살펴보면 읽기와 쓰기, 음운, 듣기와 말하기 등 다양한 내용들이 소개되었다. 교육 자료 부분은 교재와 관련된 것들인데 주로 교재 개발, 교재 활용 등에 관한 것이었다. 교육 방법에서는 대표적으로 문화와 문학을 통한 통합 교육 연구가 있다. 교육 과정에서는 과제 구성과 교과 과정에 대한 연구가 있었다. 교육 평가에서는 읽기와 쓰기에 관한 평가, 한국어 능력 평가 등이 있었다. 마지막으로 교육 대상에서는 결혼 이주 여성, 다문화 가정 자녀들에 대한 연구가 이루어졌다.

표 VI-11 소논문 토픽 모델링 분석 결과

키워드1	키워드2	키워드3	키워드4	백분율	주제별	소주제	대주제
문법	요소	의미	형식	10	문법 요소 중 형식 관한 연구	교육 내용 (17.4%)	내용학 (17.4%)
음운	규칙	형태	요목	4.7	음운의 규칙과 형태 연구		
자모	제시	방식	사용	2.7	자모 제시를 통한 통합 교육		
활용	고전	시가	수준	10	고전시가를 활용한 통합 교육	교육 자료 (26%)	방법학 (82.6%)
능력	활동	교재	향상	8.7	능력 향상을 위한 교재		
교재	구성	제시	발음	7.3	통합 교재의 발음 제시		
과제	지식	수행	학문 목적	8	과제 수행 양상 연구	교육 방법 (24.7%)	
문학	문화	한국	작품	6.7	문학 문화 작품을 통한 교육		
문화	분석	차이	학년	6	문화 차이에 따른 분석 연구		
사회	문화	국어과	과정	2	사회 문화를 위한 국어과 과정		
수업	적용	효과	결과	2	수업 중심 적용에 관한 연구		
과정	학문 목적	기술	텍스트	12	학문 목적 학습자 교육 과정	교육 과정 (13.3%)	
과정	호칭어	본서	초급	1.3	초급 학습자 호칭어 교육 과정		

평가	학생	문항	능력	2.7	한국어 능력 시험 평가 문항	교육 평가 (10.6%)	방법학 (82.6%)
능력	이해	결속	측면	2.7	결속 구조 측면 능력 평가		
기능	표현	사용	의사소통	2	의사소통 기능 사용 통합 평가		
목표	평가	논술	의미	2	논술 개념의 목표와 평가		
능력	조사	목적	분석	1.2	학문 목적 능력 평가 분석		
여성	활용	수업	결혼이민자	5.3	결혼이민자 여성 대상 수업	교육 대상 (8%)	
다문화	정책	불안	아동	2.7	다문화 아동 대상 교육 정책		

    소논문 토픽 모델링을 중심으로 통합 교육 주제별 비율을 그래프로 나타내면 〈그림 Ⅵ-11〉과 같다. 또한 각 소주제 시기별 비율은 〈그림 Ⅵ-12〉와 같다. 통합 교육 시기별 변화율을 살펴보면 '교육 방법' 측면이 꾸준히 연구되어 오다가 2010-2014 시기에 가장 많이 이루어졌고 그 뒤로 점점 줄어드는 경향을 볼 수 있다. '교육 대상'에 있어서 2005-2009년 시기에 시작이 되었다가 2014년 이후에 빠른 증가 추세를 보이고 있다. 이는 결혼 이주 여성과 다문화 가정 자녀들에 대한 관심이 높아졌기 때문으로 보인다. '교육 자료'에 있어서는 2000년부터 시작이 되어서 꾸준히 증가 추세를 보이고 있다. 이는 교재와 관련이 깊은데 교재 개발, 교재 분석 연구 등 교재에 관한 다양한 연구가 진행됐음을 알 수 있다.

그림 Ⅵ-11 소논문 주제별 비율

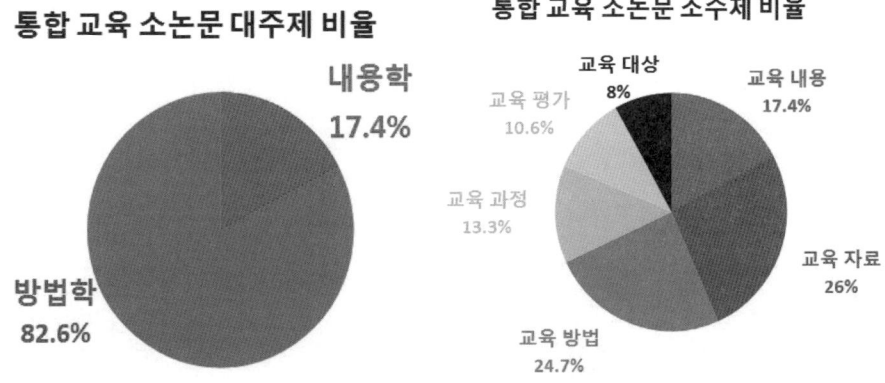

그림 VI-12 소논문 소주제 시기별 변화율

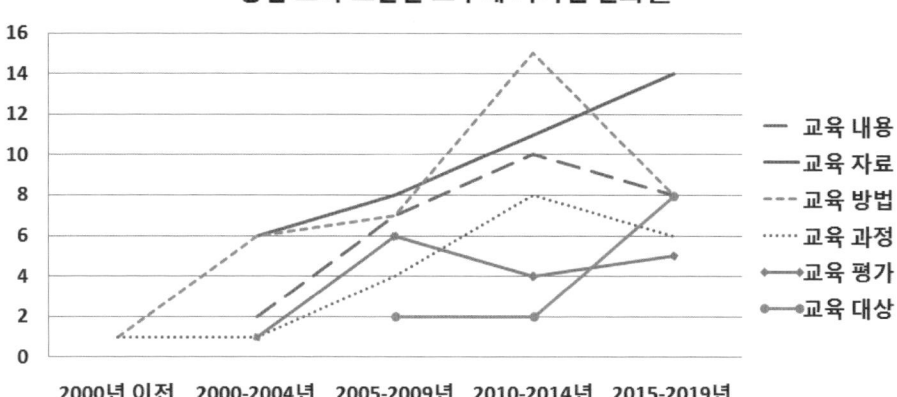

4. 논의

학위논문과 소논문은 둘 다 2,000년 이후 연구가 본격화되었다. 먼저 학위논문 등장 빈도 상위 30개 순위 결과를 살펴보면 학위논문의 경우 '문화, 교재, 능력, 분석, 수업' 순으로 많이 출현했다. 소논문의 경우 '문화, 교재, 능력, 문학, 과제' 순서로 많이 출현했다. 상위 3위까지의 단어가 공통으로 등장하는 것을 볼 수 있다. 이로 보건데 '문화, 교재, 능력'에 관한 연구가 많이 진행됐음을 알 수 있다.

학위논문과 소논문, 그리고 전체논문으로 나누어 중심성을 분석하였다. 학위논문과 소논문, 그리고 전체 논문에 걸쳐 중심성 1위로 등장한 단어는 '문화'였다. 통합 교육에 있어서 문화가 중요한 역할을 하고 있다는 사실을 발견하게 되었다. 중심성을 시기별로 살펴보았을 때 학위논문에서 '문화'는 2000년 이후부터 2019년까지 중요하게 등장하는 단어였다. 2010년 이후로 '수업'이 새롭게 등장하는 단어로 떠올랐다. 말하기, 듣기, 읽기, 쓰기 등 여러 영역을 통합하여 수업 내에서 다루는 수업 관련 통합 교육 연구가 이루어졌음을 알 수 있다. 소논문을 살펴볼 때, '문화'는 전시기에 걸쳐서 등장하였다. 학위논문과 같은 결과인데 문화를 통한 통합 교육 연구가 많이 진행됐음을 볼 수 있다. 또한 '교재' 역시 중요한 단어로 등장하는데 영역 통합이 가능한 교재를 개발하려는 노력이 있었음을 알 수 있다.

중심성에 이어서 단어쌍을 살펴보았다. 학위논문에서 '능력-향상'단어쌍 연결이 다른 단어쌍보다 연결 강도가 높은 것을 볼 수 있다. '읽기와 쓰기 능력 향상', '한국어 능력 향상' 등에 관한 연구가 그 예이다. '교재'와 '문화'가 중요한 단어로 등장하는데 '교재'는 '분석, 개발, 문화'와 강한 연결을 가지고 있고 '문화'는 '한국, 교재, 생활'과 강한 연결을 가지고 있다. 소논문에서 살펴보면 '문화-한국'이 강한 연결 강도를 보이고 있다. 문화를 교수하는데 있어서 당연히 한국 문화가 그 기준이 되고 있음을 알 수 있다. 마지막으로 전체 논문을 대상으로 할 때 '능력-향상'이 가장 연결 강도가 높은 단어쌍으로 나왔다. 두 번째로는 '문화-한국'인데 통합 교육에서 한국 문화 활용이 중요한 연구 주제임을 발견할 수 있다.

시각화 결과를 살펴보면 학위논문에서는 '문화-교재', '능력', '텍스트', '수업' 등 4개의 큰 그룹이 생성됐으며, 소논문에서는 '문화', '능력', '교재'의 세 그룹이 생성됐다. 학위논문과 소논문을 종합해볼 때 통합 교육에 있어서 '문화'가 중요한 위치를 차지하고 있음을 볼 수 있다. 또한 교재의 중요성을 볼 수 있고 마지막으로 의사소통 능력 향상을 목표로 하고 있음을 알 수 있다.

토픽 모델링으로 분석했을 때 학위논문은 내용학(23.7%)과 방법학(76.3%)의 비율이 대략 1:3이었다. 방법학은 다시 교육 방법(33.3%), 교육 대상(22.4%), 교육 자료(12.2%), 교육 과정(5.8%), 교육 평가(2.6%) 순으로 연구가 진행되었다. 소주제 시기별 변화를 살펴보면 전체적으로 볼 때 2009년 이후로 모든 영역에서 연구가 증가하고 있으며 특별히 교육 방법은 폭발적인 증가 추세가 있음을 확인할 수 있다. 소논문의 경우 내용학(17.4%)과 방법학(82.6%)의 비율이 대략 1:4의 비율로 나왔다. 방법학은 다시 교육 자료(26%), 교육 방법(24.7%), 교육 과정(13.3%), 교육 평가(10.6%), 교육 대상(8%) 순으로 연구가 진행되었다. 교육 방법의 경우 2005년부터 급상승했는데 이는 학위논문과 비슷한 양상이다.

앞서 기술한 내용을 토대로 하여 향후 통합 교육에 있어서 나아가야 할 방향을 몇 가지 제안하고자 한다. 첫째, 방법학에 비해 내용학에 대한 연구가 부족하다. 방법학이 중요하지만 내용학적인 연구도 뒷받침되어야 한다. 둘째, 문화 교육에 대한 연구가 많이 이루어졌지만 그 중요성이 큰 만큼 앞으로도 더 활발하게 연구될 필요가 있다고 본다. 드라마, 동화, 만화, 음식 등 무엇을 활용할 것인지도 중요하겠고 결혼이주 여성, 다문화가정 자녀, 이주노동자 등 누구를 대상을 할 것인지도 중요하다고 본다. 즉, 문화 교육을 통한 통합 교육은 그 종류와 대상에 따라 다양하므로 연구 주제도 넓고 깊다. 마지막으로 이미 교재 개발에 대한 연구가 활발하게 이루어지고 있지만 앞으로도 이에 대한 연구는 지속되어야 한다고 본다. 특히 인터넷 등 IT 기술의 발달로 인해 교재의 다양화는 앞으로 더 가속화될 것이다. 또 교재 개발을 할 때에는 내용학적 지식과 방법학적 지식이 모두 필요하므로 교재는 한국어교육학의 연구 성과의 집대성 결과가 될 수 있을 것이다. 어떻게 교재를 구성하고 개발할 것인지에 대한 꾸준한 연구가 지속되어야 할 것이다.

참고 문헌

ANJALI SINGH(2012), 「인도인 한국어 학습자의 작문에 나타난 어휘 오류 분석 연구」, 이화여자대학교 석사학위논문.

Byon, Andrew(2003), Analysis of a KFL learner's spoken performance variation: 숙련도가 다른 화자들과의 상호작용에서, 「한국어교육」, 14(1), 국제한국어교육학회, 343-366쪽.

Dong Fangyuan(2017), 「교사의 수정적 피드백이 쓰기에서 어휘적 연어 오류 수정에 미치는 영향: 중국인 중급 한국어 학습자를 대상으로」, 이화여자대학교 석사학위논문.

Ju, Xin(2019), 「한국어 말하기 불안과 학습전략에 대한 연구」, 연세대학교 석사학위논문.

Natsagbadam Narantsetseg(2018), 「한국사회 내 몽골노동자들의 생활 경험에 대한 근거 이론 연구」, 고신대학교 석사학위논문.

TAN XIAOHAN(2019), 「중국 사천방언 화자의 한국어 종성 발음 오류 분석 연구: 초급 학습자를 중심으로」, 경희대학교 석사학위논문.

Xu Mingyue(2017), 「역번역이 중국인 중급 학습자의 한국어 쓰기의 조사·어미 오류 감소에 미치는 영향」, 이화여자대학교 석사학위논문.

YUAN SIJIA(2013), 「과정·장르 통합 교육에 기반한 고급 쓰기 교재 개발 방안 연구: 중국 대학 내 한국어 전공자를 대상으로」, 고려대학교 석사학위논문.

강명순(1999), 독해력 향상을 위한 한국어 읽기 교육 방안, 「한국언어문화학」, 16, 연세대학교 한국어학당, 6-23쪽.

강병훈(2019), 「외국인 근로자 대상 한국어교육 연구 분석: 키워드 네트워크를 중심으로」, 경희대학교 석사학위논문.

강소영(2014), 수필 문학을 활용한 한국 언어·문화 통합 교육 방법 연구, 「한국문예창작」, 13(2), 한국문예창작학회, 323-354쪽.

강소영(2019), 「한국어 교사의 교수학적 내용지식(PCK) 인식 및 구현 양상 연구: 문화 교육 수업 설계를 중심으로」, 한국외국어대학교 박사학위논문.

강숙희(2013), 「초급 한국어 읽기·쓰기 교재 개발에 관한 연구」, 전남대학교 석사학위논문.

강승혜(2003,a), 한국어교육의 학문적 정체성 정립을 위한 한국어교육 연구 동향 분석, 「한국어교육」, 14(1), 국제한국어교육학회, 1-27쪽.

강승혜(2003b), 한국어교육학의 학문적 정체성 정립을 연구: 하위 학문 영역 구축을 위한 귀납적 접근, 「외국어로서의 한국어교육」, 28, 연세대학교 한국어학당, 37-60쪽.

강승혜(2014), 한국어 쓰기 교육 연구 동향 분석, 「외국어로서의 한국어교육」, 41, 연세대학교 언어연구교육원 한국어학당, 1-35쪽.

강영주 외(2008), 「신화를 활용한 한국 문화교육 활용 방안 연구 : 단군 주몽신화를 중심으로」, 한국외국어대학교 석사학위논문.

강윤미(2013), 「한국어 학습자의 음성적 유창성에 영향을 미치는 초분절적 요소 연구」, 경희대학교 석사학위논문.

강윤주(2019), 「토픽 모델링과 네트워크 분석을 적용한 국내 무용학 연구 분야 탐색」, 경희대학교 박사학위논문.

강현경(2008), 「동료 피드백이 한국어 학습자의 쓰기에 미치는 영향 연구」, 한국외국어대학교 석사학위논문.

강현자(2017), 신문을 활용한 한국어 수업 방안 : 학문 목적 학습자 대상 읽기·쓰기 수업을 중심으로, 「언어와 문화」, 13(1), 한국언어문화교육학회, 41-63쪽.

강현화(2010), 한국어교육학 연구의 최신 동향 및 전망 : 연구사를 중심으로, 「국어국문학」, 155, 국어국문학회, 39-78쪽.

강현화(2011), 한국어 어휘 교육 연구방법론 동향 분석, 「이중언어학」, 47, 이중언어학회, 454-497쪽.

강현화(2013), 한국어 어휘 교육 연구방법론의 이론과 실제, 「제17차 추계 전국학술대회 논문집」, 한국언어문화 교육학회, 19-34쪽.

곽보민(2019), 「중도입국 아동을 위한 한국어 상호문화교육 수업모형의 개발 및 적용 연구: 초등학교 저학년 학생을 중심으로」, 고려대학교 석사학위논문.

곽영(2013), 「드라마를 활용한 한국어교육 문화통합 연구 : 중국인 학습자를 대상으로」, 중앙대학교 석사학위논문.

곽지영·이수민·최유경·성미현·이지영·이혜림(2019), 초급 학습자를 위한 한국어 이해 교재 개발의 실제: '새 연세 한국어 듣기와 읽기 2'를 중심으로, 「외국어로서의 한국어교육」, 52, 연세대학교 언어연구교육원 한국어학당, 1-44쪽.

곽흔연(2019), 「중국인 한국어 학습자의 쓰기 문장에 나타난 학습 환경에 따른 오류 분석 연구: 어휘적·문법적 오류를 중심으로」, 중앙대학교 석사학위논문.

관건(2012), 「읽기 쓰기 통합 활동을 통한 작문 수업의 교수 학습 방안 연구」, 인하대학교 석사학위논문.

관흔(2019), 「중국인 한국어 고급 학습자의 말하기 유창성과 담화표지 사용의 관계 연구」, 전남대학교 석사학위논문.

구미숙(2014), 「여성결혼이민자를 위한 한국어 문화 교육 방안 연구」, 한성대학교 석사학위논문.

권미정(1999), 외국어로서의 한국어 읽기 교육 : 독해 전략을 통한 효율적인 읽기 방안, 「한국어교육」, 10(1), 국제한국어교육학회, 6-11쪽.

권순희(1996), 언어문화적 특성을 고려한 한국어교육의 교재 편성 방안, 「국어교육연구」, 3(1), 서울대학교 국어교육연구소, 1-19쪽.

권혜경(2010a), 한국어 읽기 교육 방법 연구의 동향, 「한국어문화교육」, 4(1), 한국어문화교육학회, 53-79쪽.

권혜경(2010b), 한국어 읽기 교육 연구의 흐름과 동향, 「언어학연구」, 16, 한국중원언어학회, 1-26쪽.

김경숙(1983), 외국어로서의 한국어 읽기 교육에 대한 견해, 「외국어로서의 한국어교육」, 8, 연세대학교 한국어학당, 3-13쪽.

김경지(2001), 「중급 학습자를 위한 한국어교육 연구: 영화와 노래를 중심으로 한 수업 활동」, 경희대학교 석사학위논문.

김경회(2009), 문학을 활용한 여성 결혼 이민자를 위한 한국어문화 교재 개발 연구, 「외국어교육연구」, 23(1), 한국외국어대학교 외국어교육연구소, 1-26쪽.

김대명(2016), 이주노동자의 한국어 능력, 사회적 지지, 문화적응 스트레스가 생활 만족도에 미치는 효과 분석: 희망의 매개효과를 중심으로, 「디지털융복합연구」, 14(4), 한국디지털정책학회, 89-100쪽.

김미경(2007), 「텍스트 구조 학습이 한국어 쓰기에 미치는 영향 연구: 원인-결과, 문제-해결 및 비교-대조 구조를 중심으로」, 이화여자대학교 석사학위논문.

김미경(2016), 「한국어 학습자의 성격 유형에 따른 말하기 오류 수정 피드백 방안 연구」, 경희사이버대학교 석사학위논문.

김미란(2015), 「초등학교 1, 2학년 다문화가정 아동의 한국어 쓰기 양상 연구: 다문화가정 아동과 일반가정 아동의 그림일기 자료 비교를 중심으로」, 고려대학교 석사학위논문.

김미숙(2014), 「한국 생활문화 교육을 통한 이주노동자의 문화적응 스트레스 해소 방안」, 경희대학교 석사학위논문.

김미옥(1992), 읽기 교육에 관한 연구, 「외국어로서의 한국어교육」, 17, 연세대학교 한국어학당, 4-10쪽.

김민경(2013), 「'딕토콤프(Dicto-comp)'가 한국어 학습자의 쓰기 능력과 듣기 능력에 미치는 효과 연구」, 고려대학교 석사학위논문.

김민라(2014), 문학텍스트를 활용한 한국어 문화교육 연구, 「한국어교육연구」, 1, 한국어교육연구학회, 1-16쪽.

김민수(2014), 한국어 교재의 언어 기능 통합 교육 개선 방안 연구: 중학생을 위한 표준 한국어를 중심으로, 「국제한국언어문화학회 학술대회」, 국제한국언어문화학회, 54-63쪽.

김상대(1977), 한국어 화법 연구: 그 보문자와 활용을 중심으로, 「국어교육」, 31, 한국국어교육연구회, 1-21쪽.

김상희(2018), 「중급 한국어 학습자의 작문에 대한 서면 피드백 실제와 교사의 인식」, 이화여자대학교 석사학위논문.

김서형(2019), 한국어교육에서의 교사 고쳐 말하기와 학습자 반응 간의 상관관계 연구, 「한국언어문화학」, 16(1), 국제한국언어문화학회, 61-96쪽.

김선미(2003), 「TV프로그램을 이용한 한국문화 교육 방안」, 고려대학교 석사학위논문.

김선미(2019), 「문학 작품을 활용한 고급 한국어 학습자의 가치문화교육 방안 연구」, 강원대학교 석사학위논문.

김선희(2008), 「교회의 외국인 근로자 문해교육 활동에 관한 연구」, 중앙대학교 석사학위논문.

김성숙(2011), 학문 목적 한국어 쓰기 능력에 대한 분석적 평가의 일반화가능도 검증, 「한국어교육」, 22(3), 국제한국어교육학회, 29-48쪽.

김성숙(2013), 학문 목적 한국어 쓰기 숙달도 평가 연구: 보고서 쓰기 과제를 중심으로, 「한국어교육」 24(2), 국제한국어교육학회, 57-80쪽.

김신영(2019), 「언어 네트워크 분석을 활용한 평생교육 연구 동향 분석」, 건국대학교 석사학위논문.

김애원(2004), 「재외동포를 위한 한국이해교육: 문화교육을 중심으로」, 이화여자대학교 석사학위논문.

김영만(2003), 하이퍼텍스트 작문의 특성과 한국어 작문 교육 방향, 「한국어교육」, 14(3), 국제한국어교육학회, 53-78쪽.

김영일(2019), 중국인 중급 학습자의 작문에 나타난 띄어쓰기 오류 연구, 「우리말 글」, 82. 우리말글학회, 237-274쪽.

김영주(2009), 다문화 가정 아동의 한국어 문어 교재 개발: 균형적 접근법을 활용하여, 「새국어교육」, 83, 한국국어교육학회, 99-132쪽.

김예호(2003), 통합 교육을 위한 한국 문학 교재의 선정과 문학교수 요목, 「국제한국어교육학회 학술대회논문집」, 국제한국어교육학회, 431-456쪽.

김온옥(2019), 완성형 평가(cloze method)를 활용한 발표 교육 연구: 베트남 학문 목적 학습자의 담화 표지 사용을 중심으로, 「국어교육연구」, 69, 국어교육학회, 23-64쪽.

김윤주(2015), 전래동화를 활용한 다문화 문식성 교육: 상호문화교육 모형에 기반하여, 「한성어문학」, 34, 한성대학교 한성어문학회, 295-318쪽.

김윤주(2018), 재외동포 대상 한국어교육 관련 연구 동향 분석과 과제(1): 지난 50년간 학위논문을 중심으로, 「우리어문연구」, 61, 우리어문학회, 325-353쪽.

김윤희(2019a), 「한국어 말하기 성취도 평가 방안 연구: 핵심 평가 구인 설정을 중심으로」, 고려대학교 박사학위논문.

김윤희(2019b), 한국어 말하기 성취도 평가 방안 연구: 핵심 평가 구인 설정을 중심으로, 「국제한국어교육학회 춘계학술발표논문집」, 국제한국어교육학회, 259-290쪽.

김은정(2002), 「한국어 학습자의 듣기 전략 훈련 효과에 관한 연구」, 이화여자대학교 석사학위논문.

김은정(2018), 외국인유학생의 쓰기 능력 향상을 위한 글쓰기 교육 연구: 시각자료 사용을 통한 쓰기를 중심으로, 「문화와 융합」, 40(8), 한국문화융합학회, 207-238쪽.

김은지(2019), 「키워드 네트워크 분석을 통한 초등학생 집단상담 프로그램 개발 연구동향 분석」, 대구교육대학교 석사학위논문.

김은혜(2010), 받아쓰기 평가의 활용 방안: 한국어 학습자의 의미 재구성 능력을 중심으로, 「국어교육학연구」, 37, 국어교육학회, 249-281쪽.

김은호(2007), 「고급 문법-문화 통합 한국어교육 연구」, 고려대학교 석사학위논문.

김인규(2009), 학문 목적을 위한 한국어교육에서 '듣고 받아 적어 재구성하기(dictogloss)' 적용 방안 연구, 「새국어교육」, 82, 한국국어교육학회, 51-72쪽.

김일환(2011), 공기어 네트워크의 변화 양상 - 〈가족〉과 〈친구〉를 중심으로, 「한말연구」, 29, 한말연구학회, 35-70쪽.

김장미(2010), 「한국어 교재 내의 문화 교육 양상과 개선방안 연구: 문화와 언어의 통합을 중심으로」, 한성대학교 석사학위논문.

김재관(2014), 「K-POP을 활용한 한국문화 교육 방안 연구」, 충남대학교 석사학위논문.

김재희(2013), 「결혼이주여성의 한국 문화 적응 및 자녀 양육과 유아교육기관 경험 들여다보기」, 아주대학교 석사학위논문.

김정숙(2004), 한국어 읽기·쓰기 교재 개발 방안 연구, 「국제한국어교육학회 학술대회논문집」, 국제한국어교육학회, 87-99쪽.

김정숙(2014), 한국어 말하기 능력 구인 설정을 위한 기초 연구, 「한국어교육」, 25(4), 국제한국어교육학회, 1-21쪽.

김정숙·이동은·이유경·최은지(2007), 한국어 표준 말하기 시험 측정 도구를 위한 기초 연구, 「한민족어문학」, 51, 한민족어문학회, 229-258쪽.

김정은(2013), 문화이해와 소통을 위한 한국어 교육 내용: 통합교재의 대화문과 문화영역을 중심으로, 「이중언어학」, 53, 이중언어학회, 25-53쪽.

김정자(2016), 베트남인 한국어 학습자 작문에 나타난 문법 오류 양상 연구, 「한국문법교육학회 학술발표논문집」, 한국문법교육학회, 146-161쪽.

김종훈·조영철(2018), 문화적으로 적합한 교수법' 실행 경험에 대한 내러티브 연구: 공립 다문화학교 교사의 실천 사례를 중심으로,「교육문화연구」, 24(2), 인하대학교 교육연구소, 687-706쪽.

김주은(2013),「한국어 교실에서의 교사의 디딤말하기(scaffolding) 양상 연구」, 연세대학교 석사학위논문.

김중섭(2015), 한국어 기능 교육: 말하기, 듣기, 읽기, 쓰기 교육 연구의 성과와 과제,「한국어교육」, 26(4), 국제한국어교육학회, 359-388쪽.

김지영(2014), 상호작용능력 신장을 위한 한국어 통합 교재의 말하기 활동 연구,「한국어교육」, 25(4), 국제한국어교육학회, 23-49쪽.

김지혜(2014), 상호문화교육의 실천을 위한 검토: 한국어 교사의 상호문화교육을 위한 시론,「한국언어문화교육학회 학술대회」, 2014(1), 한국언어문화교육학회, 73-83쪽.

김진호(2019), 언어문화의 통합 교육 - 베트남의 한국어교육을 중심으로,「한국문화융합학회 전국학술대회」, 한국문화융합학회, 1-6쪽.

김태연(2019), 한국어 문화 교육을 위한 문학 텍스트 활용 방안에 대한 고찰: 학습자 및 교수자 요구조사를 바탕으로,「한국언어문화학」, 16(2), 국제한국언어문화학회, 121-147쪽.

김한내(2018),「프로젝트 학습법을 활용한 초등다문화 학생 대상의 한국어 표현교육 방안 연구」, 경인교육대학교 석사학위논문.

김해영(2008), 한국어 교재의 읽기 텍스트 분석을 통한 문화 교육 내용 연구,「한국언어문화교육학회 학술대회 발표집」, 한국언어문화교육학회, 105-114쪽.

김현아(2019),「멀티리터러시(Multi-literacy)에 기반한 한국 언어문화 교육 프로그램의 개발 및 효과 연구」, 한국외국어대학교 박사학위논문.

김현정(2000), 통합적 기능 향상을 위한 읽기·쓰기 수업 모델,「국제한국어교육 학회 학술대회 발표집」, 국제한국어교육학회, 89-91쪽.

김혜경(2012),「그래픽 조직자를 활용한 한국어 읽기-쓰기 활동이 학습자의 요약능력 향상에 미치는 영향 연구: 설명적 텍스트 구조를 중심으로」, 선문대학교 석사학위논문.

김혜민(2015),「한국어 상호문화교육을 위한 교수 전략 연구」, 서울대학교 석사학위논문.

김혜연·정희모(2005), 네트워크 분석을 활용한 작문 연구 동향 분석,「작문연구」, 26호, 한국작문학회, 33-69쪽.

김혜진(2010), 문법지식을 활용한 일기 쓰기가 한국어 쓰기능력 향상에 미치는 효과 연구,「한국어문화교육」, 4(1), 한국어문화교육학회, 149-170쪽.

김혜진(2018), 문화적 문식력 향상을 위한 한국어 중·고급 학습자의 설화 교육 연구: 국내 대학 교양 학부의 중국인 유학생을 중심으로,「한국언어문화학」, 15(2), 국제한국언어문화학회, 155-187쪽.

김혜진·김종철(2015), 상호문화적 능력 향상을 위한 한국의 '흥' 이해 교육 연구 - 고전 문학 제재를 중심으로, 「한국언어문화학회」, 12(1), 국제한국언어문화학회, 79-111쪽.

김호정·정연희(2016), 한국어 수업 중에 이루어지는 수정적 피드백에 대한 실행연구, 「우리말연구」, 47, 우리말학회, 187-226쪽.

김효은(2014), 「한국어 읽고 말하기 활동 구성 방안 연구: 중급 이상 통합 교재 분석을 바탕으로」, 고려대학교 석사학위논문.

김훈희·권충훈(2018), 언어 네트워크 분석방법을 활용한 국내 '예비교사 교육' 연구동향 분석, 「인문사회」, 9, (사)아시아문화학술원, 1161-1176쪽.

김희섭·최윤정(2009), 중국인 대상 한국어교육 동향 분석, 「동북아 문화연구」, 19, 동북아시아문화학회, 169-186쪽.

김희연(2015), 「한국어 쓰기 교육에서 동료 피드백 활용 방안 연구」, 배재대학교 석사학위논문.

김희영(2019), 「학문 목적 학습자를 위한 한국어 토론 수업 구성 연구」, 이화여자대학교 석사학위논문.

나랑치멕(2015), 「몽골인 한국어 학습자의 작문 오류 분석 연구」, 경희대학교 석사학위논문.

나은영(2007), 말레이시아에서의 한국어교육 현황과 말라야 대학교(UM)의 한국어와 한국문화의 통합 교육 방안, 「언어와 문화」, 3(3), 한국언어문화교육학회, 127-143쪽.

나정선(2002), 「영화를 활용한 한국어 문화 교육 방안」, 단국대학교 석사학위논문.

남연(2014), 중국의 한국어학과 고급 학습자를 위한 한국어 통합 교재 개발 연구 - 기존 교재에 대한 분석을 통하여, 「한국어교육」, 25(3), 국제한국어교육학회, 59-110쪽.

노병호(2015), 중국어 모어 화자의 한국어 학습자의 쓰기에 나타난 오류 분석 - 어휘 오류를 중심으로, 「한국융합학회논문지」, 6(5), 한국융합학회, 131-142쪽.

노혜남(2008), 「내용 피드백을 통한 한국어 학습자의 쓰기 능력 향상 방안 연구」, 경희대학교 석사학위논문.

동동(2016), 「한국어 쓰기 교육에서의 교사 피드백 효과 연구: 중국인 학습자 쓰기의 내용 및 형태 정확성 향상을 중심으로」, 경희대학교 박사학위논문.

동동·김영주(2014), 면담 피드백이 한국어 학습자의 쓰기 내용 향상에 미치는 영향, 「새국어교육」, 100, 한국국어교육학회, 175-208쪽.

딩티투히엔(2014), 「베트남인 한국어 학습자의 작문에 나타나는 내포문의 오류 양상 연구」, 영남대학교 석사학위논문.

류계영(2010), 「그림자처럼 따라 읽기가 한국어 학습자의 듣기 능력 향상 및 학습 태도에 미치는 영향: 학문 목적 학습자를 대상으로」, 이화여자대학교 석사학위논문.

류관표(2019), 「플립드러닝을 활용한 의사소통 교수 방법: 한국어 문법과 의사소통 교수의 연계 전략」, 건국대학교 석사학위논문.

류수열(2008), 한국어교육학회 제265회 학술대회 특집: 공연 문학의 화법 교육법 배치를 위하여, 「국어교육」, 126, 한국어교육학회, 31-56쪽.

리순녀(2019), 중국 대학에서의 한국어 쓰기 성취도 평가 문항 및 범주에 관한 연구, 「학습자중심교과교육연구」, 19(1), 학습자중심교과교육학회, 1083 - 1102쪽.

마원(2019), 「중국인 한국어 학습자의 협조적 청자 발화 교육 연구: 전화 대화 분석을 중심으로」, 서울대학교 석사학위논문.

마정(2012), 「중국인 학습자들의 한국어 작문에 나타나는 문법 오류 분석 연구」, 인하대학교 석사학위논문.

명민경(2009), 「한국어 과정 중심 쓰기 교육에서의 학습자 오류 분석을 통한 교사 피드백 효율성 연구」, 한양대학교 석사학위논문.

木村泰子(2003), 인터뷰 형식의 조사보고 활동을 이용한 5가지 능력 향상 교재의 연구: 초급·초중급 학습자의 비교를 통하여, 「논문집」, 28, 광주보건대학, 169-179쪽.

문근현(2010), 한국어 어휘 교육의 현황과 과제, 「언어와 문화」, 6(1), 109-135쪽.

문대일(2019), 「딕토섀도잉(Dictoshadowing)이 듣기 능력 향상에 미치는 영향: 한국어 중급 중국 학습자를 대상으로」, 숭실대학교 석사학위논문.

문석우(2010), 다문화가정의 한국어교육 및 한국문화적응 실태조사: 광주, 전라도지역의 러시아 및 CIS국가 출신 이주여성을 중심으로, 「중소연구」, 34(1), 한양대학교 아태지역연구센터, 233-265쪽.

문송이(2017), 「이주노동자의 스트레스 대처, 문화변용, 문화변용 스트레스 간 관계」, 울산대학교 석사학위논문.

문진희(2013), 「오류일지 작성이 한국어 쓰기의 문법 오류 감소에 미치는 영향: 중급 학습자의 조사·어미 오류를 중심으로」, 이화여자대학교 석사학위논문.

문희진(2019), 「동화를 활용한 한국어 촉각형용사 교육 방안 연구: 다문화가정 아동을 대상으로」, 호남대학교 석사학위논문.

민병곤·윤희원·안현기(2010), 초등학교 1, 2학년 다문화 가정 학생의 읽기 및 쓰기 기초학력 검사 도구 개발 연구, 「국어교육학연구」, 37, 국어교육학회, 313-346쪽.

민원정(2008), 스페인어권 화자를 위한 한국문화교육의 현황과 과제 - 칠레가톨릭대학교의 한국문화수업 발표 사례를 중심으로, 「한국어교육」, 19(1), 국제한국어교육학회, 1-15쪽.

민정호·전한성(2014), 다문화 가정 학습자의 개별성을 고려한 한국어교육의 실천 방향 탐색, 「한국언어문화학」, 11(3), 국제한국언어문화학회, 93-119쪽.

박미선(2008), 교사의 일기 댓글이 재외교포 자녀의 쓰기 능력 향상에 미치는 영향 연구 -중국 선양 한글학교를 중심으로, 「국제한국어교육학회 학술대회논문집」, 국제한국어교육학회, 509-548쪽.

박서영(2011), 「여성결혼이민자를 위한 전략 중심 한국어 쓰기 교육 방안 연구」, 한국외국어대학교 석사학위논문.

박석준(2009), 다문화 가정 구성원을 위한 한국어교육의 방향, 「한국언어문학」, 71, 한국언어문학회, 215-243쪽.

朴仙玉(2003), 한국어 교사의 질문 유형과 기능에 대한 연구: 외국인에게 한국어를 교육하는 교사의 발화를 중심으로, 「화법연구」, 5, 한국화법학회, 371-399쪽.

박선옥(2011), 여성결혼이민자를 위한 한국어 교재의 쓰기 활동 분석과 구성 방안 제언, 「언어학연구」, 19, 한국중원언어학회, 71-96쪽.

박소영(2019), 「중급 한국어 학습자의 발표 수행 양상 분석」, 한국교원대학교 석사학위논문.

박수정(2008), 「외국어로서의 한국어교육: 문학텍스트와 문화교육 활용방안」, 아주대학교 석사학위논문.

박영순(2002), 외국어로서의 한국어교육론, 월인.

박영지(2009), 「한국어 쓰기 과정에서의 동료 피드백 선행 교육 방안」, 고려대학교 석사학위논문.

박영희(2015), 「중국인 학습자를 위한 한국어 문장 쓰기 교육 방안 연구: 쓰기 오류 분석을 통하여」, 충북대학교 박사학위논문.

박용권(2003), 문학 텍스트와 변용 텍스트를 활용한 한국어 문화교육 방안 - 협동학습 전략을 중심으로, 「국어교과교육연구」, 5, 국어교과교육학회, 231-267쪽.

박은민(2014), 한국어,영어 말하기 교재 비교 연구 -말하기 활동을 중심으로, 「한국어와 문화」, 15, 숙명여자대학교 한국어문화연구소, 165-205쪽.

박은하(2018), 한국어 통합 교재에 나타난 발음 내용의 비교 분석, 「한국콘텐츠학회논문지」, 18(4), 한국콘텐츠학회, 268-278쪽.

박인수(2014), 「생활문화 교육을 통한 결혼이주 여성의 효과적인 한국어교육 방법」, 동신대학교 석사학위논문.

박인애(2011), 한국어 듣기 교육 연구 동향 분석, 「언어학연구」, 19, 한국중원언어학회, 97-118쪽.

박재희(1998), 「한국어 문법 교수에 관한 연구: 회화 교재의 문법항목을 중심으로」, 이화여자대학교 석사학위논문.

박주현(2007), 「교사 피드백 방법이 학습자 작문의 형태 오류 감소에 미치는 영향」, 이화여자대학교 석사학위논문.

박지은(2019), 「플립 러닝을 활용한 학문 목적 한국어 발표 수업 모형 연구」, 이화여자대학교 석사학위논문.

방가(2019), 「한국어 교재의 감탄사 계열 담화표지 실현 양상 연구」, 숭실대학교 석사학위논문.

방성원(2000), 통합 교수를 위한 한국어 교재 개발 연구, 「한국어교육」, 11(2), 국제한국어교육학회, 111-131쪽.

배순향(2012), 「고전텍스트를 활용한 언어·문화 통합 교육 방안: 현대 문화어휘와 접목하여」, 한성대학교 석사학위논문.

배외순(2014), 「한국어 쓰기 과정에서 동료 피드백 효과 연구」, 영남대학교 석사학위논문.

배윤정(2013), 「한국 음식 문화를 활용한 한국어 통합 교육 방안」, 공주대학교 석사학위논문.

배재원·이승연(2016), 문화 교육을 위한 한국어 교사 교육 방향 연구 -한국어 교사 대상 포커스그룹인터뷰를 중심으로, 「한국문화연구」, 31, 이화여자대학교 한국문화연구, 223-258쪽.

배재훈(2012), 「북한이탈학생의 국어 사용능력 신장에 대한 연구: 말하기와 쓰기를 중심으로」, 부산교육대학교 석사학위논문.

배지윤(2005), 「외국어로서의 한국어교육에서 문화교육 모형」, 선문대학교 석사학위논문.

백난주(2017), 한국어 말하기와 발음의 통합 교육 연구 - 운율단위를 중심으로, 「우리말학회 학술대회지」, 141-160쪽.

백미옥(2007), 「여성 결혼이민자를 위한 생활문화와 한국어의 통합 교육 연구: 초급 단계 학습자를 중심으로」, 고려대학교 석사학위논문.

백봉자(1987), 교포 2세의 한국어와 쓰기 교육, 「이중언어학」, 3(1), 이중언어학회, 63-83쪽.

백사몽(2019), 「문화 교육을 중심으로 한 한국어 중급 통합 교재 구성 방안 연구」, 중앙대학교 석사학위논문.

서승옥(2017), 「다문화 및 재외동포 가정 아동을 위한 한국어 통합 교재 개발: 전래동화를 활용하여」, 이화여자대학교 석사학위논문.

서아람·안기정(2019), 학문 목적 한국어 쓰기 교육 연구 동향 분석, 「외국어교육연구」, 33(4), 한국외국어대학교 외국어교육연구소, 83-119쪽.

서전(2015), 「중국인 한국어 학습자의 쓰기 교육을 위한 논설 텍스트 대조 분석 연구」, 경인교육대학교 석사학위논문.

서정민(2015), 「쓰기 전 단계에서의 교사 피드백이 한국어 학습자의 쓰기 능력에 미치는 효과 연구」, 고려대학교 석사학위논문.

서진숙·박혜경(2016), 교수의 수정적 피드백에 대한 학문 목적 학습자의 인식과 반응 - 한국어 발표를 중심으로, 「인문연구」, 77, 영남대학교 인문과학연구소, 179-210쪽.

서효진(2019), 「중급 학습자 대상 대학 교양 과목 수강을 위한 듣기 교재 개발」, 이화여자대학교 석사학위논문.

성정화(2019), 「K-POP을 활용한 독학용 초급 한국어 교재 개발: 싱가포르 10대 청소년을 대상으로」, 경희사이버대학교 석사학위논문.

소라(2014), 「중도입국 청소년 학습자를 위한 한국문화 교육 내용 선정 연구」, 배재대학교 석사학위논문.

손정란(2009), 노트 필기 전략 훈련이 학문 목적 한국어 학습자의 강의 듣기에 미치는 효과, 「응용 언어학」, 25(1), 한국응용언어학회, 1-26쪽.

송재란(2018), 「한국어교육에서 언어・문화 통합 교육 모형 연구」, 동신대학교 박사학위논문.

송희원(2004), 「초급 한국어 학습자를 위한 문화 교육으로서의 민요 활용 방안 연구」, 광운대학교 석사학위논문.

수지아띠(2019), 「한국 내 인도네시아 근로자를 위한 한국어교육 자료 개발 방안」, 상명대학교 석사학위논문.

신명선(2019), 토픽 모델링과 언어 네트워크를 활용한 '국어 문법 교육' 연구 동향 분석, 「문법교육」, 36, 한국문법교육학회, 95-134쪽.

신문영(2007), 「공익광고를 활용한 한국어 교실수업 모형 연구」, 경희대학교 석사학위논문.

신설화(2012), 「다문화가정 학습장애 중학생의 국어 맞춤법 오류 유형 및 작문 오류 유형 분석」, 단국대학교 석사학위논문.

신성철(2010), 중국어권 한국어 학습자의 작문 문법 오류와 교육적 시사점, 「외국어로서의 한국어교육」, 35, 연세대학교 언어연구교육원 한국어학당원, 75-101쪽.

신윤경(2008), 한국어 문학 수업을 위한 읽기,쓰기 통합 방안, 「작문연구」, 7, 한국작문학회, 107-129쪽.

신은영·이효인(2018), 학령기 음소 지각 평가 도구의 적절성 검토, 「한국어교육」, 9, 한국어교육연구학회, 47-63쪽.

신호철(2003), 한국어 유음(流音)의 발음 교육에 대한 연구, 「국어교육학연구」, 16, 국어교육학회, 253-272쪽.

신효선(2019), 「중도입국 학생 대상의 사회교과목 통합 교재 개발: 학습 한국어 및 교과목 학습」, 이화여자대학교 석사학위논문.

심민아(1998), 「외국어로서의 한국어교육에 있어서 문화교육 방안」, 이화여자대학교 석사학위논문.

심상민(2014), 다문화 학습자를 위한 (한)국어교육 연구의 동향 분석: (한)국어교육 학위 논문의 연구 경향 분석, 「새국어교육」, 98, 한국국어교육학회, 153-183쪽.

심선애(2015), 「TV 드라마를 활용한 문화중심 한국어 통합 교육 방안 연구」, 한국외국어대학교 석사학위논문.

쑹웨이(2018), 중국인 초급 한국어 학습자의 글쓰기에 나타난 조사 오류 양상과 지도 방안 연구 - '이/가', '을/를' 대치 오류를 중심으로, 「작문연구」, 38, 한국작문학회, 119-147쪽.

안미영(2008), 한국어교육에서 설화 문학을 활용한 문화 교육, 「한국학」, 31(4), 한국학중앙연구원, 107-130쪽.

안상희(2016), 「서면과 면담 피드백이 한국어 학습자의 쓰기 오류 개선에 미치는 영향」, 부산대학교 석사학위논문.

안수현·이상준(2018), 키워드 네트워크 분석을 이용한 한국어교재 연구동향 탐색, 「국제한국어교육학회 학술대회논문집」, 78, 국제한국어교육학회, 949-951쪽.

안유미(2003), 「초등학교에서의 한국어교육: 외국어린이들을 위한 한국어·문화 통합 교육을 중심으로」, 연세대학교 석사학위논문.

안윤지(2012), 「국제재혼가정 이주청소년들의 언어 문화적응교육에 대한 실태 탐색」, 동아대학교 석사학위논문.

양민정(2008), 외국인을 위한 고전시가 활용의 한국어/문학/문화의 통합적 교육, 「외국문학연구」, 29, 한국외국어대학교 외국문학연구소, 237-261쪽.

양수정(2015), 「라디오 방송 프로그램을 활용한 한국어 의사소통 능력 향상 방안 연구」, 경희대학교 석사학위논문.

양진희(2019), 언어 네트워크 분석방법을 활용한 '열린유아교육연구' 학술지의 연구동향 분석, 「열린유아교육연구」, 24, 한국열린유아교육학회, 221-246쪽.

여경선(2001), 「한국어 학습자를 위한 문화 교육 연구: 체험을 통한 문화 교육을 중심으로」, 석사학위논문.

연선자(2008), 「판소리를 활용한 한국 문화교육 방안 연구」, 한국외국어대학교 석사학위논문.

염수진(2004), 「웹기반 한국어 듣기 교육에 대한 연구」, 고려대학교 교육대학원 석사학위논문.

오경숙(2019), 〈한국어 의사소통 능력 향상을 위한 통합평가 사례 연구 - 교실기반의 한국어 기능 통합평가〉의 토론문, 「국제한국어교육학회 학술대회논문집」, 국제한국어교육학회, 775-776쪽.

오경화(2011), 「중국인 학습자의 한국어 쓰기 오류 분석 연구」, 호남대학교 석사학위논문.

오광근(2008), 기초 단계의 한국어 자모 교육(字母敎育) - 통합 교재를 중심으로, 「한민족어문학」, 53, 한민족어문학회, 181-208쪽.

오기원(2007), 쓰기 협력 학습이 한국어 쓰기 능력 향상에 미치는 영향 연구, 「외국어로서의 한국어교육」, 32, 연세대학교 한국어학당, 171-198쪽.

오문경(2018), 외국인 학부생을 위한 '강의 듣기' 활동 연구, 「학습자중심교과교육연구」, 18(20), 학습자중심교과교육학회, 1075-1094쪽.

오미연(2019), 「한국어 간접인용 표현의 과제 연구」, 동국대학교 석사학위논문.

오상석·정희정(2014), Who is talking? From Teacher-Led to Student-Led Discussion in Advanced Korean Classes, 「한국어교육」, 25(2), 국제한국어교육학회, 79-112쪽.

오세옥(2015), 「여성결혼이민자의 한국 생활 적응 실태 및 교육수요에 대한 연구: 서울시 S구와 경기도 G시를 중심으로」, 연세대학교 석사학위논문.

오영훈·하종천(2019), 동남아시아 출신 외국인 노동자의 직장 내에서의 문화 갈등 사례 연구, 「문화교류연구」, 8(3), 한국국제문화교육학회, 125-146쪽.

오지혜(2008), 이야기 문법을 활용한 한국어 고급 학습자의 이야기 쓰기 교육 연구, 「작문연구」, (7), 한국작문학회, 275-305쪽.

오지혜(2015), 문화교육 연구방법의 이론과 실제-양적 연구 동향, 「한국언어문화교육학회 추계 전국학술대회」, 10, 27-40쪽.

오지혜(2016), 문학문화적 접근을 통한 한국어문학교재 내용 체계 연구, 「우리말교육현장연구」,10(1), 우리말교육현장연구학회, 63-88쪽.

오택환(2009), 쓰기 수행평가에서 동료평가 방법의 활용 방안 탐색-평가자간 신뢰도 분석을 중심으로, 「한국어교육학회 학술발표논문집」, 2009(1), 한국어교육학회, 209-230쪽.

왕문도(2011), 「한국어 학습자를 위한 한국문화교육 방안 연구: 속담을 중심으로」, 건양대학교 석사학위논문.

왕아금(2014), 「중국인 학습자를 위한 우화 소설을 활용한 한국 문화 교육 방안 연구: 〈장끼전〉을 중심으로」, 경희대학교 석사학위논문.

왕효성(2012), 한국어 글쓰기 과정에서의 언어 전환(Language-switching) 양상-중국인 대학생들의 생각 말하기(think-aloud) 자료를 바탕으로, 「새국어교육」, 91, 한국국어교육학회, 105-134쪽.

왕훼이(2019), 중국어권 초급 한국어 학습자의 작문에 나타난 오류 분석: 어휘 사용 오류를 중심으로, 「우암논총」, 41, 청주대학교 대학원, 14쪽.

요역평(2019), 「더빙 활동을 활용한 한국어 말하기 교육 방안 연구: 중급 학습자 교실 수업을 중심으로」, 중앙대학교 석사학위논문.

용재은(2004), 「대학 수학 목적의 한국어 읽기·쓰기 교육 방안 연구: 학문적 텍스트의 분석과 적용을 중심으로」, 고려대학교 석사학위논문.

우아령(2019), 「외국인 유학생의 한국어 말하기 불안과 쓰기 불안 분석 연구」, 한국외국어대학교 석사학위논문.

우인혜(1998), 한일 언어 비교를 통한 발음 교수법, 「이중언어학」, 15(1), 이중언어학회, 319-347쪽.

우혜령(1999), 「한국어능력시험의 문항에 대한 연구-제2회 한국어능력시험 1급 읽기 영역 문항 분석을 중심으로」, 이화여자대학교 석사학위논문.

원미진(2011), 한국어 어휘 교육 연구의 방향 모색, 「한국어교육」, 22-2, 국제한국어교육학회, 255-279쪽.

원미진·유소영(2017), 재외동포 대상 한국어 관련 연구 현황 및 전망, 「국제어문」, 73, 국제어문학회, 63-100쪽.

유기환(1986), 「외국어로서의 한국어 교재론: 듣기 교재를 중심으로」, 연세대학교 석사학위논문.

유승희(2018), 「국내 여성결혼이민자의 심리적 적응과 사회문화적 적응에 영향을 미치는 요인에 관한 연구」, 서울시립대 박사학위논문.

유정호(2009), 「멀티미디어콘텐츠를 활용한 한국어교육 방안 연구」, 인천대학교 석사학위논문.

유종혁(2019), 「TOPIK 말하기 평가 구인으로서의 음절 말화 속도에 대한 연구: 음성 인식기술을 활용하여」, 연세대학교 석사학위논문.

유풍(2019), 「상호문화적 접근에 기반한 문화 교육에서의 가치관 교육: 중국인 한국어 학습자를 대상으로」, 한성대학교 박사학위논문.

유현정(2017), 고급 단계 한국어 교재의 한국문화 교육 실태와 방향성 고찰-비교문화적 관점에서의 표현 활동 분석을 중심으로, 「한성어문학」, 36, 한성대학교 한성어문학회, 103-134쪽.

윤상철(2004), 「현장학습을 통한 한국어 문화 교육 방법 연구: 중급 단계를 중심으로」, 경희대학교 석사학위논문.

윤정은·김은혜·김지영·하영미(2019), 이중언어 새터민 청소년을 위한 커뮤니티 무용교육: 문화적응 담론과 TPRS 원리의 실천, 「문화예술교육연구」, 14(4), 한국문화교육학회, 27-49쪽.

윤현정(2019), 「한국어 말하기 유창성 향상을 위한 학습 과정 연구」, 서울대학교 석사학위논문.

이가원(2019), 비교문학 관점에서 본 설화의 한국어 문화 교육적 의의와 가치 연구 - 한국, 베트남, 우즈베키스탄의 흥부놀부형 설화를 중심으로, 「한국문예비평연구」, 62, 한국현대문예비평학회, 355-391쪽.

이경란·이은정(2016), 한국거주 동남아 노동자의 국가별 푸드 네오포비아와 한국음식 인식과의 관계 비교분석, 「한국식생활문화학회지」, 31(2), 한국식생활문화학회, 131-140쪽.

이계선(2019), 한국어 의사소통 능력 향상을 위한 통합평가 사례 연구-교실기반의 한국어 기능 통합평가, 「국제한국어교육학회 학술대회논문집」, 국제한국어교육학회, 762-774쪽.

이명순(2010), 「문학텍스트를 활용한 한국어 통합 교육 방안: 동화를 중심으로」, 조선대학교 석사학위논문.

이명현(2014), 외국인의 한국문화 교육에서 고전소설의 가치와 학습 방향, 「다문화콘텐츠연구」, 17, 중앙대학교 문화콘텐츠기술연구원, 229-252쪽.

이미진(2017), 「초등학교 다문화 학생의 문식성 신장을 위한 교재 개발: 전래 동화를 활용한 읽기·쓰기」, 이화여자대학교 석사학위논문.

이미향(2012), 한국어 언어문화교육에서의 사회적 상호작용 고찰: 참여자 인식과 대인 관계 형성을 중심으로, 「한국언어문화학」, 9(2), 국제한국언어문화학회, 235-263쪽.

이미혜(2004), 한국어와 한국 문화의 통합 교육-언어 교육과 문화 교육의 통합 양상을 고려한 교육 방안, 「한국언어문화학」, 1(1), 국제한국언어문화학회, 143-163쪽.

이미혜(2010), 장르 중심 한국어 쓰기 교육의 내용 체계, 「외국어교육」, 17(3), 한국외국어교육학회, 463-485쪽

이민경(2010), 한국어 말하기 교육 연구의 내용과 방법에 관한 고찰, 「한국어문화교육」, 4(2), 한국어문화교육학회, 87-105쪽.

이민자(2019), 「여성결혼이민자들의 문화적응 스트레스가 결혼만족도에 미치는 영향: 자기효능감의 매개효과를 중심으로」, 가천대학교 박사학위논문.

이상혁(2009), 한국학과 훈민정음-한국어 문화 교육을 기반으로 한 훈민정음 콘텐츠를 중심으로, 「우리어문연구」, 35, 우리어문학회, 221-246쪽.

이서진(2014), 「이중언어로써 수화를 사용하는 청각장애인의 쓰기에 나타난 문법오류특성」, 대구대학교 석사학위논문.

이선경(2017), 「중도 입국 자녀 대상의 한국어와 사회 교과 통합 수업 연구: 다중지능 이론을 활용하여」, 이화여자대학교 석사학위논문.

이선진(2017), 한국어교육에서의 말하기 연구 동향 분석 및 연구 방안 모색: 2010년 이후 연구를 중심으로, 「새국어교육」, 112, 한국국어교육학회, 71-122쪽.

이성희(2013), '화성인류학자'를 활용한 예비 한국어 교사의 상호문화 능력 교육 방안: '정의적 능력'을 중심으로, 「한국언어문화학」, 10(2), 국제한국언어문화학회, 225-246쪽.

이소림(2019), 국내 이공계 특성화 대학원의 한국 언어·문화 교육 현황과 과제, 「어문논총」, 34, 전남대학교 한국어문학연구소, 183-203쪽.

이소영(2001), 「한국어 교재의 문화 요소 분석 및 한국어 문화 통합 교수 방안: 웹 활용 방안을 중심으로」, 이화여자대학교 석사학위논문.

이수민(2002), 「한국어 쓰기 교육에서 교사 피드백이 학생 수정에 미치는 영향 연구」, 연세대학교 석사학위논문.

이수상(2012), 「네트워크 분석 방법론」, 논형.

이수상(2014), 언어 네트워크 분석 방법을 활용한 학술논문의 내용 분석, 「정보관리학회지」, 31, 한국정보관리학회, 49-68쪽.

이수상(2016), 독후감 텍스트의 토픽 모델링 적용에 관한 탐색적 연구, 「한국도서관정보학회지」, 48, 한국도서관정보학회, 1-18쪽.

이순애(2007), 「여성 결혼이민자를 위한 한국어 문화 교육 내용 구성 연구」, 상명대학교 석사학위 논문.

이영주(2014), 「상호텍스트성을 기반으로 한 한국어 듣기와 말하기의 통합 교육 방안 연구」, 부산외국어대학교 석사학위논문.

이용승·이화숙(2013), 다문화 시대의 사회통합과 한국어교육정책 - 이주민 참여율 분석을 중심으로, 「한국어교육」, 24(2), 국제한국어교육학회, 285-316쪽.

이유림·김영주(2013), 교사의 피드백 방법이 한국어 학습자의 작문 내 어휘 오류 감소에 미치는 영향, 「외국어로서의 한국어교육」, 39, 연세대학교 언어연구교육원 한국어학당, 165-191쪽.

이윤정(2019), 「민담텍스트의 문학 문화적 접근을 통한 한국어교육 방안 연구: 중도입국 청소년을 대상으로」, 경인교육대학교 석사학위논문.

이윤희(2017), 「전래동화를 활용한 한국어문화의 통합 교육 방안 연구: 〈선녀와 나무꾼〉을 중심으로」, 충남대학교 석사학위논문.

이윤희(2019), 「외국인 근로자의 국내여행 동기, 태도 및 사회문화 적응이 행동 의도에 미치는 영향 연구」, 경희대학교 박사학위논문.

이은숙(2004), 한국 문화 교육의 관점에서 보는 판소리 영화 〈서편제〉, 「한국언어문화학」, 1(1), 국제한국언어문화학회, 165-181쪽.

이은자(2014), 외국인 유학생 프레젠테이션 수업 사례-PBL수업을 중심으로, 「배달말」, 50, 배달말학회, 256-286쪽.

이정숙(2016), 「결혼이주여성을 위한 한국 식생활 문화와 한국어 통합 교육 방안」, 고신대학교 석사학위논문.

이준호(2008), 한국어 어휘 교육 연구사 - 학위논문을 중심으로, 「문법 교육」, 9, 한국문법교육학회, 306-336쪽.

이지영(2016), 다문화 교육을 위한 독서 교육 방향 탐색: 국어교육 연구와 아동·청소년 문학 연구 동향을 중심으로, 「독서연구」, 40, 한국독서학회, 89-118쪽.

이지영(2018), 학문 목적 한국어 어휘 연구의 동향 분석, 「학습자중심교과교육연구」, 22, 1093-1117쪽.

이진숙(2003), 외국어로서의 한국어교육에서 문화를 통합시키기 위한 교육적 방안, 「국어교육연구」, 12, 서울대학교 국어교육연구소, 331-350쪽.

이철영(2019), 「중국 중고등학생을 위한 한국어·한국문화 교육 내용 연구」, 인하대학교 박사학위 논문.

이항무(2003), 「한국어 쓰기 포트폴리오 평가 연구」, 연세대학교 석사학위논문.

이현희(2011), 「딕토글로스를 활용한 쓰기 수업이 형태 오류 감소에 미치는 효과 연구: 홍콩의 한국어 학습자를 대상으로」, 이화여자대학교 석사학위논문.

이혜인(2018), 「소설을 활용한 한국 사회문화 교육 방안 연구: 김정한의 「모래톱 이야기」를 활용하여」, 전주대학교 석사학위논문.

이화정(2019), 「상호작용 활성화를 위한 말하기 과제 구성 방안: 중급을 대상으로」, 대구가톨릭대학교 석사학위논문.

이효정(2017), 학문 목적 한국어 말하기 연구의 실태와 제언: 분류 기준 검토 및 분석을 중심으로, 「외국어로서의 한국어교육」, 46, 연세대학교 언어연구교육원 한국어학당, 86-116쪽.

이후희·이상수·이수상·김은정(2018), 대학 서술형 강의평가 자료의 언어 네트워크 분석, 「교육혁신연구」, 28(2), 부산대학교 교육발전연구소, 237-262쪽.

이훈숙(1987), 「말하기 교육 방법론: 외국어로서의 한국어 말하기 연습 유형을 중심으로」, 연세대학교 석사학위논문.

임금복(2010), 한국 문화 교육의 현황과 한국학의 한 통로로서 한국문화: '연세 한국어'에 나타난 한국문화를 중심으로, 「국제한국학연구」, 4, 명지대학교 국제한국학연구소, 93-122쪽.

임은하(2009), 한국어 학습자의 속담 오류유형 분석-한국어학습자의 쓰기 평가지에 나타난 속담오류를 중심으로, 「외국어로서의 한국어교육」, 34, 연세대학교 언어연구교육원 한국어학당, 375-407쪽.

임지영(2018), 「미취학 자녀를 둔 결혼이주여성을 위한 한국어 통합 교재 개발」, 이화여자대학교 석사학위논문.

임채훈(2014), 어휘적 응결성에 기반한 한국어 어휘와 쓰기 능력 평가에 대한 시론(試論), 「국제국어교육학회 학술대회논문집」, 2014, 국제한국어교육학회, 331-340쪽.

장경은(2001), 「한국어교육을 위한 단계별 문화 내용과 교수 방법」, 전남대학교 석사학위논문.

장문정(2018), 구성-통합 모형을 기반으로 한 학문 목적 한국어 읽기 능력 평가 방안 연구, 「국제한국어교육학회 학술대회논문집」, 국제한국어교육학회, 375-401쪽.

장서희(2019), 「학문 목적 한국어 읽기·쓰기 통합교재 내 텍스트 주제와 지식의 연관성 분석」, 세종대학교 석사학위논문.

장선희(2013), 「한국어 고급 통합교재 과제 분석: 의사소통 능력 구성 요인을 중심으로」, 연세대학교 석사학위논문.

장슈샤오(2017), 「중국인 한국어 학습자의 작문에 나타난 어휘 오류 연구」, 가톨릭대학교 석사학위논문.

장아남(2016), 고급 한국어 학습자를 위한 음운 규칙 교육용 과제 구성 방안 연구-발음·말하기·듣기의 통합을 중심으로, 「한국어교육」, 27(4), 국제한국어교육학회, 219-242쪽.

장영희(2016), 전통놀이를 활용한 다문화가정 청소년의 한국문화교육 방안 연구: 윷놀이의 교육적 활용 방법을 중심으로, 「문화와 융합」, 38(5), 한국문화융합학회, 297-320쪽.

장은화(2005), 「한국어 읽기·쓰기 통합 교육을 위한 요약하기 지도방안: 설명문 텍스트를 중심으로」, 한양대학교 석사학위논문.

장현묵(2016), 한국어교육에서의 읽기 연구 동향 분석: 2010년 이후의 연구를 중심으로, 「새국어교육」, 108, 한국국어교육학회, 325-368쪽.

전미순(2001), 「일본어 모어 학습자를 위한 한국어 발음 교육 방안 연구」, 경희대학교 석사학위논문.

전미화(2016), 중국인 유학생의 쓰기에 나타난 내용 조직 양상 연구, 「외국어로서의 한국어교육」, 45, 연세대학교 언어연구교육원 한국어학당, 331-356쪽.

전선희(2014), 「문제중심학습(PBL) 모형을 활용한 한국어 현대 의(衣)생활문화 교육 방안」, 경희대학교 석사학위논문.

전성기(2005), 한국어의 자유간접화법, 「프랑스어문교육」, 20, 한국프랑스어문교육학회, 243-277쪽.

전애숙(2012), 「동화를 활용한 한국어 통합 교육 방안 연구: 초등학교 교과서 수록 동화를 중심으로」, 대불대학교 석사학위논문.

전우리(2013), 「다문화 가정 자녀의 한국어 쓰기 능력 향상을 위한 과정 장르 통합 접근 방안 연구」, 한국외국어대학교 석사학위논문.

전은주(2008), 국가 수준 '국어/언어 능력 검사'의 비판적 검토: 한국어 능력 시험 평가 문항의 내용 타당도 분석-제12회 일반 한국어(S-TOPIK)의 쓰기, 듣기, 읽기 영역을 중심으로, 「국어교육학연구」, 31, 국어교육학회, 129-165쪽.

전은혜(2019), 「다문화 가정 초등학생 대상 슬로리딩(Slow reading) 한국어 수업 방안」, 부산교육대학교 석사학위논문.

정미지(1999), 「일본인 한국어 학습자의 평음·격음·경음 발음에 관한 연구」, 이화여자대학교 석사학위논문.

정선화(2014), 한국어 듣기 교육 연구의 통시적 고찰, 「어문논집」, 58, 중앙어문학회, 517-553쪽.

정예랜(2005), 「일본인 한국어 학습자의 부사 사용 연구 : 학습자 작문의 오류분석을 중심으로」, 연세대학교 석사학위논문.

정주안(2019), 「한국어교육에서의 어휘 교육 방안 연구 동향 고찰 - 학위논문을 중심으로」, 공주대학교 석사학위논문.

정현숙(2018), 「스토리텔링을 활용한 한국어와 국어 교과의 통합 교육 방안: 학령기 중도입국 자녀를 중심으로」, 이화여자대학교 석사학위논문.

정화영(2000), 「한국어 말하기 숙달도 평가 방안: FSI oral proficiency test 분석을 중심으로」, 한국외국어대학교 석사학위논문.

정희연(2009), 「학문 목적 한국어 강의 듣기 교재 개발 연구: 노트 필기 전략 교육을 중심으로」, 배재대학교 석사학위논문.

조경애(2011), 「읽기·쓰기 능력 향상을 위한 한국어교육 방안 - 결혼이민가정의 자녀를 대상으로」, 충북대학교 석사학위논문.

조미숙(1983), 「외국어 교육에 있어서 문화교육의 의의와 방법: 중학교를 중심으로」, 이화여자대학교 석사학위논문.

조범신(2014), 「한국어능력시험 평가 도구 개선방안 연구: 태블릿 PC를 기반으로」, 호남대학교 석사학위논문.

조수아(2008), 「여성결혼이민자를 위한 생활문화 교육 방안연구: 초급 한국어 학습자를 대상으로」, 부산외국어대학교 석사학위논문.

조순범(2007), 「한국어 고급 듣기 과정에서의 TV 뉴스 듣기 교수 학습 방안」, 한양대학교 석사학위논문.

조승현(2019), 「웹툰을 활용한 한국어문화 교육 방안 연구: 대중문화 교육 방안을 중심으로」, 부산교육대학교 석사학위논문.

조영철(2018), 글로컬 다문화 사회 형성을 위한 상호문화교육의 방향, 「문화콘텐츠연구」, 13, 건국대학교 글로컬문화전략연구소, 175-201쪽.

조영철·김창아(2013), 한국어문화 통합 교육에 관한 연구: 인천한누리학교 한국어문화교육 실태 분석을 중심으로, 「한국언어문화교육학회 학술대회」, 2013(1), 한국언어문화교육학회, 229-236쪽.

조윤정·조희경·조희명·전은주(2016), 한국어 듣기 교육 연구의 주제별 동향 분석, 「화법연구」, 34, 한국화법학회, 259-290쪽.

조항록(2015), 기획논문: 한국어교육정책과 문화교육의 연구동향 분석, 「한국어교육」, 26(4), 국제한국어교육학회, 389-415쪽.

조현용(2005), 어휘 교육의 연구사와 변천사, 한국어교육론2, 한국문화사.

주암·전홍화·이정희(2019), 텍스트 마이닝을 활용한 중국인 학습자 대상 한국어교육 연구 동향 - 공기어 네트워크 기법을 중심으로, 「이중언어학」75호, 이중언어학회, 198-222쪽.

진대연(2004), 한국어 쓰기 능력 평가에 대한 연구: 텍스트 생산 능력 평가를 중심으로, 「국어교육학연구」, 19, 국어교육학회, 483-512쪽.

진송수·서아람(2018), 교사의 피드백 유형이 한국어 초급 학습자의 쓰기 능력 향상과 문법 오류 감소에 미치는 영향, 「외국어교육연구」, 32(4), 한국외국어대학교 외국어교육연구소, 321-348쪽.

진제희(2004), 「한국어 교실 구두 상호작용에 나타난 문제 해결을 위한 의미 협상: 교사-학습자 대화를 중심으로」, 연세대학교 박사학위논문.

쩐티투프엉·정혜선(2018), 한국어 학습 환경에 따른 듣기 불안 및 듣기 전략 사용 양상 연구 - 베트남 대학 학습자와 국내 한국어교육기관 학습자의 차이를 중심으로, 「이중언어학」, 73, 이중언어학회, 429-452쪽.

차숙정(2006), 중국인 한국어 학습자의 쓰기에서 나타나는 어휘 오류, 「한국어교육」, 17(1), 국제한국어교육학회, 415-436쪽.

차예은·김소희(2019), 읽기 및 철자쓰기를 통합한 음운규칙 지도 프로그램이 다문화가정 아동의 읽기 정확도와 철자 정확도에 미치는 효과, 「학습장애연구」, 16(1), 한국학습장애학회, 199-239쪽.

차윤정(2019), 한국어교육에서 지역 자료를 활용한 역사문화 교육 방안 - 부산 지역 유학생들을 대상으로, 「우리말연구」, 59, 우리말학회, 203-227쪽.

차은진(2014), 「중급 한국어 학습자를 위한 한국어 쓰기 교재 개발: 통합적 쓰기 교수법을 기반으로」, 이화여자대학교 석사학위논문.

채상이(2011), 「대화식 저널 쓰기와 교사의 피드백에 따른 한국어 쓰기 능력 향상 연구」, 공주대학교 석사학위논문.

최가연(2014), 「한국 가치문화 교육을 위한 소설 작품 선정」, 경희대학교 석사학위논문.

최기현(2019), 「한국근대문학관을 활용한 한국문화교육 방안 연구」, 인하대학교 석사학위논문.

최승은·박봉수(2013), 문화다양성 이해를 위한 다문화 음악교육의 방향에 관한 연구, 「문화교류연구」, 2(1), 한국국제문화교류학회, 87-105쪽.

최영미(2009), 「읽기 텍스트를 활용한 한국어 쓰기 교육 방안 연구」, 한국외국어대학교 석사학위논문.

최우영(1997), 「외국어로서의 한국어 학습자의 오류에 대한 연구: 작문에 나타난 오류를 중심으로」, 이화여자대학교 석사학위논문.

최은경·이인화·남궁혜남·김혜진(2015), 의사소통 능력 향상을 위한 한국어 통합교재 단원 구성 전략 분석, 「국제언어문학」, 32, 국제언어문학회, 203-229쪽.

최정순(1999), 학습이론과 이독성(易讀性)에 바탕한 읽기 수업 연구, 「외국어로서의 한국어교육」, 23, 연세대학교 한국어학당, 7-22쪽.

최정순·윤지원(2011), 한국어교육 연구 동향 분석, 「인문연구」, 63, 영남대학교 인문과학연구소, 53-90쪽.

최지현(2019), 「프랑스 고등학교 한국어 학습자의 언어학습 전략 분석연구: 동기, 태도, 소셜미디어 사용과의 상관관계를 중심으로」, 중앙대학교 석사학위논문.

최지혜(2009), 「영화를 활용한 한국어 듣기 교육 방법 연구」, 부산대학교 석사학위논문.

최하영(2011), 「외국인 노동자들의 한국사회 적응방안에 관한 연구: 문화적 적응방법을 중심으로」, 경남대학교 석사학위논문.

최혜민(2011), 텍스트 종류에 따른 한국어 쓰기의 내용 평가 기준 연구: 설명문, 논설문, 감상문을 중심으로, 「한성어문학」, 30, 한성대학교 한성어문학회, 218-252쪽.

최희명(2011), 「수필 문학 텍스트를 활용한 한국어교육 방안 연구: 읽기·쓰기 통합 교육을 중심으로」, 한성대학교 석사학위논문.

최희진(2013), 「문화콘텐츠를 활용한 한국어교육 정책 개발 연구: 프랑스의 국외 자국어 교육 정책 분석을 바탕으로」, 연세대학교 석사학위논문.

튀르쾨쥬 괵셀(2003), 언어·문화적 측면에서 한국어교육 연구: 터키인을 위한 한국어교육 중심으로, 「국어교육학연구」, 16, 국어교육학회, 5-38쪽.

풍문정(2016), 「텍스트성 분석을 통한 한국어 논설문 쓰기 교육 내용 연구: 응집성, 응결성을 중심으로」, 중앙대학교 석사학위논문.

한상미(1999), 한국어교육에서 언어와 문화의 통합적인 교육 방안: 의사소통 민족지학 연구 방법론의 적용, 「한국어교육」, 10(2), 국제한국어교육학회, 347-366쪽.

한상미(2014), 주제토론 4: 한국어 능력 평가의 현황과 발전 방향 - 한국어 숙달도 평가에서의 표현 영역(말하기, 쓰기)의 평가를 중심으로, 「국제한국어교육학회 학술대회논문집」, 국제한국어교육학회, 49-53쪽.

한상미·윤은미·홍윤혜·배문경(2009), 컴퓨터 기반 한국어 말하기 숙달도 평가 도구 개발 연구, 「외국어로서의 한국어교육」, 34, 연세대학교 언어연구교육원 한국어학당원, 519-554쪽.

한솔(2014), 「학문 목적 학습자를 위한 학위논문 쓰기 지도 방안: 장르 중심 접근법을 중심으로」, 세종대학교 석사학위논문.

한인숙(2014), 「한국어 학습자의 듣기 불안이 듣기 성취도에 미치는 영향 연구」, 이화여자대학교 석사학위논문.

함계임(2019), 러시아어권 한국어 학습자를 위한 협조문 대조연구와 쓰기 교육 모형 제시, 「교육문화연구」, 25(2), 인하대학교 교육연구소, 811-832쪽.

함은주(2015), 「한국어 어휘 교수·학습 전략 연구 동향 분석: 학위논문을 중심으로」, 이화여자대학교 석사학위논문.

홍예식(2015), 플립드 러닝(Flipped learning)을 활용한 한국어 문화 교육, 「인문학연구」, 20, 관동대학교 인문과학연구소, 85-110쪽.

홍은선(2008), 「한국어읽기 능력 향상을 위한 자기 질문 전략 활용 - 중급 한국어 학습자를 대상으로」, 고려대학교 석사학위논문.

홍은실·민병곤·안현기(2010), 초등학교 1, 2학년 다문화가정 학생의 쓰기 기초학력 검사 결과 및 문항 분석, 「작문연구」, 10, 한국작문학회, 273-302쪽.

황기하(2001), 「중국어 발음 오류 분석: 모음과 자음을 중심으로」, 목포대학교 석사학위논문.

황신희(2015), 「여성 결혼이민자를 위한 한국어 쓰기 활동 연구」, 안양대학교 석사학위논문.

황우철(2009), 「시조를 활용한 한국문화 교육: 중급이상 일본인 학습자를 대상으로」, 계명대학교 석사학위논문.

황인교(1997), 외국어로서의 한국어교육 연구 - 읽기, 쓰기 지도법을 중심으로, 「이화어문논집」, 15, 이화여자대학교 이화어문학회, 145-164쪽.